住房公积金解读

ZHUFANG GONGJIJIN JIEDU

李秀昆　张兆林　编著

中国财政经济出版社

图书在版编目（CIP）数据

住房公积金解读／李秀昆，张兆林编著．—北京：中国财政经济出版社，2007.6

ISBN 978-7-5005-9926-5

Ⅰ．住…　Ⅱ．①李…②张…　Ⅲ．住房-公积金-基本知识-中国　Ⅳ．F832.21

中国版本图书馆CIP数据核字（2007）第066714号

中国财政经济出版社出版

URL：http：//www.cfeph.cn

E-mail：cfeph@cfeph.cn

社址：北京市海淀区阜成路甲28号　邮政编码：100036

发行处电话：88190406　财经书店电话：64033436

北京牛山世兴印刷厂印刷　各地新华书店经销

787×1092毫米　16开　19.5印张　280 000字

2007年7月第1版　2007年7月北京第1次印刷

印数：1—7000　定价：38.00元

ISBN 978-7-5005-9926-5/F·8619

（图书出现印装问题，本社负责调换）

序

住房公积金是广大职工非常关心的热门话题，与城镇居民的生活息息相关，涉及所有行政和企事业单位的财务管理，联动各商业银行的金融信贷业务，关系到各行各业每一职工的切身利益，政策性强，辐射面宽，流程复杂，人们在认知、理解和具体操作上也有一定的难度。如何办理住房公积金缴存、提取和贷款业务是我们每个职工关注的实际问题。为此，我们需要了解和掌握住房公积金方面的知识，以解决我们在住房公积金业务实际操作中面临的具体问题。

住房公积金制度是我国在推行住房制度改革过程中，为解决城镇居民住房问题，增强职工自住住房能力，而推行的一项强制性制度。住房公积金是单位及其在职职工按照规定缴存的具有保障性和互助性的一种长期住房储金，是专项用于住房消费支出的个人储金。实行住房公积金制度有利于转变住房分配体制，有利于住房资金的积累、周转和政策性抵押贷款制度的建立，有利于提高职工购、建住房能力，促进住房建设。通过住房公积金的长期积累，可以逐步提高职工工资中的住房消费含量，通过向个人提供政策性的住房公积金贷款，可以降低职工贷款购房的还款负担，从而增强职工购、建、大修住房的能力。十多年来，我国住房公积金制度基本建立，规模不断扩大，在推进住房制度改革、加快城镇住房建设、改善职工居住条件等方面，发挥了重要作用。

《住房公积金解读》一书正是从广大缴存住房公积金职工、单位和住房公积金管理机构及受委托银行关注的实际问题出发，依据国家现行住房公积金业务的相关规章制度，以问答的形式对住房公积金政策和措施进行了全面详细的解读。全书共 10 章 42 节 600 多个问答。书中全面介绍了住房公积金制度的建立与发展及概念，主要阐述了如何缴存和提取住房公积金，详细解答了住房公积金贷款，简要介绍了住房公积金的管理体制、会计核算、财务管理、行政监督和住房补贴等方面的情况。

作者在商业银行长期从事住房公积金委托业务的经营管理工作，参与了地方的房改及住房公积金的组织管理工作，对住房公积金业务有较长的工作实践和理论研究，积累了丰富的工作经验。本书有三个方面的特色：一是政策性。对国家有关住房公积金问题的基本政策和措施进行了全面细致的诠释。二是知识性。为广大职工、单位和住房公积金管理机构全面了解和掌握住房公积金业务提供了通俗易懂的知识读物。三是实用性。帮助广大职工在办理有关住房公积金缴存、提取、贷款等实际问题时提供具有可操作性的实用工具书。

我在商业银行从事管理工作，一直对此项业务的发展较为关注。宣传住房公积金业务、普及住房公积金知识的是我们的责任和义务。因此，我非常高兴见到《住房公积金解读》一书的出版，它可以帮助广大职工、单位和住房公积金管理机构及受委托银行解答住房公积金业务问题。希望本书拥有越来越多的读者，并且能够使读者通过阅读此书，确实有所裨益。

中国建设银行行长 张建国

2007 年 6 月

目录 Contents

第一章

住房公积金概述

第一节 住房公积金的概念

1. 什么是住房公积金

我国的住房公积金是指国家机关、国有企业、城镇集体企业、外商投资企业、城镇私营企业及其他城镇企业、事业单位、民办非企业单位、社会团体及其在职职工按照规定缴存的具有保障性和互助性的一种长期住房储金。职工缴存的住房公积金和职工所在单位缴存的住房公积金，是职工按规定存储起来的专项用于住房消费支出的个人储金。

2. 如何理解住房公积金定义的内涵

住房公积金的这一定义包含以下五个方面的涵义：

（1）住房公积金只在城镇建立，农村不建立住房公积金制度。

（2）只有在职职工才建立住房公积金制度。无工作的城镇居民不实行住房公积金制度，离退休职工也不实行住房公积金制度。

（3）住房公积金由两部分组成，一部分由职工所在单位缴存，另一部分由职工个人缴存，职工个人缴存部分由单位代扣后，连同单位缴存部分一并缴存到住房公积金个人账户内。

（4）住房公积金缴存的长期性。住房公积金制度一经建立，职工在职期间必须不间断地按规定缴存，除职工离退休或发生《住房公积金管理条例》规定的其他情形外，不得中止和中断。体现了住房公积金的稳定性、统一性、规范性和强制性。

（5）住房公积金是职工按规定存储起来的专项用于住房消费支出的个人住房储金，具有两个特征：一是积累性，即住房公积金虽然是职工工资的组成部分，但不以现金形式发放，并且必须存入住房公积金管理中心在受委托银行开设的专户内，实行专户管理。二是专用性。住房公积金实行专款专用，存储期间只能按规定用于购、建、大修自住住房，或交纳房租。职工只有在离退休、死亡、完全丧失劳动能力并与单位终止劳动关系或户口迁出原居住城市时，才可提取本人账户内的住房公积金。

3. 住房公积金的性质

住房公积金由职工本人或职工所在单位缴纳的住房基金，属于职工个人所有，是职工个人的住房基金，具有以下性质：

第一，保障性。住房公积金制度实际上是一种住房保障制度，建立住房公积金的主要目的在于通过城镇所有机关和企事业单位及其在职职工每月缴存一定数量的住房公积金，建立起解决职工住房问题的住房建设基金，使每一个职工都能住上自己比较满意的住房。住房是每个职工最基本的生活资料，是职工搞好学习和工作的最基本条件，只有安居才能乐业。长期以来我国实行的是住房实物分配政策，无论是机关还是企事业单位都是先由单位建房，然后再分配给职工个人，职工的住房完全依赖于单位，职工工资中不包括住房资金。但是，随着我国市场经济体制的逐步建立和完善，职工个人住房即将实行分配货币化，特别是自 1998 年国家提出不再向职工分配福利住房以后，住房分配货币化势在必行。职工要解决住房问题就必须积累和筹集一大笔资金。如何筹集这笔资金，对于个人和家庭而言，是一个比较突出的问题。建立住房公积金制度能够在一定程度上缓解这一矛盾。因为，一方面，通过建立住房公积金制度，可以有效地聚集住房建设资金，加快住房建设，提高住房供应水平，满足职工对住房的需求；另一方面，通过建立住房公积金制度，可以向职工个人提供住房公积金贷款，解决职工购房、建房资金不足的问题，使职工长期的住房储蓄行为转化为短期的住房实现，较好地解决了职工的住房问题。因此，建立职工住房公积金制度，为职工较快、较好地解决住房问题提供了保障。

第二，互助性。由于住房分配体制的转轨和职工工作时间、家庭条件和个人收入上的差别，客观上形成了职工个人在建造、购买住房能力上的不同。有的职工已经住上了比较理想的房子，家庭收入也比较高；而有的职工没有住上房子，而家庭收入又比较低。这种不平衡状况，客观上要求有住房的职工和收入较高的职工，能够发扬互助精神，帮助无房职工和低收入职工解决住房问题，这也是社会主义制度的内在要求和社会主义道德的具体体现。建立住房公积金制度能够有效地建立和形成有房的职工帮助无房职工的机制和渠道。这种互助性主要体现在以下几个方面：（1）不管是有房职工还是无房职工，都必须按照国家的有关规定交纳个人住房公积金，而住房公积金重点解决的是无房职工的住房问题，解决无房职工的资金困难，已有住房的职工所交纳的公积金在资金方面为无房职工提供了帮助，体现了职工住房公积金的互助性。（2）职工住房公积金从利益回报和使用成本来看，都是比较低的，具有义务性和支援性。在住房公积金的具体运作方面，无论是储蓄还是贷款，其利率都低于同期商业银行的存款和贷款利率，属于政策性储蓄和政策性贷款，这是住房公积金互助性最根本的体现。如果脱离了这一基础，公积金的互助性就无从体现。（3）随着职工生活水平和收入水平的提高，职工对自己的住房条件会提出新的更高的要求，即使是现在的有房户，将来也许需要重新建造、购买、大修住房，也许会遇到资金不足的困难，在这种情况下，他们也可以从住房公积金中得到贷款。这就是说现在帮助了别人，将来就可以得到别人的帮助。

第三，长期性。住房公积金是一种长期的住房储蓄金。根据新《住房公积金管理条例》规定，每一个城镇职工自参加工作之日起至退休或者终止劳动关系的这一段时间内，都必须缴存个人住房公积金。住房是一种耐用的、价值很高的生活资料，它的使用时间长达50—70年，市场价值不等。

这种价值很大的商品，要求每一个职工在很短的时间内筹集起来是相当困难的。解决的办法就在于通过职工低水平和可承受的长期住房储蓄积累，积少成多，积零成整，形成购买能力。可见，通过建立住房公积金制度，每一个职工在其法定的具有劳动能力的工作时间内，都交纳一定数量的住房公积金，可以较好地解决职工在住房方面所存在的积累与消费的矛盾，即通过职工住房公积金的长期积累和储蓄，解决住房资金上的困难。

4. 住房公积金有哪些特点

住房公积金是按国家有关政策、法规建立起来的为解决职工个人住房问题的长期储蓄金，具有以下特点：

一是普遍性。《国务院关于深化城镇住房制度改革的决定》（国发［1994］43号）要求“所有行政和事业单位及其职工均应按照“个人存储、单位资助、统一管理、专项使用的原则交纳住房公积金，建立住房公积金制度”。《住房公积金管理条例》第二条规定：所有国家机关、国有企业、城镇集体企业、外商投资企业、城镇私营企业及其他城镇企业、事业单位、民办非企业单位、社会团体及其在职职工，都必须缴存住房公积金。这就是住房公积金的普遍性，它覆盖了城镇所有在职职工，包括行政机关的干部、职员和各类企业职工，只要是居住在城镇的在职职工无论其工作单位的性质如何，无论其家庭收入高低，无论其是否已有住房，都必须按照国家的有关规定缴存住房公积金。住房公积金的普遍性是由建立住房公积金的性质和目的所决定的。建立住房公积金的目的在于解决城镇职工住房问题，而住房建设需要大批资金，在国家停止对职工进行住房分配和实行住房货币化以后，职工住房建设的资金主要依靠职工自身的积累和单位的补贴，这就是要求所有职工按规定的比例每月缴存一定数量的住房公积金，以做到集少成多，变分散为集中。

二是强制性。职工住房公积金是每个单位和职工都必须交纳的住房建设基金，具有强制性。这是由住房公积金的保障性和互助性所决定的。住房公积金是用于解决职工住房问题的互助性基金，它区别于其他基金和储蓄资金，在利率上低存低贷，从职工个人的经济效益来看，显然不如银行储蓄和其他各类的投资，如果按照市场的原则，则有相当多的职工不愿意缴存住房公积金。为了解决这一矛盾，就必须制定相应的法规来强制实行。从《住房公积金管理条例》中看出，住房公积金的强制性表现在：一是所有城镇机关和企事业单位及其职工都必须缴存公积金，不得逾期缴存或者少缴，只要单位录用职工，就必须为职工办理住房公积金缴存登记，并按期、足额缴存住房公积金；二是住房公积金的存贷利率都是由国家建设行政主管部门与人民银行商定后报国务院批准实施的，具有较强的行政色彩；三是单位不办理住房公积金缴存登记或者不为单位职工办理住房公积金账户设立的，住房公积金管理中心有权责令限期办理；逾期不办理的，可以处1万元以上5万元以下的罚款；四是单位逾期不缴存或者少缴存住房公积金的，住房公积金管理中心可以责令限期缴存；逾期仍不缴存的，可以申请人民法院强制执行。

三是专用性。住房公积金是专门用于职工个人住房建设的基金，“取之于民，用之于民”，“专款专用”。《住房公积金管理条例》明确规定：“职工住房公积金应当用于职工购买、建造、翻修、大修自住住房，任何单位和个人不得挪作他用。”职工住房公积金只能围绕解决职工住房问题用于三个方面：一是向职工提供住房公积金贷款，为职工购买、建造、翻修、大修自住住房，提供资金来源；二是为建设城市廉租住房提供补充资金，解决城市住房的建设问题；三是经住房公积金管理委员会批准，可以将一部分住房公积金购买国债，为住房公积金保值增值。

四是福利性。住房公积金是相互性的基金，具有明显的职工福利性。这种福利性主要表现在两个方面：一是职工个人公积金除职工个人缴存一定金额外职工所在单位也要缴存一定的金额，两者都归职工个人所有，也就是说，职工单位为职工提供了福利补贴；二是职工住房公积金贷款利率低于银行贷款利率，具有明显的福利性，这样在很大程度上减轻了职工的经济负担。

五是返还性。职工个人缴存的住房公积金和职工所在单位为职工缴存的住房公积金，属于职工个人所有。职工离休、退休，或完全丧失劳动能力并与单位终止劳动关系或户口迁出以及出境定居，可以支取职工个人住房公积金账户内的资金余额；职工死亡或者宣告死亡的，职工的继承人，受遗赠人可以提取职工住房公积金账户内的存款余额。也就是说，在一定的条件下，职工缴存的住房公积金将返还给职工个人。

5. 什么是住房公积金的长期性

住房公积金的长期性是指缴存住房公积金是一项长期义务，贯穿于整个劳动过程。不论工作有无调动，还是单位发生变更，缴存住房公积金的义务必须履行，长期坚持下去。

6. 什么是住房公积金的专用性

这是指住房公积金的属性是个人专项住房资金，归个人所有，而不是一般银行储蓄资金，住房公积金的使用方向是特定的，只能用于职工的购房、建房，或住房的翻建、大修、任何单位都不能挪作他用。

7. 什么是住房公积金的义务性

住房公积金的义务性是指住房公积金是通过国家政策规定强制实行的，所有单位和职工都必须按时、足额缴存，提取和使用需具备一定条件，这是住房公积金的主要属性，也是住房公积金与银行储蓄存款的根本区别。

8. 什么是住房公积金的互助性

这是指参加住房公积金制度的职工，在住房公积金使用上，互相帮助，互相支持。对尚未解决住房的职工来说，买房时，不但可以使用自己缴存的住房公积金，而且可以通过贷款的形式，使用其他职工缴存的住房公积金，享有互助的利益。对已经解决住房的职工来说，必须继续履行缴纳住房公积金的义务，帮助其他职工解决住房问题，承担互助义务。

9. 什么是住房公积金的保障性

这是指住房公积金是职工住房消费的最低资金保障。住房是人类的基本需求，为满足这种基本需求，每个职工都应有一笔最低数额资金，作为住房消费的专项支出。

10. 住房公积金归谁所有

职工个人缴存的住房公积金和职工所在单位为职工缴存的住房公积金，属于职工个人所有。职工个人缴存的住房公积金，当然归职工个人所有。单位为职工缴存的住房公积金实际上是单位以住房公积金的形式给职工增加的一部住房工资，因此也应当归职工个人所有。住房公积金定向用于职工住房的基本需求和职工住房建设的融通资金。职工离退休时本息余额一次付偿，退还给职工本人。住房公积金由两部分组成，一是职工个人每月按规定从工资中扣除缴存的部分，这部分属于职工工资，归职工个人所有；二是单位每月按规定为职工个人缴存的部分，这部分是住房实物福利分配向工资货币转换的部分，视同职工工资，也归职工个人所有。

11. 为什么住房公积金归个人所有

住房公积金由两部分组成，一是个人缴存部分，二是单位缴存部分。住房公积金属于职工个人所有，基于住房公积金的本质属性，即工资性。职工个人缴存的住房公积金，当然归职工个人所有。单位按职工工资的一定比例，为职工缴存住房公积金，实质是以住房公积金的形式给职工增加了一部分住房工资，从而达到促进住房分配机制转换的目的。单位为职工缴存的住房公积金仍相当于发给职工的住房工资，是国家和单位付给职工的劳动报酬，与其他合法所得一样，应为职工个人所有。

12. 单位为职工缴存住房公积金有哪些好处

单位为职工缴存住房公积金，一是有利于转变住房分配体制，使单位不再建房、买房、分房，从而解脱了实物分配不公平、不公开而产生的矛盾和弊端，让职工通过住房公积金、住房补贴等货币化渠道，到市场自主购买住房；二是单位根据国家规定按工资总额一定比例为本单位职工缴纳的住房公积金，机关在预算中列支；事业单位由财政部门核定收支后在预算中或者费用中列支；企业在成本中列支。所缴纳的住房公积金不超过当地政府规定的缴存比例的，可在税前扣除，其本息免征个人所得税。

13. 职工个人缴存住房公积金有哪些益处

一是职工个人和职工所在单位为职工缴存的住房公积金，本息均属职工个人所得。

二是单位和个人按政府规定比例缴存的住房公积金免征个人专户所得的利息收入免征个人所得税。

三是职工在购建自住住房时，可以申请比商业银行贷款利率低的住房公积金低息贷款。

四是职工购买、建造、翻修或大修具有所有权的自住住房、偿还购房贷款本息的、租房自住的可以申请提取住房公积金账户内的存储余额。

五是职工当年存入专户的住房公积金按居民存储活期存款利率计息；上一年结转的住房公积金利息比照三个月整存整取利率计息。

六是职工退休时能一次性、全部提出住房公积金，这相当于积累计了一笔可观的养老储金。

14. 实行住房公积金制度的范围和对象是什么

范围：国家机关、国有企业、城镇集体企业、外商投资企业、城镇私营企业及其他城镇企业、事业单位民办非企业单位、社会团体及其在职职工，均属实行住房公积金制度的范围。

对象：国家机关、国有企业、城镇集体企业、外商投资企业、城镇私营企业及其他城镇企业、事业单位民办非企业单位、社会团体及其在职职工和三资企业中方员工，均属实行住房公积金制度的对象。

15. 建立住房公积金制度的基本原则是什么

建立住房公积金制度是国家、单位、个人三者共同负担解决住房问题的体现。其归集工作实行“个人存储、单位资助”的原则；管理工作实行“统一管理、责权利一致、利归地方”的原则；使用实行“专项使用”的原则。

16. 住房公积金的运行机制是什么

住房公积金实行低存低贷、封闭互助的运行机制。这是住房公积金的运营不同于其他金融资金运营的地方。

所谓低存低贷，是指住房公积金的存贷款利率均比金融机构经营的商业性资金的相同期限的存贷款利率要低。低存低贷的利率政策体现了住房公积金政策性的特征。

所谓封闭互助，是指住房公积金资金实行专户管理、定向使用，专项用于发放住房贷款，不与受托银行其他信贷资金融合，在住房公积金缴存职工之间形成互帮互助的利益共同机制。住房公积金的受托银行，按照封闭运作的要求，对住房公积金实行单独计账和会计核算。

17. 按什么原则缴存住房公积金

所有行政和企事业单位及其在职职工均应按照“个人存储、单位资助、统一管理、专项使用”的原则缴存住房公积金，建立住房公积金制度。

18. 国家对企业、个人缴存住房公积金有哪些税收优惠政策

企业和个人按照国家或地方政府规定的比例缴存的住房公积金，不计入个人当期的工资、薪金收入、免予征收个人所得税；个人提取所缴存的住房公积金本息，也免予征收个人所得税。企业资助职工为其缴存的住房公积金直接进入成本，在所得税前列支。

19. 职工个人住房公积金存款按什么利率标准结息

职工个人住房公积金存款，当年归集的按积息日挂牌公告的活期存款利率计息，结息后转入上年结转户；上年结转的按结息日挂牌公告的三个

月定期整存整取存款利率计息。公积金存款结息日为每年6月30日。

20. 住房公积金是否要缴纳个人所得税

这一问题实际上包括两个方面，一是个人缴存的住房公积金是否计入个人所得税的纳税基数，二是个人提取住房公积金本息是否缴纳个人所得税。1994年11月23日，财政部、国务院住房制度改革领导小组、中国人民银行联合制定和发布的关于《建立住房公积金制度的暂行规定》第十一条明确规定："住房公积金本息，免征个人所得税"。财政部、国家税务总局《关于住房公积金、医疗保险金、养老保险金征收个人所得税问题的通知》也明确规定："职工缴存的住房公积金，不计入个人所得税的纳税基数。职工按规定提取住房公积金的，免缴个人所得税"。1999年11月1日起实施的《对储蓄存款利息所得征收个人所得税的实施办法》第五条规定："对个人取得的……储蓄性专项基金的利息所得，免征个人所得税"。从以上的规定中可以看出，职工在缴存住房公积金、提取住房公积金本息余额时，可免缴个人所得税。

21. 职工的住房公积金本息为什么免征个人所得税

征收个人所得税是国家对具有一定收入水平以上的人实行的一种税收调节政策，而职工的住房公积金是专项用于职工家庭解决自住住房的一种具有保障性的长期储金。财政部、国家税务总局财税字［1997］144号文件规定：单位和个人"实际缴付的住房公积金，不计入个人当期的工资、薪金收入，免于征收个人所得税"。体现了政府对个人自食其力解决住房问题的鼓励和扶持，在客观上提高了职工解决自住住房的经济能力，与实行住房公积金制度的初衷是一致的。

22. 缴存住房公积金的职工享有哪些权利

根据《住房公积金管理条例》规定，职工至少享受以下一些正常权利：

(1) 凡在《条例》规定范围内的企事业单位工作的在职职工均有权

享受住房公积金，并享受缴交住房公积金的正常权益；

（2）有权督促单位按时进行住房公积金的缴存登记或者变更、注销登记；

（3）有权督促单位按时进行住房公积金账户的设立、转移或者封存；

（4）有权督促单位按时足额缴存住房公积金；

（5）有权查询本人住房公积金的缴存、提取情况，住房公积金管理中心不得拒绝；

（6）职工对住房公积金账户内的存储余额异议的，有权申请住房公积金管理中心复核和重新复核；

（7）履行住房公积金缴存义务的职工有申请住房公积金贷款的用于购买、建造、大修自有住房的权利；

（8）有提取住房公积金用于购买、建造、大修自有住房的权利；

（9）职工有权向有关部门检举、揭发、控告挪用住房公积金及住房公积金增值收益的行为。

23. 缴存住房公积金的职工应履行哪些义务

职工应履行下列义务：

（1）遵守住房公积金的有关规定，按时、足额缴纳住房公积金；

（2）按住房公积金借款合同约定的还款数额、还款方式，按期偿还贷款木息。

24. 职工发现所在单位未按规定缴存住房公积金怎么办

职工发现所在单位未按规定缴存住房公积金，可以向住房公积金管理部门或者监察部门举报。职工也可以直接向劳动仲裁机构申请仲裁或向人民法院提起诉讼。

25. 住房公积金归集年度如何确定

住房公积金归集年度是指自每年的七月一日至下一年的六月三十日。

26. 住房公积金有哪些用途

住房公积金主要用于住房公积金缴存人购买、建造、翻建、大修自住住房，也可用于租赁住房的租金，任何单位和个人不得挪作他用。

27. 单位和职工在住房公积金管理中有哪些权利

根据国务院《住房公积金管理条例》规定：职工、单位在住房公积金管理中有权查询本人、本单位住房公积金的缴存、提取情况，住房公积金管理中心、受委托银行不得拒绝。

职工、单位对住房公积金账户内的存储余额有异议的，可以申请受委托银行复核；对复核结果有异议的，可以申请住房公积金管理中心重新复核。受委托银行、住房公积金管理中心应当自收到申请之日起 5 日内给予书面答复。

职工有权揭发、检举、控告挪用住房公积金的行为。

28. 单位缴存住房公积金有哪些义务

住房公积金管理中心和职工有权督促单位按时履行下列义务：

（1）住房公积金的缴存登记或者变更、注销登记；

（2）住房公积金账户的设立、转移或者封存；

（3）足额缴存住房公积金。

29. 什么是住房公积金个人所有权

住房公积金个人所有权是限制性所有权，职工对公积金的占有、使用、收益和处分四项权能的行使受到一定程度的限制。具体而言，住房公积金在未被提取前，职工并不能实际占有，而由所在单位缴存到住房公积金管理中心在受委托银行设立的专户内统一管理，不得挪作他用，只有在符合规定的情况下才允许提取。住房公积金不能随个人意愿决定保值方法和收益率，而是按国家政策规定统一保值。住房公积金是个人专项资金，没有可转让性，在未被所有人以现金形式提取前，所有人除可用于住房支出外，没有其他处分权。

30. 单位自行管理住房公积金的危害有哪些

有个别单位虽然建立了住房公积金制度，但单位和职工缴存的公积金不按规定上缴住房公积金管理中心，而是单位自行管理。这是一种违法行为，这种行为不仅对单位不利，也对职工不利。

首先，如果公积金由各单位自行管理，公共积累就不能形成，仅靠单位归集的那点公积金，无论如何是没有能力改善职工住房条件的。住房制度改革的市场化、社会化目标难以实现，企业承担解决职工住房问题的负担难以真正减轻。

其二，自行管理公积金，隐患重重。单位效益好时尚可，一旦资金周转不灵，很可能要动这块资金来解燃眉之急。这样就违反了《条例》规定，轻者没收违法所得，并入公积金，重者还要给予主要负责人员行政处分。

其三，职工权益受到侵害。不仅职工无法利用住房公积金贷款来改善住房条件，且由于资金管理者非专业人员，对公积金政策不太了解，职工的住房公积金往往不能像专业管理机构那样按时、足额取息。

其四，缺乏有效的监督。住房公积金的管理和使用，国家有一套完善的规范和监督制约机制，而自管公积金，只是在银行多设个账户，个人明细模糊（甚至没有），缺乏有效监督。

其五，管理这笔资金，就要抽出一定的人力、物力，增加单位的管理成本。

31. 离、退休职工为什么不实行住房公积金制度

住房公积金制度对于需要解决住房困难的职工和家庭来说是一种资金机制上的保障。而对于一部分暂时不需要解决住房困难的职工和有住房公积金积累的离、退休职工来说，住房公积金是养老的补充，这是我国住房

公积金制度本身所具有的两种机能。因此，职工离、退休不实行公积金制度实际上是为了保障职工利用住房公积金进行养老的权益。如果职工离、退休后继续缴存住房公积金的话，将享受不到这笔资金养老保障的优越性，甚至会降低他们的生活水平，职工去世，这笔资金对本人就是没有意义的。从另一个方面看，职工运用公积金购建住房，也就达到了解决住房目的，并从住房资金角度间接地保障了其养老的权益。因此，离、退休职工不实行住房公积金制度，当职工离、退休时，其积累的公积金可以本息一并提取，供养老之用。

32. 住房公积金到底怎么使用

对于已经和还在继续缴存住房公积金、已买房和即将买房的职工来说，我们应该如何使用好自己的住房公积金？可以参考以下信息，具体事项请咨询当地住房公积金管理中心。

（1）贷款者可以激活自己的住房公积金。如果购买、自建或大修住房，本人不仅可以向自己缴存住房公积金的管理中心申请贷款，还可以用缴存的住房公积金冲还贷款。

（2）无贷款者可以让住房公积金变现。如果需要购买、自建或大修住房本人可以向缴存住房公积金的管理中心申请提取自己缴存住房公积金的余额。

住房公积金使用有两个认识误区：

一是认为住房公积金只能用来贷款。目前，公积金缴纳者通常会存有一个误区，即认为只有向银行贷款时才能使用公积金。其实，公积金除用于贷款外，还可因为购房、建房、装修等事宜，将公积金这一“长期金融不动产”活用起来。贷款者每年还可提取公积金一次用于冲还住房贷款。

二是认为住房公积金转存储蓄更划算。目前，有许多人认为公积金的存款利率很低，钱存在公积金账户里不划算。于是，他们在购房、建房、私房翻建和大修时，在现有资金充裕的情况下，也将住房公积金提取出来。但公积金提取出来之后，却又没有很好的投资去处，于是将其作为一年期的储蓄定期存款。这样一来，看起来是赚了，但实际上却是亏损的。

因为不管是活期存款，还是一年期的定期储蓄存款，实际收益都低于公积金存款收益。因为住房公积金的年利率不仅要高于存款利率，且不征利息税。因此，要是不需要使用公积金储存额，且提取公积金后又没有好的投资渠道，就不要提取公积金，应该让公积金年复一年地利滚利。

第二节
住房公积金制度的建立

1. 什么是住房公积金制度

住房公积金制度是围绕住房公积金的缴存、提取、使用、管理和监督形成的相关制度的总称。住房公积金制度是我国借鉴新加坡经验，结合我国国情所创立的一项具有中国特色的住房新制度。住房公积金制度是我国城镇住房制度改革的一项重要内容，特别是针对取消福利性分房，住房供应实现市场化，广大职工群众的住房消费能力急需得到扶助的实际情况而实行的一种政策，又是国家推行住房货币化分配的重要途径。

2. 住房公积金制度是在什么背景下提出的

住房公积金制度，是在住房资金运行模式由计划经济向市场经济转化的过程中提出的。用市场经济的观点看，住房制度改革前，住房资金不能实现良性循环的突出障碍，就是住房资金的有效需求和有效供给同时不足。一方面，住房是普通家庭价值最大的财产，买方缺乏一次性付款的经济承受力，需要靠个人的长期积蓄，才能实现有支付能力的住房需求。改革开放十多年来，随着居民收入增长，住房方面的支出在个人消费支出中的比重不断下降。个人消费支出中本应用于住房消费的部分，由于低租金而造成的短期节余，转向购买其他耐用消费品和紧俏商品，而没能用于住房方面的定向储蓄，从而造成住房资金的有效需求不足。另一方面，作为住房投资主体的国家和企业，收入的低租金连住房的维修管理都不敷支用，更谈不上回收高昂的住房投资成本。为满足住房消费需求，国家和企业已竭尽全力，但仍然存在住房资金严重短缺的情况，以至造成住房资金的供给不足。住房公积金制度的推行，不仅大大扩充住房资金的来源渠道，提高有效供给的能力，同时还能把购买者集中一次付清的经济负担为长期的较轻的经济负担，提高有效需求的能力。住房公积金的建立，不仅能保证收入中一个固定的部分定向用于住房需求，而不挪作它用，同时还能节省原来个人的储蓄时间，使住房需求提前实现，这意味着可把储蓄的购买潜力转变为现实的购买力，事实上这也就提高了对住房资金的有效需求。

3. 住房公积金制度是如何建立起来的

住房公积金制度的建立是伴随着我国住房制度改革而建立起来的。1991 年，朱镕基同志在上海主持工作期间，在部署实施住房制度改革之初，就明确提出要把建立住房公积金制度作为房改的核心环节来抓，在上海率先探索建立国家、集体、个人“三位一体”的住房公积金筹资机制。在朱镕基同志的亲自主持下，上海市在积极借鉴新加坡等地国际经验的基础上，在我国率先建立了住房公积金制度。1994 年 11 月 23 日，财政部、国务院住房制度改革领导小组、中国人民银行联合下发了《建立住房公积金制度的暂行规定》，标志着我国住房公积金制度的建立。这是我国在福利住房制度向市场化、商品化改革的推进过程中，完善城镇住房制度的重大突破，标志着一个由国家支持、单位资助、依靠职工群众自己力量解决住房问题的市场化机制开始形成。现在，经过十几年的不断发展，住房公积金在推动住房制度改革，加快住房建设，帮助广大城镇居民改善住房条件，调动、扩大住房消费，促进经济增长等方面发挥了重要作用。

在住房公积金建立初期，各个地方普遍面临住房资金短缺的问题，住房供给严重不足与职工改善住房条件的强烈愿望之间，矛盾十分突出，在这种情况下，已经推出并迅速发展的住房公积金制度，主要以发放住房建设贷款为主，特别是单位建房贷款、安居工程贷款、危房改造贷款、住房解困贷款等，大大缓解了住房供给短缺的矛盾，迅速改善了职工群众的住房条件。1999 年，国务院颁发了《住房公积金管理条例》，明确了住房公积金使用途径主要是面向广大城镇职工的个人住房消费贷款，自此以后，住房公积金充分发挥了政策性住房金融的作用。

4. 建立住房公积金制度的原则是什么

所有行政和企事业单位及其职工均应按照“个人存储、单位资助、统一管理、专项使用”的原则缴存住房公积金，建立住房公积金制度。

5. 住房公积金制度的基本内容是什么

住房公积金制度的基本内容主要有三个方面：

（1）按照“个人存储，单位资助”的原则进行归集，所有单位及其职工均应交纳住房公积金。

（2）按“统一管理”的原则管理住房公积金，职工住房公积金由政府设定的住房公积金管理机构统一管理。住房公积金的存贷款等金融业务由指定的专业银行办理。

（3）按“专项使用”的原则运用住房公积金。住房公积金只能用于职工购、建、大修住房。

6. 建立住房公积金制度的目的是什么

住房公积金是一种义务性的长期储金，职工个人缴存的公积金是个人长期储蓄的住房基金；单位缴存的公积金是单位对职工由住房实物分配向货币分配的一种转化。两者都归职工个人所有，只能用于购房、建房、住房翻建和大修，不能移作他用。建立住房公积金制度的目的有三个。

一是促进实现住房商品化，使之成为实现住房商品化的有效途径。推行住房制度改革是要形成新的住房机制，改变原来无偿分配、低租金使用的住房制度，逐步实现住房商品化和自住其力。但是，在房价较高和职工收入普遍不高的情况下，尽管职工对住房需求很大，迫切要求解决住房困难，但由于支付能力太弱，往往只能望房兴叹无法购房，迈不开住房商品化的步伐。面对这种严峻局面，必须努力开拓，寻求新的办法来提高职工个人对购买住房的支付能力，而住房公积金的推行正是解决了这个矛盾。因为，建立了住房公积金制度，可以通过个人努力、国家和单位支持，以及长期储蓄，极大地提高职工对住房需求的支付能力，而且运用住房公积金来发放住房抵押贷款，实行政策性的优惠低利率贷款，二者就能具体帮助中低收入的职工买房，并且减轻他们的负担。显而易见，推行住房公积金可以促进实现住房商品化，成为实现住房商品化的一种有效途径。

二是促进扩大住房建设规模，加快解决职工居住困难。推动住房制度改革是要解决职工的居住困难问题，使居住特困户和居住困难户改善居住条件，做到安居乐业。要实现这个目标，单纯依靠国家投资和企业筹资建房，已经远远不能适应需要，必须努力开拓，寻求新的融资渠道，以扩大住房建设投资规模，增加住房建设量，从而加快解决职工居住困难。住房公积金的推广正好解决了面临的矛盾，适应了客观需求。因为，大量归集的住房公积金除了满足职工购、建房的需要而支付外，其余沉淀大量的公积金还可以贷款给困难职工，用于住房投资，扩大住房建设，加快了解决职工居住困难的步伐。

三是促进建立国家、单位、个人三结合筹资建设住房机制，有利于搞好住房建设资金的融通。住房制度改革方案的基本原则之一是要建立国家、单位、个人三结合筹资建设住房机制。这是因为单纯依靠国家投资和企业筹资建设住房，无论其建设规模和建设速度，已远远不适应职工迫切要求解决住房的需要。只有组织个人进行住房投资，与国家和单位的投资形成三结合，才能扩大住房建设投资规模，大大加快住房解困进程，才能实现住房商品化，达到自住其力的目的。作为职工个人、国家和单位出资建立住房公积金的长期住房储蓄，就可以运用公积金支付或发放贷款进行建房、购房，利用个人资金投入，有利于住房资金的融通，解决职工住房的需求。

7. 为什么要建立住房公积金制度

由于住房是人类生活必不可少的需要，但其价值较大，与目前职工的工资收入有较大差距。因此，必须要在职工的住房消费方面建立一种与其他社会保障制度相同性质的住房资金保障制度。

实行住房公积金制度，可以逐步形成国家、集体、个人三结合的筹资建设住房机制，加快住房建设速度，解决住房问题。

实行住房公积金制度有利于在取消福利分房，职工群众只能依靠在市场上购置住房时在资金上有稳定的保障。

8. 为什么说住房公积金是国家立法强行推行的

1999 年 4 月 3 日，中华人民共和国国务院令第 262 号颁布了《住房公积金管理条例》，2002 年 3 月 24 日，中华人民共和国国务院令 350 号对《条例》进行了修订，就是以国家行政法规的形式，奠定了住房公积金制度的法律地位，规定住房公积金制度必须要依法执行。建立住房公积金制度是住房实物分配向货币分配转化的需要，是广大职工群众住房保障制度的重要内容。住房公积金是职工工资中的住房工资，单位为职工按时、足额缴存住房公积金，是其法定义务，必须履行。

9. 国务院颁布《住房公积金管理条例》的意义是什么

住房公积金制度是我国城镇住房制度改革的基本内容，建立住房公积金制度对促进城镇住房建设、加快城镇住房制度改革、提高城镇居民的居住水平发挥了重要作用。但《住房公积金管理条例》颁布以前，由于缺乏统一的法律规范，在实际操作过程中不可避免地存在一些问题，主要表现在：一是单位缴存住房公积金的随意性较大，不缴、少缴现象比较严重；二是挪用住房公积金的情况时有发生，侵害了住房公积金所有者的合法权益；三是住房公积金的决策机构、管理机构的职责不明确，特别是住房公积金管理中心的管理制度不健全，隐含着不可忽视的风险；四是住房公积金管理中心对逾期不缴、少缴住房公积金的行为没有处罚权，影响了执法力度。因此，为加强对住房公积金的管理，维护住房公积金所有者的合法权益，促进城镇住房建设，提高城镇居民的居住水平，必须立法来保障该项制度的实施。国务院颁发《住房公积金管理条例》是在认真总结我国住房公积金制度实践经验基础上，针对我国住房公积金制度发展过程中存在的问题，结合进一步深化城镇住房制度改革和加快住房建设的新情况、新形势制定的。《住房公积金管理条例》的颁布是我国住房公积金制度发展历史上的一件大事，标志着我国住房公积金制度进入了法制化、规范化发展的新时期。《住房公积金管理条例》也是进一步深化住房制度改革，加快住房建设的重要措施，对于推动国民经济的持续、快速、健康发展具有重要意义。

10.《住房公积金管理条例》立法的目的是什么

住房公积金制度是住房制度改革的一项基本内容，是实现职工住房社会化、商品化的一种重要方式。实行住房公积金制度有利于转变住房分配体制，有利于住房资金的积累、周转和政策性住房贷款制度的建立，有利于提高职工购建住房的支付能力，促进住房建设。制定《住房公积金管理条例》主要有三个目的：一是加强对住房公积金的管理，维护住房公积金所有者的合法权益。二是促进城镇住房建设，提高政府的住房保障能力，促进政策性住房金融体系和城市廉租住房供应体系的建立。三是提高城镇居民的居住水平。住房公积金作为一种强制实行、定向使用的个人住房基金，建立了职工住房的自我保障机制，增强了职工解决自身住房问题、提高居住水平的能力。

11. 为什么要全面推行住房公积金制度

《国务院关于深化城镇住房制度改革的决定》指出，全面推行住房公积金制度有利于转变住房分配体制，有利于住房资金的积累、周转和政策性抵押贷款制度的建立，有利于提高职工购、建住房能力，促进住房建设。

住房公积金制度实质上是一种住房保障制度，也是住房分配货币化的一种形式。实行住房公积金制度有利于转变住房分配机制，将住房的实物福利分配通过住房公积金的形式逐步转变为货币工资分配，有利于住房资金的积累和周转，可以逐步形成国家、集体、个人三者共同负担解决住房问题的筹资机制。

实行住房公积金制度，城市可以筹集一批稳定的住房资金，加快城市经济适用住房的建设。同时，有利于住房资金的短期周转，有利于政策性抵押贷款制度的建立。实行住房公积金制度使政策性住房贷款有了稳定可靠的资金来源，通过向个人提供政策性的住房贷款，还可以降低职工贷款购房的还款负担。通过住房公积金的长期积累，可以逐步提高职工工资中的住房消费含量，从而增强职工购、建、大修住房的能力。因此，住房公积金制度是住房制度改革的一项重要内容，是房改的中心环节，关系到房改工作的成败。所以，要全面推行住房公积金制度，所有单位及其在职职工都要遵行住房公积金制度。

12. 为什么说住房公积金制度有利于促进住房建设

住房公积金制度是从两个方面促进住房建设的，即从需求拉动方面，通过资金积累和贷款使个人具备购房能力，增强了住房的有效需求；从供给推动方面，通过住房公积金资金融通，为住房建设提供资金。这一制度的施行分别从需求和供给角度推动了住房的生产和消费，促进了住房市场的繁荣，推动住房建设发展。

13. 住房公积金制度在哪些方面发挥了巨大作用

住房公积金制度对于推动住房制度改革、加快住房建设、扩大住房需求、促进经济增长等方面发挥了巨大作用，主要表现在：

一是打破了住房建设单纯依靠国家和单位投资的格局，为住房建设提供了长期稳定的资金来源，加快了住房建设步伐。在住房公积金制度建立初期，住房领域最突出的矛盾是住房建设资金短缺，住房供给严重不足，而职工改善住房条件的愿望十分迫切。在这种情况下，各省市大力发展住房公积金建设项目贷款，发放单位建房贷款、安居工程贷款、危房改造贷款、住房解困贷款，支持住房建设，大大缓解了住房供给短缺与需求迫切的矛盾，改善了职工群众的住房条件。

二是促进了住房消费的增长，活跃了住房消费市场。1999 年各省市根据住房市场的变化，对住房公积金的使用方向进行了重大调整，从重点支持住房建设转向重点支持住房消费，大力发展个人住房公积金贷款。个人住房公积金贷款的发展，还带动了银行商业性贷款的发展。个人住房消费贷款的发展，极大地活跃了住房消费市场，促进了住宅产业成为国民经济的重要产业，为国民经济的长期持续发展创造了条件。

三是推进了住房分配货币化进程，提高了职工买房的支付能力。住房公积金由单位和职工共同缴存，单位缴存部分相当于单位给职工发放的住房工资，提高了职工工资中的住房消费含量，成为住房分配货币化的一种重要形式。职工在买房时，可以提取住房公积金，还可以申请住房公积金贷款，这就大大提高了职工买房的支付能力，把职工潜在的住房需求转化为现实需求。

四是转变了职工群众的住房观念，为国有企业改革创造了条件。在福利住房体制下，职工的住房问题全部由单位负责解决，这使国家和企业背上了沉重的包袱，又使职工群众产生了“等、靠、要”的住房观念。住房公积金制度明确了国家、单位和职工在住房问题上的责任，最大限度地调动了职工个人解决住房问题的积极性，“等、靠、要”的住房观念发生了根本性的变化。现在，职工解决住房问题已不再依靠单位，而是首先想到自己的住房公积金，用住房公积金贷款买房。这就使国有企业摆脱了向职工提供住房的无限责任，提高了企业的竞争能力，促进了现代企业制度的建立。

14. 建立住房公积金制度有哪些重大意义

住房问题关系到广大市民群众的切身利益，也关系到社会的长治久安。经过持续十年的积极探索，住房公积金制度得到逐步发展和完善。这主要体现在以下四个方面：

一是促进了住房观念的转变。这一点很重要，因为转变住房观念乃是培育住房市场的基础条件，住房消费的价值量大，普通职工家庭在购买住房时，不但要解决“首付”问题，还要考虑长期的“还贷”能力。实行住房公积金制度后，职工就有了长期稳定的住房资金积累，他们购买住房的支付能力和消费信心也相应增强，并由此而逐步树立起攒钱买房、贷款买房、多渠道解决住房问题的新观念。

二是促进了住房机制的转换。在计划经济时期，政府实行住房统建统分统管，结果是包袱越背越重，住房改善进展缓慢。20 世纪 80 年代曾一度实行“谁家孩子谁家抱”，这个做法对调动企业（单位）的积极性起到了一定的作用，但总体上还没有摆脱统包模式，个人依然缺乏住房消费积极性，住宅建设也因资金紧缺而徘徊不前。1991 年住房公积金制度的建立，终于打破了几十年来城镇住房建设单纯依靠国家投资或单位筹资的局面。十多年来，我们致力于发挥住房公积金的政策效应，大力发展个人购房贷款，积极推进单位建房社会化，从而有效地刺激了住房消费需求，扩大了住宅建设规模，加快了住房解困进程，缓解了住房供应紧缺矛盾，最终是推动了住房生产与消费良性运行格局的逐步形成。

三是促进了住房金融市场的培育。这几年全国住房消费信贷发展加快，在很大程度上得益于住房公积金贷款所形成的先发效应和导向作用。1992 年 5 月，上海开始发放住房公积金个人购房贷款，迈出了住房消费信贷的第一步。紧接着，建设银行上海市分行在 1993 年推出商业性购房贷款，之后又推出了住房公积金和商业性购房的组合贷款。1998 年后，工、农、中、交和上海银行、浦发银行及光大银行等七家商业银行也相继推出此项业务，形成了住房公积金和商业性购房贷款共同促进住房消费的良好态势。各地市《住房公积金个人购房贷款管理办法》出台后，住房公积金贷款实行存贷挂钩政策，并维持最高贷款限额规定，这又进一步发挥了住房公积金向中低收入职工倾斜的政策导向和社会互助功能。商业银行则普遍非常看重住房公积金对其消费信贷的带动作用，都加大了商业性个人住房贷款的投放力度。由此可见，住房公积金成倍地放大了职工家庭购房消费信贷。而住房消费信贷的发展，对优化住房公积金的使用结构，提高银行的资产质量和信贷规模也都起到了很好的作用。从资产质量来说，住房公积金贷款逾期金额占贷款余额的比例不高，商业性个人住房贷款逾期率也比较低；从贷款规模来说，2005 年底全国住房公积金贷款余额 2833.96 亿元，商业性个人住房贷款余额 1.48 万亿元，可见全国已形成较大的住房贷款一级市场。

四是促进了房地产市场的进一步搞活。十多年来，通过建立住房公积金并发展住房公积金贷款，职工购房支付能力明显增强。与此同时，国家在深化房改方面采取了一系列配套措施，如出售公有住房及放开售后公房上市交易和差价换房，实现房地产二、三级市场联动等。通过实施住房制度综合配套改革，住房公积金制度的积极效应得到了更好发挥，特别是促进了住房消费和房地产市场搞活。

总的说来，住房公积金建立与发展所取得的成绩，充分体现了这方面工作的开创性和可操作性。通过建立住房公积金制度和推进住房制度综合配套改革，住房潜在需求被逐步激活起来，市场化配置住房资源的格局正在加快形成，一个与社会主义市场经济体制相适应的新的住房制度框架也已初步确立。

15. 建立住房公积金制度获得成功的原因是什么

（1）指导思想明确。建立住房公积金制度的指导思想非常明确。一是从实际出发，根据经济发展水平，职工收入水平，合理确定住房公积金政策，把住房公积金的缴存控制在财政、企业和职工承受能力之内，较好地解决了改革、发展和稳定之间的关系。二是从人民群众的根本利益出发，把改善职工住房条件、提高群众居住水平作为建立住房公积金制度的根本目的，从建立住房公积金制度初期开始，就严格限制住房公积金使用方向，切实保护职工权益。三是从加快改革，建立适应社会主义市场经济体制的城镇住房新制度出发，以住房公积金制度为核心，配套推进各项改革。目前，各省市适应社会主义市场经济体制要求的市场化住房体制已初步形成，这为从根本上为解决职工住房问题创造了良好的体制环境。

（2）领导高度重视。从1991年建立住房公积金制度开始，各级领导都高度重视住房公积金制度，主要领导亲自抓，分管领导重点抓，及时解决住房公积金制度发展过程中的问题。朱镕基在上海工作期间，亲自主持建立了住房公积金制度。1996年，上海市人大颁布了《上海市住房公积金条例》，这是我国最早的有关住房公积金制度的地方法规。1999年，国务院颁发了《住房公积金管理条例》。

（3）管理体制健全、制度规范。各省市建立住房公积金制度的同时就成立住房委员会，作为住房公积金的决策机构，健全、规范决策程序，做到了集体决策、民主决策，科学决策。同时在房委会下设立住房公积金管理中心，作为负责住房公积金运作的法定机构。各省市还十分重视住房公积金的制度建设，在出台住房公积金方案的同时，出台了配套文件，在住房公积金的汇缴、转移、封存、提取、使用、计息、对账、财务核算等方面，制定了一整套规章制度，使住房公积金制度一开始就被纳入制度化轨道，而且有法可依，有章可循，保证了这一制度的健康发展。

(4) 有关部门通力合作，密切配合。各有关部门从住房公积金制度的大局出发，按照《住房公积金管理条例》的要求，各司其职，各负其责。财政部门主要负责审核住房公积金的预决算，批准管理中心费用开支等监督工作。劳动人事部门主要负责核定住房公积金缴存基数。人民银行主要负责监督受托银行执行金融政策。受托银行主要负责住房公积金贷款和结算业务。管理中心主要负责住房公积金的归集、提取、使用、核算等管理工作。没有相关部门的密切配合，互相支持与合作，是不可能搞好住房公积金的管理工作的。

16. 怎样才能管好住房公积金

在建立和发展住房公积金的过程中，实行“四个坚持”是非常必要的。

第一，坚持取之于民，用之于民，造福于民。住房公积金是房改的产物。为房改服务，为促进住房消费服务，最大限度地提高资金使用效率，着力发挥政策导向作用，这是搞好住房公积金管理的基本立足点。从住房公积金制度建立初期支持单位住房社会化建设，到后来及时调整资金使用结构，全力支持个人住房消费，可以说住房公积金始终处于促进房改的第一线，为改善职工的居住条件发挥了积极作用。

第二，坚持深化改革，不断探索，勇于创新。十多年来，住房公积金贷款从零起步，覆盖面不断扩大，首期付款比例和贷款年限作了多次调整，贷款银行适时放开，资金及时调度，这些都是不断破解难题、锐意进取的体现，有效地促进了住房公积金制度的起步发展和巩固完善。

第三，坚持建立和完善制的监督机制，确保住房公积金安全和缴存者合法权益。住房公积金本质上是职工的住房工资，是老百姓自己的钱。对这种资金必须倍加爱护，相应地也要求建立切实有效的、严格制约的监督机制。十多年来，住房公积金在运作中逐步形成多层次、全方位的监督机制，包括房委会监督、财政监督、审计监督和社会监督等四方面的协同监督。加上公积金管理中心也很重视加强自我约束，“严”字当头，确保了住房公积金规范管理和资金运行安全。

第四，坚持依托科技进步，提高管理水平，完善服务手段。十多年来，住房公积金管理中心克勤克俭，其管理费用主要用于改进技术装备，使电算化管理成为住房公积金规范化管理的基本要素，从而适应了资金规模增大和贷款业务开放的需要。特别是，实现计算机平台升级并积极加入社保卡系统之后，公积金管理中心利用广域网直接与多家商业银行的营业网点连接，使得贷款查询和受理更趋方便。今天住房公积金网站的开通，也正是住房公积金实行高科技管理、信息化管理的新发展和集中体现。

总之，真正做到了“四个坚持”，住房公积金就可以管理好，资产质量也能提高，才会让政府放心，让群众满意。

17. 如何建立健全住房公积金制度

（1）建立健全公积金制度的法律法规，规范公积金管理过程，建立公积金运作的内部监控，对住房公积金进行有效的监督管理，以较低的管理成本和高效的服务赢得广大参加人员的信任和支持。

（2）要采取相应措施，加大住房公积金的归集力度，在缴费率不变的情况下保障资金的稳步增加。公积金的归集范围应进一步扩大，无论是何种形式的企事业单位，甚至个体工商户、乡镇企业，只要有雇员、雇工都应纳入缴存范围。归集面扩大，不仅能增加资金来源，也可使更多的人员被涵盖到社会保障的网络中，从而减少社会的不安定因素。对于已经缴存的单位，应坚决制止拒交、少交和迟交的现象。在确定缴存率时，不仅要考虑到职工的工资收入水平，还应将其与住房制度改革中的货币化分房政策、市场平均房价等因素结合起来考虑。

（3）重视住房公积金的保值增值。要想发挥住房公积金的作用，首先必须保证资金能够安全持续的运转下去。扩大公积金的归集面固然是很重要的一方面，公积金的保值增值也不容忽视。从1999年开始，获得公积金贷款的资格认定条件更为严格，既是对权利义务对等原则的贯彻，也表明了公积金已存在出大于入的迹象。今后，我国的老龄化将更加严重，缴费人数将会减少，而公积金的缴费率又不可能无限制提高，存贷之间的缺口将进一步拉大。目前，我国的住房公积金中有一部分用于购买国债，其他的存入银行获得利息或者委托贷款，这种保守的保值增值方式很难解决业已存在的基金积累不足的问题。而这一问题如果得不到解决，必将使现行制度面临清偿性危机。今后，在避免高风险的前提下，应根据住房公积金的存贷情况合理地确定增值资金的比重，实行有监管的多种形式的投资，以确保资金的高效使用。

（4）适时推进住房公积金利率改革，尽可能保护所有（贷款、不贷款）职工的利益。应针对住房公积金的特殊性，单独设计利率政策，参照国外经验，将住房存款利率与公积金的储存年数相连接，鼓励人们将公积金作为一种长期投资，作为一种补充的养老保障，以增加住房公积金的积累额。

（5）开展住房公积金贷款证券化试点。借鉴国外住房金融发展经验，使住房公积金抵押贷款证券化，能够盘活住房公积金抵押贷款存量，增强住房公积金抵押贷款流动性；有利于各方面投资者介入，使抵押贷款收益平均化，最终导致住房贷款利率的下降，使借款人受益；有利于证券市场的发展，完善资本市场的证券供给结构。我国应该尽早启动住房公积金贷款证券化，通过二级住房抵押贷款市场的建立，与资本市场的相互融通，形成一个统一和开放的住房信贷体系，以培养良好的住房消费环境，促进住房消费。

（6）简化住房公积金贷款手续，各个部门和环节之间应该通过联网，实现资源共享，信息沟通，减少申请者携带大量证明材料来回奔波的辛苦，为申请贷款人员提供更为便捷优质的服务。

18. 为什么住房公积金的使用和管理是住房制度改革的中心环节

住房制度改革的根本目的是：建立与社会主义市场经济体制相适应的新的城镇住房制度，实现住房商品化、社会化；加强住房建设，改善居住条件，满足城镇居民不断增长的住房需求。住房公积金制度是住房制度改革的重要内容。实行住房公积金制度后，通过长期的、稳定的积累，职工家庭可逐步增强购建住房的能力；对于住宅建设来说，又可得到一笔住宅建设的融通资金，扩大住宅建设规模，加速改善职工居住条件。如果住房公积金使用管理得不好，被挪作他用，甚至把公积金都赔掉了，那么职工就不会缴存住房公积金。如果住房公积金的管理没有一套完善的制度，严密的监督，安全的运营，房改工作就搞不好，因此住房公积金的使用和管理是房改的中心环节，关系到整个房改工作的成败。

19. 为什么说住房公积金制度有利于政策性抵押贷款制度的建立

住房公积金实行低存低贷的原则。由于住房公积金存储利率相对较低，利用住房公积金积累发放的贷款利率也相对较低，这样就为政策性抵押贷款提供了资金来源，同时也提高了职工贷款的承受能力，可以鼓励职工利用贷款实现购房，有利于政策性抵押贷款制度的建立。

20. 新加坡的公积金制度

（1）公积金制度的建立

从1955年开始，新加坡政府为了向失去工作能力的公民提供必要的社会保障，实行了公积金制度。新加坡的中央公积金制度，是一种独具特色的社会保障制度，即所谓“基金社会主义”，实际上是一种包括养老、住房、医疗等社会保障项目在内的完全积累，强制性的长期储蓄。由政府中央公积金局直接管理。政府通过这一制度来有效调控消费基金，解决职工购买住房和退休养老等问题。同时用之于建设和基础设施的投资。这项制度实施四十多年，不断发展完善，对促进新加坡的政治稳定和经济发展起到积极的作用。

（2）公积金的内容

新加坡的公积金制度实行会员制，所有新加坡公民和永久居民，无论是雇主、雇员，都是中央公积金局的会员，凡是加入公积金局的会员、雇员和雇主都必须按雇员月薪工资的一定比例强制性交纳公积金，并按月存入雇员名下。公积金存款有利息，按月计算，算入公积金中。中央公积金与一般的银行存款不同，不能随时随地自由存取，它必须满足三个大目标，即房屋购买、医疗保健和退休养老，其中最基本的目标是退休养老。1957年新加坡开始建立公积金制度时公积金缴交率为雇员月薪的10%；随着经济的发展，公积金缴交率逐渐提高，最高时达到50%；从1994年7月1日起，公积金的缴交率为雇员月薪的40%，但最高不得超过2400新元。

（3）公积金的用途

新加坡中央公积金制度建立初期的宗旨，是要为雇员提供退休后的生活保障，后来随着经济的发展，公积金的用途越来越广泛。归结起来，可分为两大方面。

第一，对于会员来说，可以将公积金：①用于退休后或失去工作后的生活保障；②用于购买政府建造的三至六居室低价住房；③用于特殊住宅产业计划，即建造高级私人住宅；④用于家庭保健保障计划，包括购买信托投资服务股票、基金等；⑤用于购买家属保障保险，每年投入30—190新元不等；死亡或永远性残废可获得3万新元保证金。

第二，对于中央公积金来说，除了支付利息和正常支付部分以外，用于政府发行的公债，或用于修建道路、机场、港口等公共设施，投资建公共住房或向海外投资。

缴交的公积金款项被分别存入普通户头、保健储蓄户头和特别户头，分别用以支付购房、医疗、子女教育费、本人退休后的养老金和应急。随着缴费人年龄的增长，缴交的公积金款在三个户头中的分配比例会发生变化，存入保健储蓄户头的比例将逐渐提高。按照法律规定公积金存款的利率不得低于2.5%，其中特别户头存款的利率，可比普通户头高出1.25个百分点，而且这部分利息收入免交所得税。任何人不得将公积金存款扣押抵债。会员在到达55岁时，除保留一笔最低存款作为晚年之用外，其余公积金存款可全部提出。如果会员终身残废或永远离开新加坡，可以提前提取公积金存款。如果会员在规定年龄前不幸逝世，他的公积金存款可移交指定受益人继承。会员可以从60岁开始按月从最低存款中领取基本生活费用。政府鼓励已达退休年龄但身体健康的会员继续工作，以使他们积蓄更多的公积金存款。会员在退休时存款不足，可由其子女填补他的户头。

现在公积金的使用范围已经扩大到可以供雇员买房、治病、养老和交子女学费。

（4）公积金用于住房

新加坡政府成立住宅发展局（HDB），其主要任务就是发展住房，推动城市建设，使其布局结构合理。根据不同的职工收入和消费水平，设计不同的住宅，使住宅在设计、施工、标准、造价等方面适应不同的消费者，以解决各个层次居民的住房。政府在住宅建设方面起着决定性作用。包括在用地上给予保证，提供售后服务和社区生活服务。新加坡住房发展局既是政府机构，又是房地产经营企业，在解决住房方面起着决定性的作用。他们解决住房问题的核心政策是鼓励居民自己购建房，把住房供给从国家低价出租改为国家建房，由住户分期付款购买。推行住房自有权计划，一方面把原属国家所有的住房逐步转让给个人，另一方面对经济收入不同的家庭，实行不同的政策，对收入高的居民，国家不包其住房，使其住宅完全商品化，而对中低收入家庭，实行准商品模式，由政府投资建造社会住宅，然后再按优惠条件出卖。

新加坡不论是国家兴建住宅还是个人购买住宅，资金主要来源于中央公积金。公积金是由中央公积金局统一管理的社会公益性强制储蓄。按照公积金的有关规定，雇员可以动用公积金储蓄用于购买住宅的首期付款。购房者从公私银行借贷的住宅贷款，可用每月缴纳的公积金作为分期付款之用。这样，雇员购买住房的款项（首期付款和从银行得到的贷款）都可用公积金储蓄偿还。

（5）公积金的作用

中央公积金制度在新加坡实行四十多年来，对经济和社会事业的发展起到了巨大的推动作用。①它为国民提供了多样化的社会保障。从受益范围上说，会员不仅可以利用公积金照料好自己，还可通过有关公积金计划，相应照顾配偶、子女和父母，甚至兄弟姐妹；并通过实施全国保障计划的方式，使不同收入层次的人都得到统筹的保障。从受益时间上说，会员不仅在退休时有一笔可观的公积金存款，而且可以从实际出发，灵活运作各自户头所积累的资产，从而形成人们终生的缜密财务计划。②新加坡的中央公积金局将归集的公积金购买国债，因此，它为国家的建设和发展提供了大量资金。占到新加坡国内生产总值51%的国民储蓄总额中，公积金存款的比例为93%甚至更高，这充分表明公积金储蓄已成为资助国家建设和发展计划的重要资金来源。③它有利于政府搞好宏观经济调控。政府可以根据经济发展的变化情况，通过调整公积金的缴交率，来节制个人消费，抑制通货膨胀，以保持国家薪金政策的稳定性，促进经济的健康发展。在前几年的金融危机中，新加坡政府提出削减成本方案的最重要的一项是将公积金中雇主负担缴付的20%部分，在两年之内减少为10%。这使企业的成本结构得到改善，增强了它们在国际市场上的竞争力，有助于本国经济的迅速复苏。④它对于提高国民素质，培养自力更生、艰苦创业精神有明显的作用。它不仅鼓励国民通过提高技能、努力生产来获取更高的收入和更多的公积金，即使到了退休年龄，如果身体健康，仍可以继续为社会工作，以增加积蓄，满足自身的各种福利要求。同时，要求国民充分履行对家庭和社会应尽的义务，努力倡导助人为乐的传统美德。⑤它在增强国家的凝聚力方面产生重要影响。新加坡在推行公积金制度的过程中，通过各项提高公积金资产值的计划，鼓励和支持会员动用公积金存款投资于股票、单位信托、政府公债、房地产业等，进一步参与国家的发展，并把更多的由政府管理的资产直接转让给人民，使国民对自己的国家更有归属感和认同感，与国家的成长和繁荣有了直接的利害关系，国家的凝聚力大大增强。⑥新加坡惩治贪污犯罪的成功经验之一在于他们公务员管理经验的成熟。在中央公积金制度下，一旦公务员发生贪污受贿行为，在刑事处罚的同时，将没收全部的公积金。可见合理的公积金制度，对于试图贪污受贿的公务员有着较强的心理抑制作用。

21. 新加坡和巴西的哪些经验值得我国借鉴

（1）新加坡中央公积金制度

新加坡中央公积金制度创建于1955年，为解决失去工作能力的居民的社会保障问题，当时的政府通过立法建立了中央公积金制度并成立公积金局负责管理这项工作。新加坡1965年独立后仍实行这项制度并有所发展，使公积金由单纯养老保险扩大到购房、医疗保健等方面，尤其是购房方面，发挥了重要作用，为解决新加坡住房问题创造了条件。1968年，新加坡政府在以公积金为坚强后盾的基础上，提出“居者有其屋”计划。住房建设随之有了飞速发展，如今新加坡住房问题已基本解决，资金来源主要靠住房公积金。

新加坡中央公积金制度的成功可以向我们提供以下经验：①长期强制储蓄。新加坡中央公积金制度是一个强制长期储蓄系统，它的建立，既对个人有好处，也对国家有好处。住房公积金的积累最终用于住房，不仅将大大促进住房建设的发展，促进产业结构的调整，有利于国民经济健康协调发展，还能有效地调整消费结构。在租金难以大幅度提高的情况下，能使住房消费在职工家庭消费总支出中达到一个合理的比例。②政府的作用。新加坡公积金除用于住房贷款和支付个人提取外，其余部分首先用于购买政府债券，保证了住房资金良性循环和住房公积金的保值增值。③完善的法律制度是公积金制度得以巩固和发展的基础。④公积金的利息确定应该实现保值增值，这是公积金交存人具有持久支持力的条件之一。

（2）巴西的住宅发展与就业保障基金会

1966 年，南美洲国家巴西通过改革社会保障制度，创设了“保障就业基金会”，把社会福利计划与筹措住宅发展基金结合起来，有效地解决住宅信贷资金的来源，建立了较为完备的住宅信贷市场。保障就业基金的用途有很多种，通过这些多种用途流向的配合，形成资金的良性循环，解决与人们生活直接相关的多种社会经济矛盾和问题。

社会福利与住房发展相结合，使这些资金的利用率提高到极大的限度。这种社会存款资金具有一般存款所不具有的特点：①强制性。当员工选择参加保障就业基金时，雇主必须以税款的形式交纳基金。这受到国家社会保险法和税法的双重强制。②积累性。随着时间的推移，基金存款持续增加，使个人分散的存款聚集成为社会可利用的巨额资金。③提取的限制性。职工的基金的提取使用，只能依法办理，受到法律的严格限制。

22. 我国与新加坡公积金制度有哪些不同

通过比较新加坡和我国的公积金制度，可以发现有以下的不同：

（1）由于公积金制度的发展历史长短不同，造成管理经验上的差别。新加坡的公积金制度已有四十多年的历史，在不断调整、完善的过程中，理顺了各方面的关系，建立了一整套较成熟的规章制度，对各个环节都实施很好的监督管理；我国的公积金制度建立十几年，管理经验稍有欠缺，不少规章制度和管理办法还有待于进一步完善。

（2）公积金制度的作用差别较大，进而造成对社会经济发展影响力的差别。新加坡的公积金涵盖了养老、住房、医疗、教育、投资等多个领域，是一种综合性的社会保障制度，它为新加坡公民提供了多样化的社会保障的同时，还为国家的建设和发展提供了大量资金。公积金制度的运行，既加强了新加坡政府调控宏观经济的能力，又有利于提高国民素质、培养他们自力更生、艰苦创业的精神，它对新加坡社会经济发展的影响可以说是全方位的。相形之下，我国的公积金制度显得较为单一，仅仅包括住房公积金一项，它主要有助于解决普通居民住房消费水平较低的问题，对我国的房地产业有一定的促进作用，同时对特定行业（如建筑、装璜等）的就业有积极影响。

（3）两国公积金缴存的比例不同。新加坡的公积金制度中雇员和雇主两者缴费额在1999年以前为40%以上，虽然为了缓解金融危机，降低了企业（即雇主）的缴存比例，但缴费率仍然远远大于我国的住房公积金制度中企业和个人共同承担的部分。当然，这里需要说明的是，我国的公积金制度仅涉及到住房，职工养老和医疗另外计算。所以，我国的住房公积金缴存比例较低不完全代表整个社会保障缴费水平较低。实际上，我国的养老、医疗、失业、住房这四项社会保障的缴费比例已经达到工资总额的40%，从这一角度来说，我国的社会保障缴费水平也和新加坡差不多。

（4）两国公积金制度的覆盖面差异较大。新加坡的公积金制度覆盖了所有受雇的新加坡公民和永久居民，它是面对全体民众的综合社会保障制度。而我国的公积金制度仅包括具有本市城镇常住户口的国家机关、群众团体、事业单位和企业的固定职工、劳动合同制职工，从而把广大的农业人口与有正当职业的外来人员排除在公积金制度之外。与新加坡的公积金制度相比，它的覆盖面很有限。

（5）两国的公积金管理成本结构也有差异。在新加坡，公积金保值增值的过程中，会发生股票交易费、银行服务费等支出，再加上管理人员的工资费用，构成了公积金管理的总成本，这一费用占缴纳的0.53%。我国的管理费用主要包括三块，即行政事业办公费、购买设备、设计软件等的业务费、银行委托的手续费。

第三节
住房公积金的发展

1. 我国住房公积金制度发展的目的是什么

住房公积金是我国在城镇住房制度改革当中，学习新加坡中央公积金制度的经验并结合我国国情加以创造性发展应用的一种义务性长期储金制度。住房公积金作为一种专项用于住房消费的住房基金，其外在表现形式是由住房公积金内在的本质属性决定的。住房公积金的本质属性是工资性。单位按职工工资的一定比例，为职工交存住房公积金，实质是把低工资时单位用于住房实物分配的工资，以货币形式分配给职工，从而达到转换住房分配机制的目的。

住房公积金是一种义务性的长期储蓄，实行住房公积金制度的职工个人按月缴交占工资一定比例的公积金，单位亦按月提供占职工工资一定比例的公积金，两者均归职工个人所有。简单地说，住房公积金是一种个人储蓄，但又不同于一般个人储蓄，其特点是：（1）义务性：实行住房公积金的职工要按月从本人工资中拿出一部分参加储蓄。（2）补贴性：实行住房公积金的单位要按月按房改方案规定的相应比例，从单位房改资金中提供给职工个人一部分资金归职工个人所有。体现了国家从直接投资逐步转为对个人的补贴，并向个人的住宅销售方向发展。（3）政策性：住房公积金的存取和使用均受到有关房改政策、规定的制约。（4）三级账户管理，住房公积金存款要记入单位名下的职工个人公积金存款账户。推行住房公积金的根本意义在于：通过职工个人长期义务性的储蓄积累，达到解决职工家庭住房需求的目的。

2. 住房公积金制度经历了哪几个发展阶段

十多年来，我国住房公积金制度基本建立，规模不断扩大，在推进住房制度改革、加快城镇住房建设等方面，发挥了重要作用。各地利用住房公积金解决了一部分城镇居民的住房问题，不少城镇居民用住房公积金贷款购买了住房，居住条件得到改善。经过十几年来住房公积金制度的实施，目前全国先后已有6329.7万职工参加到住房公积金制度中来，并成为了住房公积金制度的受益者。回顾住房公积金制度的发展历程，主要经历了一个从探索建立、全面推行、巩固发展到逐步完善的过程。

（1）住房公积金制度的探索建立阶段（1991年至1994年）

1991年5月，上海市借鉴新加坡公积金制度的成功经验，结合我国国情，率先建立了有中国特色的住房公积金制度。这是我国在福利住房制度向住房市场化、商品化改革的推进过程中，完善城镇住房制度的重大突破，标志着一个由国家支持、单位资助、依靠职工群众自己力量解决住房问题的市场化机制开始形成。经过十几年的不断发展，住房公积金在推动住房制度改革，加快住房建设，帮助广大城镇居民改善住房条件，调动、扩大住房消费，促进经济增长等方面发挥了重要作用。

从1992年起，北京、天津、南京、武汉等城市相继建立了符合本地实际的住房公积金制度。在建立初期，各个城市普遍面临住房资金短缺的问题，住房供给严重不足，职工改善住房条件的愿望强烈。在这种情况下，住房公积金制度主要以发放住房建设贷款为主，特别是单位建房贷款、安居工程贷款、危房改造贷款、住房解困贷款等，大大缓解了住房供给短缺的矛盾，改善了职工群众的住房条件。

住房公积金制度在最初建立阶段的主要特点是：第一，全国没有统一的规定和条例；第二，条件成熟的直辖市和省会城市自主进行试点；第三，住房公积金缴交率比较机械；第四，住房公积金的使用主要集中在单位住房建设上，个人极少使用；第五，建立住房公积金制度的面不宽，一是很多城市没有推行，二是即使建立了，参加住房公积金储蓄的人也不多。

（2）住房公积金制度的全面推行阶段（1994年至1999年）

1994年，国务院在总结部分城市建立住房公积金制度试点经验的基础上，颁发了《国务院关于深化城镇住房制度改革的决定》（以下简称《决定》）。《决定》充分肯定了住房公积金制度在住房分配机制的转换、住房保障体系的建立以及推动住房建设发展的地位和作用，《决定》在认真总结十多年来房改实践经验的基础上，明确提出建立与社会主义市场经济相适应的城镇住房新制度的基本框架和全面推行住房公积金制度，要求所有行政和企事业单位及其职工均应按照“个人存储、单位资助、统一管理、专项使用”的原则建立住房公积金制度。

《决定》发布后，住房公积金制度在我国全国范围内逐步推行，覆盖面不断扩大，住房公积金交缴率不断提高，归集额逐年增长。截至1996年底，上海、天津、江苏、浙江等起步较早的省市住房公积金归集率已达到85%以上，北京、安徽、陕西、甘肃、广西、湖北、辽宁等省市的住房公积金归集率也达到60%左右，全国住房公积金归集额已达603亿元。住房公积金制度促进了住宅发展，也为政策性住房金融体系的建设创造了条件，使政策性住房抵押贷款制度在全国主要大城市中推开。

1998年8月，国务院办公厅转发国务院住房制度改革领导小组《关于加强住房公积金管理的意见》，明确规定住房公积金实行“房委会决策、中心运作、银行专户、财政监督”的管理原则，住房公积金管理工作得到加强。截至1998年底，住房公积金制度已从建立初期的部分大、中城市，扩展到231个地级以上城市，437个县级市和相当一部分县(镇)。全国住房公积金归集额已达1231亿元，发放住房公积金贷款830亿元，对促进全国住房建设，加快全国城镇住房制度改革，提高城镇居民的居住水平发挥了重要的作用。

建立住房公积金制度，作为住房新体制的核心环节，提高了职工的购房能力，成为实现住房货币化分配的重要手段；它开辟了一个全新的、以个人住房融资为基础的住房资金来源，使住房建设有了长期、稳定的资金保证，为住房金融体系的建立特别是政策性住房消费信贷提供了基础；它采取的“低存低贷”的原则，既建立了城镇居民住房的自我保护机制，也建立了全社会的住房保障机制。

1996年至1998年期间，住房公积金和其他房改资金为安居工程和经济适用住房建设提供了大量配套资金，为支持和推进住宅建设，解决职工的住房短缺问题，发挥了重要作用。但是由于管理不规范，也存在着一些诸如住房公积金制度建立不平衡，发展快的地区覆盖面达到90%，发展慢的地区覆盖面不到30%，大部分地区交缴率不高，个别地区管理不规范，管理制度有待于进一步健全等问题。

（3）住房公积金制度的巩固发展阶段（1999 年至 2002 年）

在总结各地推行住房公积金制度的基础上，1999 年 4 月 3 日，以中华人民共和国国务院令第 262 号发布施行了《住房公积金管理条例》（以下简称《条例》)。《条例》是在认真总结全国住房公积金制度实践经验的基础上，针对发展过程中存在的问题，结合进一步深化城镇住房制度改革和加快住房建设的新情况、新形势制定的。《条例》的发布，是我国住房公积金制度发展史上的大事，标志着我国住房公积金制度进入了法制化、规范化发展的新时期。

《条例》发布实施以后，全国各地大多数城市根据《条例》的要求，建立了住房公积金总账、单位账和个人明细账三级账目，记账核算到职工个人，为确立管理中心的住房公积金管理主体地位、规范住房公积金管理、保障职工合法权益提供了科学的基础。1999 年下半年《住房公积金财务管理办法》和《住房公积金会计核算办法》下发，各地普遍调整了会计科目，对住房公积金和其他的住房资金实行了分账管理、分账核算，初步规范了住房公积金财务管理和会计核算工作。全国各地大多数城市的管理中心定期向同级财政部门报送住房公积金归集、使用计划、年度预决算和财务报表，管理费用经统计财政部门审核，接受财政监督；部分城市政府审计部门对住房公积金的轨迹和使用情况进行了定期和专项审计；大部分城市向职工发放了住房公积金缴存凭证，按期对账，建立了住房公积金查询系统，以接受社会和职工的监督。

同时全国各地根据《条例》的要求，开展了住房公积金缴存情况的执法检查，通过建立住房公积金归集协管员制度，加强部门之间的配合，采取行政、法律、建立信息系统等多种手段，迅速扩大了住房公积金制度覆盖面，提高了归集量。这一阶段一些城市的住房公积金缴存比例开始突破“双 5%”，部分城市达到 8% ~10%，北京、天津、上海等城市的住房公积金覆盖率在 90% 以上。截至 2001 年 6 月底，全国住房公积金归集总额为 2825 亿元，归集余额为 2065 亿元，分别比 1998 年底增加了 1594 亿和 1594 亿元，增长率为 129% 和 104%。

《条例》颁布实施以后，全国各地大多数城市根据《条例》的要求，停止了单位住房建设贷款的发放。其中，重庆、安徽、福建、海南、宁夏、贵州等六省（直辖市、自治区）在全省范围内停止了新的单位住房建设贷款的发放。多数地方采取了经济、行政、法律等手段，加大了对《条例》颁布前发放的单位住房建设贷款的清收力度。成都、杭州、宁波等城市将单位住房建设贷款全部收回。截止到2001年6月底，全国单位住房建设贷款余额为213亿元，比1998年底减少105亿元：单位住房建设贷款余额占住房公积金贷款的比例从1998年的31.5%降低到10.3%。在停止发放单位住房建设贷款的同时，各地加大了住房公积金贷款发放的力度。截止到2001年6月底，全国住房公积金贷款余额为637亿元，大大超过了住房公积金单位住房贷款的余额，逐步实现了对住房公积金使用方向的调整。其中，上海、北京、天津、浙江四省市个人住房公积金贷款余额分别达到232.6亿元、73.9亿元、51.7亿元、51.7亿元，分别占这些城市住房公积金归集余额的96.6%、56.1%、59.4%、44.7%。

(4) 住房公积金制度的逐步完善阶段（2002年至今）

2002年3月24日，国务院根据全国住房公积金制度的发展情况，在总结各地经验的基础上，公布了《国务院关于修改〈住房公积金管理条例〉的决定》，对全国统一的《住房公积金管理条例》作了相应的修改。与此相适应，各地的住房公积金制度也进行了许多不同程度的调整，同时各地也在各自的住房公积金制度操作上做出了一些结合实际情况的改革，我国的住房公积金制度建设逐渐完善。

2003年5月召开了全国住房公积金工作会议。根据《条例》精神，建设部会同财政部、中国人民银行等有关部门，联合下发了《关于严禁在住房公积金管理机构调整工作中发生违纪违法行为的通知》、《关于完善住房公积金决策制度的意见》、《关于住房公积金管理机构调整工作的实施意见》等配套文件。中国人民银行、铁道部和全国总工会召开专题会议或者下发文件对贯彻落实工作提出具体要求。这一时期，各地紧紧围绕温家宝同志提出的“健全决策体制、调整管理机构、强化监督工作、规范发展业务”四个关键环节，认真贯彻落实《条例》和《通知》精神。各省（区）和设区城市政府重视并加强对住房公积金管理工作的领导；地方各级建设、财政、人民银行、审计、监察、编制管理等部门密切配合，加大指导和监督力度，协调解决《条例》贯彻执行中的有关问题。

2004年当年住房公积金缴存额1837亿元，为历年来最高水平，比2003年高出许多。缴存累计额、当年缴存额比2002年初分别增长2.55

倍和2.31倍。也就是说，后3年半时间的累计额和当年缴存额相当于前11年总和的2.55和2.31倍。2004年个人贷款发放量为2002年初的3.05倍，发放速度快于缴存速度，业务量大幅增长，业务范围扩大。在业务发展同时形成一整套完整的制度和政策体系，新制定的和正在执行的条例就达40个。

2005年建设部、财政部和中国人民银行联合出台住房公积金的新政策：《关于住房公积金管理若干具体问题的指导意见》。这部旨在维护缴存人利益、充分发挥住房公积金作用的新规定，表明我国住房公积金制度建设得到进一步健全，住房公积金归集使用业务进一步规范，风险防范机制进一步完善，缴存人的合法权益得到进一步维护。

3. 全国住房公积金制度运行状况如何

2002年以来，各地区、各部门积极贯彻落实国务院《住房公积金管理条例》和《关于进一步加强住房公积金管理的通知》精神，在调整管理机构，健全决策、监督、管理体系，加强制度建设等方面做了大量工作，有力地推动了公积金归集、贷款等各项业务的发展，对解决职工住房问题起到了积极作用。主要表现在：

（1）管理体制基本理顺。根据《条例》规定，各地人民政府健全住房公积金决策、管理体制。截至2006年5月底，全国343个设区城市中，有341个城市成立了住房公积金管理委员会。管委会中，政府负责人、部门负责人和有关专家，工会代表和职工代表，以及单位代表各占1/3，具有广泛的代表性。按照精简、效能原则，管理中心从2577个调整到343个，管理人员从2.1万人减少到1.5万人。在机构调整过程中，做到了工作秩序不乱，业务办理不断，分流人员妥善安置。对经批准设立的分中心，绝大多数实现了与管理中心统一决策、统一管理、统一制度、统一核算。目前，管理中心执行管委会决策，独立行使对住房公积金的管理职能，管理体制基本理顺。

（2）管理制度基本建立。各级地方政府和国务院有关部门，加快制定有关配套政策。国务院住房公积金工作联席会议成员单位制定并印发了十多个贯彻落实《条例》和《通知》的配套办法，以及《关于住房公积金管理若干具体问题的指导意见》、《关于住房公积金管理几个具体问题的通知》等业务指导性文件。各地区以地方性法规、政府规章、政府文件等形式，明确了住房公积金缴存、提取、使用各环节的管理制度，制定了业务操作流程。目前，基本建立了以《条例》为主导、以地方性法规和政府规章为依据、以业务操作规范为基础的多层次的制度体系，初步实现了住房公积金依法管理、规范管理。

（3）监管体系基本形成。各级地方政府积极完善住房公积金监管制度，建立了自上而下的监管体系和同级监督机制。建设部、财政部、人民银行、银监会等部门先后印发了《住房公积金行政监督办法》、《住房公积金管理中心业务管理工作考核办法（试行）》等制度。建设部会同财政部、中国人民银行负责全国住房公积金监管，对四个直辖市和新疆生产建设兵团住房公积金实施直接监督。各省（区）建设厅会同财政、中国人民银行分支机构，负责本区域内住房公积金管理法规、政策执行情况的监督；建立了联合执法检查、重大事项报告、定期通报、业务考核等多项监督制度。财政、审计部门认真落实《条例》赋予的职责，加强了对管理中心的监督。管理中心按年度将财务报告向社会公布，接受社会监督。2002 年以来，建设部会同国务院有关部门先后对二十多个省（区、市）进行了联合督查。各省（区）建设厅会同相关部门定期开展执法检查，或者通过委托审计等形式加强监管。

（4）风险管理不断强化。各管理中心高度重视住房公积金使用安全，加强风险管理工作。通过严格贷款对象审核，抓好贷后资产管理，建立健全逾期贷款催收机制等方式，有效提高了住房公积金贷款资产质量。截至 2006 年 5 月底，全国住房公积金个人住房贷款逾期率 0.126%。已提取住房公积金贷款风险准备金 157 亿元，占贷款余额的 5.54%。各地不断完善公积金管理信息系统、服务信息系统和监管信息系统，为保证资金安全提供了技术保障。

（5）各项业务快速发展。截至 2006 年 5 月底，全国住房公积金累计缴存人数已超过 1 亿人，目前实际缴存人数 6245 万人；公积金缴存总额、缴存余额分别达到 10831 亿元、6864 亿元，分别是 2001 年底的 3.26 和 2.85 倍；公积金提取总额、贷款总额分别为 3967 亿元、5194 亿元，分别是 2001 年底的 4.5 和 5.35 倍；个人住房贷款余额为 3125 亿元，是 2001

年底的3.77倍。2002年以来，全国住房公积金贷款发放增长速度持续高于归集增长速度，住房公积金提取、个人贷款和购买国债金额之和，占归集总额的比例不断增加，公积金的使用率有了较大幅度的提高。截至2006年5月底，住房公积金使用率达到69.8%，比2001年底增加14个百分点。

根据《条例》和《通知》规定，各地抓紧回收项目贷款和单位贷款，同时采取经济、行政和法律等多种措施催收挤占挪用资金。截至2006年5月底，《条例》修订前发放的项目贷款、单位贷款和挤占挪用资金，80%已经收回。全国343个设区城市中，有175个已全部收回。目前尚未收回的为44亿元，占住房公积金缴存余额的0.64%，占贷款余额的1.39%。

(6) 社会效益日益体现。随着住房公积金归集、贷款业务快速发展，住房公积金制度的社会效益逐步显现。住房公积金制度的实施，提高了职工工资中的住房消费含量，增强了职工住房消费能力，也为停止住房实物分配、逐步实行住房分配货币化创造了条件。目前，全国约3000万职工通过提取住房公积金和公积金贷款，改善了居住条件。住房公积金增值收益中，累计积累廉租住房制度建设补充资金75亿元，已划转用于廉租住房制度建设资金36亿元。

4. 住房公积金发展积累了哪些经验和做法

几年来，各地在住房公积金业务发展中积累了丰富的经验和很好的做法。主要是：

(1) 各级政府高度重视，相关部门密切配合。住房公积金管理的各项政策，涉及政府多个职能部门。做好住房公积金管理工作是各相关部门的共同责任。必须加强各级政府的统一领导和相关部门间的协调配合。住房公积金管理的各项成就，与各级政府的高度重视和相关部门的支持密不可分。苏州市政府专门下发了加强非公有制经济组织建立住房公积金制度的文件，市体改部门将公积金执行情况纳入企事业单位合并、分立和改制的审核内容，市社保部门将公积金缴存列入《劳动合同》规范文本，市工商部门将缴存情况纳入企业诚信体系建设的重要内容。这些措施有效地加强了住房公积金归集工作。四川省政府对机构调整不到位的单位，要求限期调整到位。逾期不办的，要追究有关城市政府和有关部门领导的责任。南京市政府认真落实《通知》关于加快回收项目贷款的规定，为确保资金回收，市政府与区县政府、财政局负责人签订《还款责任书》，落实还款渠道和还款责任，按规定期限收回了全部项目贷款。北京等管理中心联合工商、统计等部门，对各单位缴存情况进行检查、清理，共同推动了公积金归集工作。南昌市总工会要求各单位将住房公积金缴存情况纳入政务公开、厂务公开的内容。

（2）切实落实监管责任，不断创新监管手段。多数省（区）建设厅和财政、人民银行等部门，能够认真落实监管责任，加强对本地区住房公积金管理工作的监督和业务指导，对于促进公积金制度的健康发展起到了重要作用。江苏省建设厅制定了住房公积金行政监督八项工作制度。全省各市的规范性文件要报省监管办审查备案，对各市住房公积金归集使用情况进行不定期通报，通过现场检查和非现场检查等手段对管理中心定期检查、考核，成立全省住房公积金监督管理专家咨询委员会，管理中心和省监管办定期召开工作例会，强化对管理中心法人的监督。北京管委会设立职工权益保护小组、资金运作监督小组和政策研究小组，使管委会的民主决策作用和监督作用落到了实处。郑州管委会组织委员进行调研、培训，提高决策能力；建立了委员述职考评制度，对委员连续三次不参加会议的，要求主动写出辞呈。新疆建设厅坚决落实决策、管理、监督三分离原则，率先将原直属厅里的区直管理中心移交乌鲁木齐市统一管理，集中精力履行监管职责。河南、湖北、河北、云南等省建设厅积极落实建设部关于建立住房公积金监督管理信息系统的要求，多渠道筹措资金，信息系统基本建立，大多数管理中心实现了与部、省联网，加强了对住房公积金的适时监管。

（3）牢固树立风险意识，提高风险控制能力。几年来，一些地区居安思危，确立风险意识，在风险管理方面积极探索，积累了一定的经验。江苏省建设厅重视对各个管理中心总体风险的把握、防范和化解，在加强合规性监管的同时，坚持以风险监管为主，以个人贷款监管为重点，注重对风险的早期识别、预警和控制，不断增强管理中心控制风险的能力。南京管理中心坚持做好贷前审查、贷中核查和贷后检查，出现一天逾期立即跟踪催收。在贷款审查环节，不仅注重个人申贷资料审查，更注重抵押物的落实。同时，与房产局实现信息系统联网，适时了解借款人购房、抵押、交易信息，为公积金审贷和保证资金安全提供了基础。上海、北京管理中心通过规范贷款担保行为，加强对公积金贷款资产的日常管理，提高了贷款资产质量。上海市管理中心成立以来，发放贷款总额800多亿元、90多万笔，未发生一笔坏账。厦门市管理中心建立贷款责任终身制，由贷款审批人负责逾期贷款催收工作，催收率达到100%。嘉兴市管理中心实行了贷款三级警示制度，明确了各级贷款的催收措施。

(4) 坚持服务职工的宗旨意识，创新服务方式。几年来，各地管理中心的服务意识逐步增强，服务能力不断提高，服务方式不断创新。绝大多数管理中心简化了提取、贷款手续，降低贷款费用。普遍设立了住房公积金办事大厅，实行“一站式”办公，标准化服务，缩短了办理时间。不少管理中心的住房公积金提取手续可当场办结。上海市管理中心与市国资委等部门开展了企业执行住房公积金制度情况调查，主动听取企业和职工的意见，了解职工需求，有针对性地改进归集、提取、贷款等项服务工作，开展了网上缴存等灵活的汇缴方式。南京管理中心对公积金贷款涉及的规费，减少到只有抵押费、公证费、权证办理费，总费用不足三百元。北京管理中心推出自由还款业务，借款人还款只要不低于最低还款额，可自由设定每月的还款金额，体现了人性化管理。无锡市管理中心贷款审批做到了立等可取；推出了住房公积金委托还贷业务，已经贷款的职工，可以委托管理中心将缴交的住房公积金按月划转，用于偿还购房贷款。

(5) 高度重视基础工作，促进各项业务规范发展。天津市建立了层次清晰的政策法规体系，市人大有法规、管委会有《管理办法》、管理中心有《操作规程》，做到了岗位、职责和人员一一对应，政策、操作一目了然。坚持和银行日结、日对、日记，保证资金账和明细账一致，单位账、个人账、个人贷款明细账与银行一致，十几年来与受委托银行对账准确率100%。同时，积极建设“三网一库一站十系统”（三网：内部办公网，公众信息网，业务资源专网，一库：住房公积金管理数据库，一站：住房公积金网站，十系统：归集、提取、贷款、资金核算、财务核算、计划统计、审计管理、监管、办公自动化、宣传等系统），已经基本实现住房公积金数字化管理，确保了执行政策规范化，业务操作标准化，数据采集、维护准确无误。常州市管理中心编写了55个业务文件，整理完善了25类行政制度，确定了30项业务流程、操作规程和操作依据，整编了197份表式，使每项业务操作、每个岗位都有明确的制度规定。大连市管理中心根据机构调整后实行“四个统一”管理的要求，创新住房公积金管理运营机制，提出了“管理和运营分开、系统优化整合”的管理模式。强化了市中心的资金平衡调度、业务协调、一级核算和稽核监控等管理职能，明确了管理部柜员和银行柜员的业务操作职责。同时，按照新的管理模式，开发了计算机管理应用系统。建立了岗位职责明确、业务发展和内部控制有机结合的管理模式，全面提升了公积金管理水平。

（6）坚持不懈地抓好队伍建设，努力提高员工素质。公积金管理工作政策性强，管理人员需要具备较高的政治素质和多方面的业务知识。威海等一批城市管理中心建立了定期学习和培训制度，制定了长期培训计划，建立了职工培训档案。各地以开展保持共产党员先进性教育活动为契机，建立健全党风廉政建设责任制和问责制，强化对主要负责人的管理和监督。湖南省建设厅将反映管理中心负责人职务犯罪的专题片，制作成光盘，分发到各市、州管理中心，要求组织全体职工收看、讨论。浙江省建设厅召开了公积金系统预防职务犯罪警示教育会，让服刑人员现身说法。各地还大力开展创建精神文明单位活动。一批管理中心获得全国、省或市文明单位、“五一”示范岗、青年文明号等荣誉称号。

5. 住房公积金业务发展有哪些特点

从住房公积金业务发展整体情况来看，主要表现在：

一是住房公积缴存额快速增长。2006年末，全国实际缴存职工达6916.87万人，比上年末增加587.15万人，缴存总额为12687.37亿元，比上年末增长30%；缴存余额为7870.96亿元，比上年末增长25.74%；当年缴存额2927.9亿元，比上年增加568.69亿元，增幅为24.11%。

二是住房公积金贷款业务稳步发展。2006年末，累计为695.24万户职工发放个人住房贷款6364.33亿元，比上年末增长38.38%；当年发放个人住房贷款171万笔，金额为1765.24亿元，占当年缴存额的60.29%，比上年增加569.94亿元，增长47.68%。2006年末，个人住房贷款余额为3804.71亿元，比上年末增长34.25%；个人住房贷款余额占缴存余额的比例（个贷率）为48.34%，比上年末增加3.07个百分点；当年职工提取和发放个人住房贷款资金之和超过当年归集额153.81亿元；住房公积金银行专户存款余额为3520.02亿元，扣除备付资金后的沉淀资金为1945.83亿元，占缴存余额的24.72%，比上年末下降了1.74个百分点。

三是住房公积金的增值收益不断提高。2006年当年实现住房公积金增值收益101.9亿元，比上年增加40%；扣除应提取的贷款风险准备金和管理费用，可用于建设廉租住房的补充资金约26亿元，为历年最多；截至2006年末，累计上缴同级财政部门的城市廉租住房建设补充资金超过50亿元，有效地支持了廉租住房制度建设。

6. 住房公积金业务发展中存在哪些问题

住房公积金业务发展虽然取得了一定的成绩，但也存在一些问题：

（1）住房公积金覆盖率低，融资渠道狭窄。目前虽然在一些大城市，如北京、上海等城市的公积金覆盖率达到90%以上，但全国仍有相当一部分省市的公积金覆盖率不到50%，全国有4000万左右的职工还未参加住房公积金制度。总体覆盖率较低使公积金的作用受到一定限制。另外，我国住房公积金的来源仅为城镇在职职工，尚未建立自愿式住宅储蓄制度作为住房公积金制度的补充，也没有公积金贷款的证券化机制，公积金筹集渠道过于狭窄。

（2）住房公积金缴存率偏低且缴存率单一。目前部分县（市）的全额预算行政事业单位未能及时足额为职工缴存住房公积金，有的单位住房公积金缴存比例不足5%，低于《条例》规定的最低标准。部分三资企业、私营企业和其他非公有制组织未按《条例》规定为职工开设住房公积金账户，损害了职工的合法权益。未缴存公积金的人员大部分集中在三资企业、民营和集体企业以及镇级党政机关。据不完全统计，居民住房消费占家庭收入比例约为12%。而我国目前各地实施的10%的公积金缴存率明显低于居民住房支出占家庭收入的比例。每个城市均采用单一的缴存率，这既不利于公积金筹集规模的扩大，也不利于最大限度地满足不同阶层对住房公积金贷款的需求。

（3）住房公积金制度发展不平衡。主要表现在：一是地区发展不平衡，沿海等经济发达地区改革开放和进入市场经济轨道时间早，财税收入增长快，职工个人不存在担心财政配套资金不到位问题，不担心个人保障权受到侵害，因而住房公积金制度得到迅速发展。内地经济不发达地区则不然，从计划经济转向市场经济力度不大，企业效益滑坡，财政收入有限，配套资金难，住房公积金进展较慢，拉大了与沿海地区的距离。二是所有制性质不同使住房公积金的发展不平衡。目前就全国范围而言，缴存住房公积金的主力军仍然是国家机关和事业单位，非公有制企业只占很小一部分。而且随着国有企业的改制，非公有制缴存住房公积金的人数正呈下降趋势，一部分非公有制企业已经停缴或正面临停缴的境地。三是工资收入的不同使公积金的发展不平衡。经济发达地区与落后地区在货币工资分配关系上存在很大的差异，而且同一地区不同行业间的工资水平差距也很大，因此缴存的公积金也存在很大的差异。

（4）住房公积金个贷使用率偏低。大量资金沉淀在银行，没有很好地发挥住房公积金的作用。主要原因是有些地方不重视向职工发放个人贷款，有些县市到目前为止还没有开展住房公积金个人贷款业务，影响了个贷率的提高，致使住房公积金制度的社会效益没有很好地发挥出来。

（5）住房公积金管理不规范。住房公积金管理机构设置不规范，住房公积金管理中心未能真正作为一个不以营利为目的的独立的事业单位运行，一些城市甚至存在多个管理中心，职责不明。大多数住房公积金管理中心尚未建立起有效的岗位责任制度和内部审计制度，缺乏内部管理，资金管理分散；少数城市住房公积金管理中心坐吃利差，或把住房公积金大量用于城市建设，或挪用到与住房无关的项目上，有些地区住房公积金管理中心甚至违规通过委托机构购买国债。据调查，有些城市的违规使用比率达60%—80%，混乱的管理加大了公积金贷款的风险。

（6）住房公积金缺乏监督机制，处罚力度不够。我国公积金制度建立的时间较晚，目前尚未形成一个有效运作体系。由于监督机制不健全，违规使用、挪用公积金的现象屡有发生，对查出的违规行为处罚较轻甚至不做处罚，使这些现象有愈演愈烈之势，严重抑制了公积金作用的正常发挥。一方面，公积金管理中心和委托银行双方权利与义务不明确，造成资金沉淀，而委托银行则将这笔资金用于弥补自身的资金缺口，导致公积金使用率不高。另一方面，相当一部分城市的住房公积金管理中心从未对外公布过公积金的归集和使用情况，又没有独立的外部审计部门对其进行必要的审计，这种透明度很低的管理为公积金的违规操作提供了可能。

7. 住房公积金发展有哪些难点

多年来，虽然我国住房公积金业务得到了很大的发展，但目前住房公积金业务发展也遇到了不少问题和困难。

（1）住房公积金资金筹集困难较多。

① 住房公积金相对开户率低。公积金制度在许多中小城市尚未全面推广，有些地方受部门利益或者地区局部利益的驱动，不愿失去现有的住房福利，不能正确地把握形势，仍然在搞上有政策下有对策。除了主观因素外，还有企业亏损的原因，也有预算经费困难不能到位所形成的遗留问题。由于没有相关的法律，对那些不实行住房公积金制度的单位，政府对它们没有强有力的惩罚措施。

② 住房公积金未能及时缴足。我国经济较发达的城市，如上海、广州、深圳等地，其缴交比率远未达到新加坡25%的水平，其他城市的情况就更不容乐观了。即使这样，不少部门和单位在较低的规定比例内也难以足额缴存，或缴存拖延时间较长，表现出很大的随意性。许多企业由于效益不好欠交、缓交住房公积金的现象比较严重，已经陷入恶性循环。

③ 住房公积金被挤占和挪用。国务院在有关决定中，将住房公积金的属性定为“个人缴交，单位资助，所有权归个人。”但由于认识上的偏差，导致有些单位对公积金重视不够，挤占挪用住房公积金的现象时有发生，还有一些单位对住房公积金只扣除但并不归集，这些行为挫伤了职工参加房改的积极性，影响了国家对整个房改工作的总体安排。

（2）住房公积金管理不完全到位。

① 金融机构间违规竞争。目前各商业银行为了抢占房改金融市场，加大了吸收存款的力度，为了能够多拉到住房公积金存款，部分金融机构迎合开户单位和极少数人的利益，不执行国家规定的住房公积金利率，或变相提高利率，导致住房资金成本提高，而且助长了腐败现象的发生。

② 住房公积金结算不够方便。由于当前有些城市是住房公积金管理中心自行归集以及委托有关商业银行办理住房公积金账户的设立、缴存等

手续，造成个人住房公积金转移有时比较麻烦。如甲单位在住房公积金管理中心开立住房公积金账户，乙单位在某商业银行开立住房公积金账户，某人从甲单位调至乙单位，公积金的转移会因为管理机构不同，使用的计算机系统不同，结算票据不同出现一些困难。

③ 住房公积金的使用有待进一步完善。据审计、财政部门审计检查，住房公积金在使用中还存在不少问题。如：少数城市住房公积金在使用中投放到职工个人住房消费和住房建设的比例偏小；住房公积金的使用上存在着重建房轻贷款购房的情况。

8. 目前困扰住房公积金发展的主要问题有哪些

住房公积金在各级政府高度重视、相关部门密切配合下，几年来，各地积累了丰富的经验。但是在看到成绩的同时必须清醒地认识到，当前住房公积金事业还存在不少问题，有些问题还很严重：

一是部分城市管委会决策不落实。虽然设区城市基本都设立了管委会，但有些城市管委会形同虚设，没有建立制度化的议事规则和决策程序，不能定期召开会议，不能及时审议需要决策的事项。

二是部分管理机构调整不到位。《条例》和《通知》已经发布四年多，至今仍有一些管理机构，没有纳入设区城市管理中心的统一管理。铁路、煤炭等行业的一些单位，挪用住房公积金用于生产经营。个别城市管理中心仍然隶属市房管局、财政局。

三是部分管理机构内控机制不健全，管理风险时有发生。个别管理中心违规开设账户，财务管理混乱。近几年来，已经调查处理了一批大案要案。2006 年，审计署在专项审计调查过程中也发现了一些大要案线索，已移送有关部门进一步查处。

四是制度覆盖面较低，缴存限高规定没有认真落实。不少地区没有认真执行，少数单位少数人利用多交公积金逃避税收。

五是部分地区住房公积金个人贷款使用率不高。2006 年 5 月底，全国住房公积金使用率 69.8%，其中个人住房贷款使用率 45.5%。但相当一部分省区个贷率较低，有的省区低于 20%，个别管理中心和分中心甚至没有发放过个人贷款。

六是监管力量薄弱，监管力度不够。有的地方监管部门之间协调沟通不够，监管责任不落实，没有形成监管合力。有些省（区）公积金监管机构人员不足、投入不足。少数省（区）监管部门对住房公积金情况不了解，对出现的问题不及时进行深入分析研究，对管理中心业务指导不够，没有发挥监督作用。

9. 如何严格规范住房公积金业务的发展

根据当前住房公积金制度发展情况和存在的问题，今后一段时期，要坚持“严肃纪律、严格监督、规范运作、强化服务、防范风险”的方针，努力开创住房公积金管理工作新局面。

(1) 严肃纪律，坚决贯彻落实国务院《住房公积金管理条例》和《关于进一步加强住房公积金管理的通知》等有关规定。《条例》是我国住房公积金管理的基本法规，住房公积金管理工作必须严格执行《条例》和《通知》的各项规定，维护《条例》和《通知》的严肃性，坚持依法行政，保持政令畅通。各级地方政府及其相关部门，各级从事住房公积金管理工作的人员，必须进一步加强对《条例》和《通知》的学习、宣传，把思想认识和各项工作统一到《条例》和《通知》的各项规定上来。当前，贯彻落实《条例》和《通知》过程中存在两大突出问题，一是机构调整不到位问题，另一个是项目贷款、挤占挪用资金的回收问题。必须严肃纪律，采取切实措施加以解决。一是要限时完成机构调整工作。各省（区）建设厅要会同财政、人民银行、银监会等相关部门，加强督促、指导和协调工作。目前仍然挂靠在省（区）建设厅、财政厅的分中心，应当立即移交所在城市管理中心统一管理。对符合设立分中心条件、但仍挂靠在省机关事务局或行业主管部门的管理中心，要严格按照分中心管理的有关规定执行，实现与城市管理中心的“统一决策、统一管理、统一制度、统一核算”，按照管理中心的授权办理住房公积金业务。对不符合设立分中心条件的，一律不准设分中心。二是要限时收回剩余的项目贷款、单位贷款、挤占挪用资金。建设部等部门已多次就收回项目贷款、单位贷款和挤占挪用资金提出要求。各省（区）建设厅要会同财政、审计、监察等部门，督促有关城市人民政府进一步明确回收责任，全部收回。造成损失的，要按照《条例》、《通知》规定，追究直接责任人和有关领导的责任；构成犯罪的，要依法追究其刑事责任。省建设厅要会同省财政、人民银行、审计、监察等有关部门，对本辖区内住房公积金管理机构调整情况进行全面检查验收，对项目贷款、单位贷款和挤占挪用资金的回收情况进行清理，并专题向省政府报告。对检查中发现的问题，要坚决查处和纠正。建设部将会同住房公积金工作联席会议有关单位进行重点督查，有关落实《条例》和《通知》情况，将按照《通知》要求向国务院报告，并公开通报全国。

（2）严格监督，建立健全对住房公积金管理工作的全方位监督体系。加强住房公积金管理工作，要建立严格的监督机制、严密的监督体系，使住房公积金在各方面的监督下运行。根据《条例》和《通知》规定，一是要强化省级住房公积金监管工作。要认真贯彻落实建设部、财政部、人民银行、银监会印发的《住房公积金行政监督办法》，完善监管机制，增强监管能力，形成监管合力。各省（区）建设厅要发挥好牵头、协调作用，进一步加强与财政、人民银行、银监会等监管部门的沟通，切实落实联合督查调研、信息披露、定期通报、举报受理等制度。各省（区）建设厅要进一步落实监管职责，适当配备监管力量，改进监管方式，实现对住房公积金运行管理的适时监控和全方位、全过程的监管，及时发现和纠正违规决策、挪用资金等问题。要重点加强对关键岗位、关键环节的监管，协助管委会和设区城市把好选人用人关。建设部将会同公积金联席会议成员单位，加强对直辖市和新疆建设兵团的监管，并组成督查小组对各省（区）公积金管理情况进行抽查。二是要健全管委会决策机制。各设区城市要规范管委会的设置，严格会议制度，健全议事规则，落实管委会决策备案制度。管委会要定期召开会议，及时审议缴存比例、归集使用计划及执行情况、财务收支预决算以及增值收益分配等重大事项，并监督实施。管委会委员的名单要向社会公布，提高委员的责任意识。管委会要加强对委员履行职责的考核和政策培训，提高决策能力，切实履行职责。同时，要加强同级财政、审计部门对住房公积金管理的监督。三是管理中心要主动接受各方面的监督，养成在监督下工作的习惯。要及时公布资金管理情况，增强住房公积金管理的透明度，接受人大、政协的指导和监督，充分发挥社会监督作用。要认真贯彻《建立健全教育、制度、监督并重的惩治和预防腐败体系实施纲要》，加强廉政教育，建立对管理中心负责人的监督和责任追究制度。

国家审计署组织驻各地特派办和地方审计机构，对住房公积金管理情况进行专项审计调查。这对于进一步推进《条例》和《通知》的贯彻落实，规范各项业务，将发挥积极作用。各省（区）建设厅、各管理中心要积极配合做好审计工作，抓紧解决住房公积金管理中存在的各类问题，努力提高管理水平。对审计发现的问题，要督促有关地方和单位限期整改；对违法违规问题要依法严肃查处。

（3）规范运作，推动各项业务健康发展。住房公积金各项业务的发展必须建立在规范运作、严格管理的基础之上。一是要规范业务流程。各地要大力推进住房公积金管理的标准化、规范化，进一步健全和完善住房公积金归集、提取、贷款、财务、计算机系统、档案管理等业务管理办法，规范业务流程和操作规程，并严格执行。在充分吸收各地成功经验的基础上，抓紧出台《住房公积金管理规范》。二是要依法做好归集扩面工作。要通过宣传、归集执法、部门协作等多种手段，努力扩大住房公积金制度覆盖面，做到应建尽建，应缴尽缴。近期要抓紧对各类机关、企事业单位建立和缴存情况进行全面调查，对应建未建的，要依法做好催建催缴工作。要重点加强对非公有制经济单位的征缴工作，积极探索在农民工中建立公积金制度。三是依规合理确定缴存比例和缴存基数。要兼顾各方面承受能力，根据住房公积金基本保障的性质，合理确定住房公积金缴存比例和缴存基数。既要有下限的规定，也要有上限的规定。必须严格执行财政部、国家税务总局关于住房公积金缴交征免税的规定，制止利用多缴公积金变相逃避税收行为。四是积极稳妥地推进贷款业务。要在保证资金安全的前提下，着力解决住房公积金使用率低的问题。要加强对职工住房贷款需求的分析，查找影响个贷业务发展的原因，有针对性的解决存在的问题。要创新贷款品种，在规范化管理基础上，积极发展二手房、经济适用房、合作集资建房、房改房、拆迁安置房等政策。要重点支持住房困难的中低收入职工购房，适当降低贷款首付，延长贷款期限，合理降低担保、评估费用，充分发挥住房公积金的政策优势。

（4）强化服务，维护职工根本利益。住房公积金是归职工个人所有的长期住房储金，住房公积金管理工作的本质就是为职工服务，保障职工住房公积金归集、使用等方面的权益。必须强化服务意识，把服务职工、维护职工权益贯穿在住房公积金管理工作的各个环节。一是要深入基层，深入实际，认真听取住房公积金缴存单位和职工的意见，查找住房公积金管理中存在的问题，及时改进工作方式，为职工提供方便、快捷的服务。二是要加大归集执法力度，监督和督促单位为符合条件的职工建立住房公积金，保障《条例》赋予职工的住房公积金权益。对群众反映的住房公积金权益受侵害的问题，要及时处理。三是要合理布局公积金业务经办网点，方便单位和职工办理公积金业务；要积极推广同城委托、电子缴存等方式，实现缴存方式的多样化；要开通电话查询、网上查询等各种公积金查询方式，实现职工查询的便利化。四是要加强贷款服务。优化业务流程，简化贷款手段，限定办理时限，降低贷款门槛和费用，探索适应职工需要的贷款品种，推行灵活多样的还款方式。五是方便职工支取和使用住房公积金。合理确定职工支取公积金的限定条件和使用范围，缩短办理提取的时限。要积极推广委托还款业务，方便职工利用住房公积金归还住房贷款。

（5）防范风险，确保住房公积金资金安全。住房公积金管理工作与经济发展、社会稳定密切相关，关系企业利益、职工权益，社会高度关注、居民十分关心，必须确保资金安全。增强风险意识，健全资产管理和风险管理机制，防范资金运作风险，是住房公积金管理工作的重中之重。一是要进一步完善各项内控制度，健全内部监控机制，增强防范和控制风险的能力。管理中心要按照建设部等部门《关于住房公积金管理中心职责和内部授权管理的指导意见》，落实内部授权管理制度，加强内部稽核监督，落实重大事项集体决策和审批制度，增强自律和内控能力。涉及重大政策问题，必须提交管委会审议。二是要规范银行账户管理。管委会必须在人民银行规定的允许承办住房公积金金融业务的商业银行中确定受委托银行；管理中心必须依据人民银行的《银行账户管理办法》，在管委会指定的受委托银行中开设账户。三是要建立风险防范和预警机制，严格提取和贷款审批，加强对骗提和骗贷行为的防范，强化贷后资产管理，密切跟踪贷款人还款情况及其还款能力变化情况，做好贷款后的服务工作；加强对贷款抵押物价值变化的分析，增强风险识别能力，做好风险化解预案。四是要严格执行《条例》规定的住房公积金使用方向，不得进行国债之外的投资，不得以任何方式进行委托理财，不得全权委托金融机构进行国债买卖。五是要健全管理信息系统。不断增强管理信息系统功能，严格操作权限管理，避免人为因素的干扰。要加强网络安全系统建设，制定应急和备灾预案，建立数据的即时备份和异地备份制度，确保系统和数据安全。

10. 住房公积金发展应采取哪些措施

住房公积金制度是深化住房改革的重要内容，因此住房公积金的归集、使用和日常管理是整个房改工作的中心环节，关系到千家万户的利益和整个房改工作的成败。针对存在的问题，住房公积金发展应借鉴有关国家的先进经验，从以下方面采取有力措施：

（1）规范住房公积金归集方式，提高住房公积金归集率。

一是认真贯彻落实《住房公积金管理条例》，依靠法律手段大力推行住房公积金制度。住房是关系广大居民生存和发展的重要因素，对于单位来讲，资助其职工交存住房公积金是应尽的社会保障义务；对职工来讲，单位的资助部分是应该享受的权益，任何单位都不应剥夺。

二是强化单位按时足额缴存的义务。按时足额交存是保护职工权益的环节之一，可以运用经济手段促进住房公积金归集。

三是制定合理的住房公积金缴交率。确定住房公积金缴交率涉及职工、企业和政府三方面的利益关系，由于我国工资改革还处于推进过程中，城市与城市之间，地区与地区之间，单位与单位之间都有很大差异，在这种情况下，必须考虑到职工现时工资收入水平以及吃、穿、住、用、行等各项居民家庭生活基本消费支出的状况，在职工家庭合理的住房消费支出范围内，确定职工住房公积金个人交存率。同时还要兼顾各级财政和职工所在单位的经济承受能力。

四是加大对住房公积金缴交环节的监管力度。由政府部门牵头，组织财税、房改、审计、金融等部门参加联合监管，对拒不执行国家房改政策，擅自不建立住房公积金制度，不交、欠交或截留挪用公积金的单位进行必要的处罚。对确有困难的应制定相应的政策以维护住房公积金制度的权威性。

（2）加强住房公积金的日常管理。

一是建立科学的资金运作机制，确保住房公积金的安全使用。我国的住房公积金应遵照管理、运用分离的原则，即管理的不运用资金，运用资金的不管理，这是保证资金安全运作的有效约束机制。坚持贷款委托商业银行发放，《住房公积金管理条例》中规定，住房公积金管理中心是不以营利为目的的独立事业单位，因此严禁资金管理中心直接发放贷款。

二是坚持住房公积金专款专用的使用原则。对于住房公积金的所有人而言，必然关心交存的住房公积金的安全性和实现保值、增值。这些不仅靠法制保障，更要靠国家稳定的社会经济发展环境，使人们在根本上树立住房公积金的信念和信誉。当前中国国内稳定，经济发展形势较好，为住房公积金的发展提供了很好的外部条件。住房公积金存储时间长，存款利率低，应加大发放贷款利率低、期限长的个人住房消费贷款的力度，以资助中低收人家庭购建自住住房，充分发挥住房公积金的互助和社会保障的功能。住房公积金不应用做其他类型的住房贷款，更不能用于风险投资。

三是强化职工缴存的义务。住房公积金是强制存储互助性基金，专项使用，只有缴存人自建、大修、购买住房和离退休后才能使用。每个在职人员在享受单位资助的权益的同时，还要承担长期存储，不得随意支取的义务。

四是加强对金融机构的监管力度。各地政府部门与人民银行应掌握好各商业银行住房金融市场份额的划分，对金融机构出现的违规违约问题，处理要及时，制止无序的金融竞争。

五是办理房改金融业务的商业银行与当地住房公积金管理中心应加强配合，采取适当措施，力求统一标准，使公积金的结算更加方便。

11. 如何加强和完善住房公积金制度

第一，进一步加强制度建设，完善相关管理规章和办法。各地要结合实际，依据国务院重新修订的《住房公积金管理条例》，组织制定管理实施细则和具体办法，建立健全各项管理制度，完善运行机制，加强内部管理，推动住房公积金管理工作的制度化。

第二，强化住房公积金归集工作，扩大覆盖面。归集工作是住房公积金管理的首要环节，各地要对建立住房公积金制度情况进行一次全面清理，有针对性地做好工作；充分发挥工会监督作用，把住房公积金建立和缴存情况定期向职工代表大会报告，提高透明度，同时还要重点做好非公有制经济组织建立住房公积金制度工作，做到应建尽建，应缴尽缴。

第三，大力发展个人住房委托贷款业务。要拓展贷款范围，积极发展职工购买商品房、经济适用房、二手房、危改房、房改房及职工建造住房贷款，积极推行“一站式”、“一条龙”服务，建立有关部门（单位）联合办公制度，切实简化贷款手续，缩短办实时间，增强服务意识，提高服务质量，为职工提供便利，要加强贷款风险管理，加强贷前审查和还款情况跟踪监督，建立对逾期贷款的预警和催收机制，完善个人贷款档案管理，通过建立风险防范机制，确保资金使用安全。

第四，提高公积金存、贷款额。从新加坡的成功经验来看，其公积金的缴存比例已从10%提高到40%，占据了居民收入的相当一部分，而我国目前这一比例还是10%，因此，必须提高缴存比例才能更好地满足贷款需求。对于高收入群体，在自愿的基础上，可以通过制定灵活的缴交底线或是缴交比例来提高缴存额。

第五，完善住房公积金管理工作监督体系，确保公积金的安全和完整。一是把财政监督的职能落到实处，统一核定住房公积金管理中心的管理费用标准。必须在住房公积金立法的基础上，理顺住房公积金运作机构。财政部门应当真正负起监督职责，对住房公积金的收益进行核实，统一上缴财政部门，由财政部门会同有关部门核定住房公积金管理中心的费用标准，由财政部门统一拨付、监督使用。二是建立严格的信息披露制度，提高住房公积金管理的透明度。规定统一的信息报告和报表格式，定期向社会公布公积金的利息收支、投资收益的分配、保值增值情况及其重大事项，接受社会监督。三是运用先进科技手段，对公积金实行网络化管理。对城市范围内的住房公积金管理中心和受托银行的资金账户实行上下级之间、同级中心与银行之间的联网，以保证数据的一致性，从而使住房公积金实现良性循环。四是建立住房公积金外部审计制，每年聘请会计师事务所对住房公积金的归集、结息、贷款、投资等进行全面审计，重点审计运用是否合规，是否有挪用资金等违规违纪行为。

第六，加强住房公积金制度的宣传，为住房公积金制度发展创造良好的舆论和群众基础。各地区要加大宣传力度，采取多种宣传形式，宣传住房公积金制度的重大意义、住房公积金的作用和“低存低贷”的政策优势，住房公积金的缴存权利和义务，全面介绍个人住房委托贷款有关政策和办理程序，努力使住房公积金制度真正深入人心，家喻户晓，培养维权意识，提高缴存积极性，引导居民使用住房公积金贷款购房，改善居住条件。

12. 如何进一步发展住房公积金

迄今为止，住房公积金经历了一个从探索建立到巩固发展的过程。随着住房分配货币化改革的逐步推行，加上房地产业已被“十一五”计划确定为需要加以重点发展支柱产业之一，今后住房公积金还要有新的更大发展。

第一，要不断研究新情况，解决新问题，进一步发展完善住房公积金制度。关键是把握好住房公积金这一专项资金的基本属性和运作规律，并借鉴运用现代金融管理的一些基本原理和手段，进一步加强住房公积金的规范管理和有效运作，提高服务质量和水平，实现住房公积金长效发展。

第二，要进一步发展住房公积金购房贷款。重点是要深入研究和探索解决以下三个问题：一是资金缺口问题。住房公积金本身是一个封闭运行的体系，现阶段总体上资金使用需求增长高于资金归集、回笼的增长。因此，需要着力拓宽资金来源，增强贷款流动性。二是风险防范问题。虽然目前个人购房贷款逾期率较低，但还是应当未雨绸缪，注重加强相关的法制建设，加快构建公积金风险防范机制，预防和严控个人购房贷款的系统性风险，确保住房公积金的安全性。三是扩大政策效应问题。也就是着力研究如何进一步发挥住房积金贷款的政策性住房金融作用，以更多地带动商业性贷款。

第三，进一步开创住房公积金发展新路。住房公积金要实现长效发展，必须不断完善和创新。尤其要虚心学习，决不能固步自封。既要善于学习国外政策性住房金融发展的经验，也要顺应新形势，谋求新发展，作出新贡献。

13. 如何把握住房公积金的发展趋势

我国住房公积金业务虽取得很大发展，但住房公积金管理和使用中还存在一些问题。为促进住房公积金业务的健康发展，政府将逐步规范住房公积金的管理，不断完善经营体系，其发展趋势有以下几方面。

（1）住房公积金决策体系及管理机构设置将逐步健全和规范。按照《住房公积金管理条例》，每一个设区的城市设立一个住房公积金管理委员会。住房公积金管理委员会委员以住房公积金缴存人代表为主组成，通过建立严格、规范的会议制度，实行民主决策，依法制定和调整住房公积金的具体管理办法，并监督实施。住房公积金管理中心是直属政府的不以盈利为目的的独立的事业单位，住房公积金管理中心负责人由住房公积金管理委员会推荐，不得兼职；加强内部管理，建立岗位责任制和内部审议制，人员实行竞争上岗、择优聘用。

（2）建立健全住房公积金“三级”账户（中心、单位、个人分别对应的住房公积金总账和二、三级明细账），规范管理和提高效率。住房公积金管理委员会将按规定，在一个城市选择两家国有商业银行作为受委托银行，办理住房公积金贷款、结算等金融业务和住房公积金账户的设立、缴存、归还等手续。受委托银行要为缴存职工建立个人账户，受委托银行和住房公积金管理中心将定期对账。

（3）强化住房公积金归集，加大个人贷款发放力度。采取多种措施，加强住房公积金归集工作，依法督促有关单位按时足额缴存住房公积金，凡用人单位招聘职工，单位和职工都必须承担交纳住房公积金的义务，以提高归集率。住房公积金管理中心和受委托银行都必须简化公积金贷款手续，提高办事效率，改进贷款服务工作。住房公积金管理中心在加强银行贷款风险管理、健全贷款档案管理制度的基础上，将按规定确定个人住房公积金委托贷款发放范围，对于职工买房、集资合作建房，以及自建、翻建和大修住房的，均给予住房贷款支持。

（4）继续完善住房公积金制度，建立有效的住房公积金运作和监管机制。自实行住房公积金制度以来，由于它的强制性、政策性和义务性，政府筹集了一大笔稳定的住房金融资金，且逐年增长，降低了住房金融流动性差所带来的风险，为住房金融业的发展做出了较大贡献。住房公积金制度虽然不断完善，但目前仍然有一些不合理的地方，如资金运行缺乏有效监管等，有待进一步完善。为加强住房公积金的管理，促进住房公积金制度的规范发展，切实维护公积金缴存人的合法权益，已由建设部、财政部、中国人民银行等十多个有关部门组成住房公积金工作联席会议，将定期召开会议，专门研究住房公积金发展规划、政策和解决住房公积金制度发展中存在的问题。

14. 促进住房公积金健康发展的几点建议

（1）实行管营分离的运作模式。目前，住房公积金管理中心实行的是既管理又经营的管营不分的运作模式，是当前制约住房公积金制度发展的瓶颈。实行管营分离的格局，把区域化住房公积金管理机构建制中的资金营运职能分离出去单独运作，有助于促进住房公积金管理的市场化运作，充分发挥其对房地产经济的调节作用。管营分离模式下，住房公积金管理机构只负责政策、执法和监管，保障职工的正常缴存、使用及增值收益分配，会同财政、人民银行等监督部门定期进行审核；公积金营运机构——商业银行则办理住房公积金信贷、结算等具体业务，负责住房公积金的保值、增值，对住房公积金存量资金进行运作、投资。一个区域只有一个住房公积金管理中心，但营运机构可以视资金规模几家并存，相互竞争。

（2）改进住房公积金缴存管理方式，提高归集率。一是对企业实行“区别对待、循序渐进”的管理模式，加大住房公积金政策的宣传力度，让更多的企业和职工明白住房公积金制度的政策性和互助性，自觉形成执行意识，同时，视具体情况适当放宽困难企业的缴存时限，允许其阶段性缴存，但应保证在年末完成全年的上缴数。二是发掘无单位人员市场，为从未开设过住房公积金个人账户并愿意按规定执行住房公积金制度的个体工商户、自由职业者和失业人员开设“住房公积金暂存代理户”，进一步延伸住房公积金制度的执行领域。

（3）增强贷款操作的灵活性，提高资金运用率。一是适当简化住房公积金贷款的审贷手续，允许借款人在借款期间以每月缴存的公积金偿还贷款，而不是每年一次性申请用已归集的资金还贷，减轻借款的人的还款压力。二是借鉴银行贷款的评级制度，对信用等级高的借款人适当降低贷款的账户担保条件，吸引优质客源。三是减轻担保人负担，允许随借款人还款额的增加，相应减除担保人的账户冻结数额，提高资金的使用率。

（4）完善制度建设，提高管理中心运行水平。一是充分利用机构的管理权力，加大对住房公积金缴存情况的检查监督力度，对故意迟缴、少缴、拒缴的单位按有关管理条例进行处罚，形成震慑力。二是参照银行贷款的管理体制，实行住房公积金贷款责任制，追究违规贷款，降低风险系统。三是借助有效载体，提高住房公积金管理的科技含量。例如：借助当地政府网站，公开住房公积金管理的政策法规和贷款的相关资料；借助商业银行的电话银行、自动柜员机等介质，扩大住房公积金账户信息的查询途径。

第二章

住房公积金管理体制

第一节 住房公积金管理体制概述

1. 我国实行怎样的住房公积金领导体制

加强对住房公积金的组织领导是建立和健全住房公积金制度的重要环节。这是因为住房公积金在我国才开始起步，政策性很强，涉及到每个职工的切身利益，在实施过程中不可避免地会产生这样那样的问题，这就需要有严格统一的组织领导机构为住房公积金制度的建立制定政策，并对住房公积金加强领导，以保证住房公积金制度的健康发展。

国务院颁发的《住房公积金管理条例》对我国的住房公积金领导体制作了明确的规定，提出："国务院建设行政主管部门会同国务院财政部门、中国人民银行拟定住房公积金政策，并监督执行。省、自治区人民政府建设行政主管部门会同同级财政部门以及中国人民银行分支机构，负责本行政区域内住房公积金管理法规、政策执行情况的监督。"

从这一规定中我们可以看出，我国住房公积金领导体制包括两个层次：第一个层次是全国性的领导机构，由国务院建设行政主管部门、财政部门和中国人民银行等单位组成，其重要职责是制定全国性住房公积金制度的发展规划和具体政策，对省、自治区、直辖市的住房公积金制度的建立及日常工作进行领导和监督。第二个层次是省、自治区、直辖市人民政府建设行政主管部门，其职责是贯彻执行国家住房公积金管理的有关政策和条例，根据本行政区内的实际情况，对住房公积金管理的工作进行领导和监督。这样一种领导体制，既保证了住房公积金制度建设的全国统一性、同步性和相对集中性，又能充分发挥地方政府的积极性，在国务院的统一领导下，根据本省、本市、本自治区的实际情况，制定相应的具体操作制度，解决了地方发展不平衡的矛盾，从而使得住房公积金制度在全国范围内能够顺利推行和健康发展。

2. 住房公积金的管理决策机构为哪个部门

住房公积金管理委员会，是住房公积金管理的决策机构。《住房公积金管理条例》明确规定："直辖市和省、自治区人民政府所在地的市以及其他设区的市（地、州、盟），应当设立住房公积金管理委员会，作为住房公积金管理的决策机构。住房公积金管理委员会的成员中，人民政府负责人和建设、财政、人民银行等有关部门负责人以及有关专家占1/3，工会代表和职工代表占1/3，单位代表占1/3。"

住房公积金管理委员会作为住房公积金管理的决策机构，必须具有权威性、民主性和广泛的代表性，所作出的决策必须具有科学性和可操作性，既能够代表政府实行宏观管理的意图，又能够体现职工群众的意见，因此，住房公积金管理委员会的组成人员必须具有广泛性。从《住房公积金管理条例》中我们可以看出，住房公积金管理委员会的成员要由政府的主要负责人，政府职能部门的主要负责人、有关专家和工会代表、单位代表组成，这样就能够保证住房公积金管理委员会所作出的决策具有科学性、民主性和可操作性。

住房公积金管理委员会的设置主要在省、自治区、直辖市人民政府所在地的市以及设区的市（地、州、盟）。这种设置既保证了住房委员会所做出的决策在所有城镇的全范围覆盖，使住房公积金制度在全国城镇建立和发展，同时又突出了城市这一重点，特别是大中城市，允许各城市根据自己的实际情况做出相应的决策。因为住房公积金制度具有一定的社区性，与城市建设、城市发展及城市个性、城市职工收入水平等因素密切相关，各城市应当从自身的实际情况出发，在全国统一政策的前提下，指定自己的住房公积金政策和具体规则。

3. 为什么要建立住房公积金管理体制

建立住房公积金制度是一项政策性很强、涉及面很宽，关系到每一个职工切身利益的工作，必须建立严格、科学的领导制度、监理体系和有效的、健全的监督机制。加强住房公积金管理与监督是公积金的属性和定向使用性决定的。一方面，因为住房公积金是属于职工个人用于解决住房问题的专项资金，不是财政预算资金，也不同与银行的储蓄存款，为了保证住房公积金的安全，维护存缴人的合法权益，必须加强住房公积金的管理。另一方面，为了保证住房公积金能定向用于住房建设和住房制度改革，不被截留和挪用，充分发挥住房公积金的经济效益和社会效益，也应加强住房公积金的管理与监督。国务院颁发的《住房公积金管理条理》明确指出：“住房公积金的管理实行住房公积金管理委员会决策、住房公积金管理中心运作、银行专户存储、财政监督的原则。”

4. 住房公积金管理的原则是什么

根据国务院《住房公积金管理条例》第四条规定：住房公积金的管理实行住房公积金管理委员会决策、住房公积金管理中心运作、银行专户存储、财政监督的原则。

5. 什么是住房公积金管理委员会决策

“住房公积金管理委员会决策”是指住房公积金管理委员会作为住房公积金管理的决策机构，对有关住房公积金管理的重大问题行使决策权，包括有关住房公积金制度的政策规定和运作管理等重要事项。如：拟订住房公积金的缴存比例，审批住房公积金的归集、使用计划，确定住房公积金贷款的最高额度等。按《住房公积金管理条例》规定，住房委员会由人民政府负责人和财政、建设等有关部门负责人以及工会代表、有关专家和单位代表组成。这对在住房公积金管理委员会的统一决策下，维护住房公积金所有人的合法权益，实现住房公积金保值，保证住房公积金专款专用都具有重要作用。

6. 什么是住房公积金管理中心运作

“住房公积金管理中心运作”是指在住房公积金管理委员会的领导下，各城市依法成立住房公积金管理中心，承担住房公积金的管理运作职责。住房公积金管理中心作为住房公积金归集、使用和管理的执行机构，具体负责编制住房公积金归集、使用计划，记载职工住房公积金缴存、提取使用等情况，住房公积金的核算，审批住房公积金的提取和使用，住房公积金保值和归还，承办住房公积金管理委员会决定的其他事项等工作。住房公积金管理中心作为独立的事业法人，不以营利为目的。

7. 什么是银行专户存储

“银行专户存储”是指住房公积金管理中心在住房委员会指定的受委托银行设立住房公积金专用账户，专项存储住房公积金。设立住房公积金专户是落实住房公积金安全运作和专项使用的基本措施。若由各单位随意存入银行或其他金融机构，对住房公积金的统一管理就无从谈起，专款专用也无法保证。

8. 什么是财政监督

“财政监督”是指财政部门对住房公积金的运作管理进行检查监督。财政监督的根本目的是防止对住房公积金的挤占和挪用，控制住房公积金管理中心费用支出，严格执行住房公积金财务和会计核算办法，使住房公积金的运作管理规范、高效，确保住房公积金的安全、完整。

9. 住房公积金的管理体系如何

住房公积金的管理体系所示：

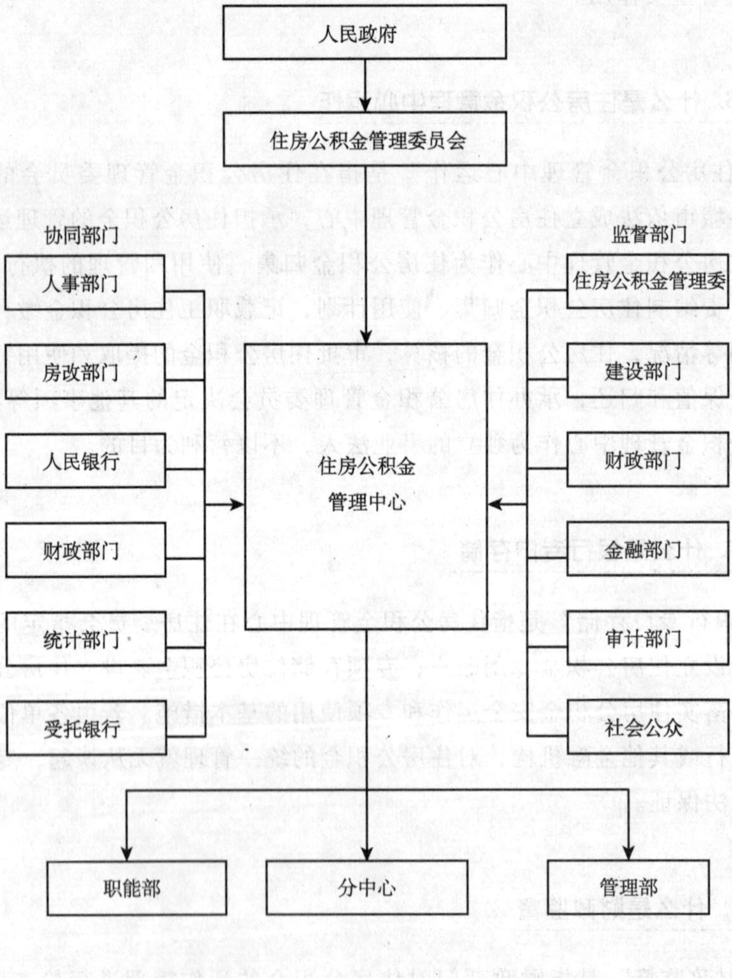

10. 住房公积金管理工作呈现出哪些特点

一是突出重点，住房公积金归集成效显著。各地采取多种措施，进一步扩大住房公积金覆盖面，提高归集率，重点抓对欠缴、停缴公积金单位的执法工作，以及个体、私营、民营企业和改制企业公积金制度的建立工作。

二是规范程序，个人住房公积金贷款稳步发展。随着归集额的增多，住房公积金个人住房贷款发放力度不断加大。各地住房公积金管理中心在提高贷款服务水平的同时，不断提高了风险防范意识。住房公积金制度和住房个贷对城镇职工家庭的住房的作用和影响逐渐显露。

三是完善制度，住房公积金管理更加规范。近年来各地重点抓住房公积金归集、提取、个贷、财务、档案等方面的制度建设，促进规范管理，出台了相关的制度和办法，使住房公积金业务管理有章可循，住房公积金管理更加规范。

四是专网管理，住房公积金业务管理信息系统进一步完善。各地按照“四统一”和强化监管的要求，进一步加快信息化建设步伐，提高运作管理的科技含量。

五是以人为本，便民服务措施不断创新。改善服务条件，优化服务环境，取消收费项目，减轻缴存人的负担。建立和提供各种咨询平台，完善公积金网站，使群众通过电话、网络、自动查询机以及各经办网点柜台、新闻媒体等都能了解到公积金的有关信息。

六是形式多样，住房公积金宣传深入人心。各地采取街头宣传、上门专题宣传和媒体宣传等多种形式，对住房公积金制度进行了大规模宣传。通过多种形式的宣传活动，使住房公积金制度更加深入人心，增强了广大干部职工的维权意识和缴存住房公积金的积极性，对提高住房公积金的归集率和使用效率起到了很大的促进作用。

七是坚持“四统一”，管理效果明显。按照建设内部授权管理的要求，按照“四统一”的新机构模式运行，从管理体制上保证住房公积金制度的健康发展。

八是监督指导，住房公积金行政监管取得了积极成效。各地采取实行目标管理、开展住房公积金执法检查、组织开展现场和非现场专项检查、加快信息化建设等措施，努力提高住房公积金监管水平。制定、下发了相关监管、考核文件。建立并逐步完善了备案、通报、考核检查、培训、工作例会、定期交流、专家咨询、会商协调等制度，强化对住房公积金管理工作的业务指导，这些措施使住房公积金行政监管取得了积极成效，住房公积金各项业务保持了增长速度比较快的良好发展态势。

11. 为什么要设立专门的住房公积金管理机构

住房公积金是职工个人住房基金，不是财政预算资金，也不同于银行的储蓄存款。为了保证住房公积金安全，定向用于住房建设和住房制度改革，充分发挥住房公积金的经济效益和社会效益，为此，专门设立了住房公积金管理机构，负责住房公积金运作和管理。

12. 为什么要建立住房公积金管理信息系统和个人查询系统

住房公积金的管理是一项利国利民的大事，由于住房公积金的积累是长期的、稳定的，归集数额是逐年增加的，管理工作涉及面广、业务量大、政策性强，建立信息系统是极为重要的。同时，为了全面地推行住房公积金制度，加强职工个人、单位缴交住 房公积金和对住房公积金管理机构的制约和监督，切实维护缴交 人的合法权益，方便职工对个人住房公积金使用的统筹安排，建立个人查询系统是十分必要的。这样才能逐步实现管理工作的规范化、科学化、电算化。

第二节
住房公积金管理委员会

1. 什么是住房公积金管理委员会

住房公积金管理委员会，是住房公积金管理的决策机构。《住房公积金管理条例》明确规定：直辖市和省、自治区人民政府所在地的市以及其他设区的市（地、州、盟），应当设立住房公积金管理委员会，作为住房公积金管理的决策机构。住房公积金管理委员会的成员中，人民政府负责人和建设、财政、人民银行等有关部门负责人以及有关专家占 1/3，工会代表和职工代表占1/3，单位代表占1/3。

住房公积金管理委员会作为住房公积金管理的决策机构，必须具有权威性、民主性和广泛的代表性，所作出的决策必须具有科学性和可操作性，既能够代表政府实行宏观管理的意图，又能够体现职工群众的意见，因此，住房公积金管理委员会的组成人员必须具有广泛性。从本条规定我们可以看出，住房公积金管理委员会的成员要由政府的主要负责人、政府职能部门（建设、财政、人民银行）的主要负责人及有关专家、工会代表和单位代表组成，这样就能够保证住房公积金管理委员会所作出的决策具有科学性、民主性和可操作性。

2. 住房公积金管理委员会有哪几方面的人员组成

住房公积金管理委员会至少要由四方面的人员组成：

（1）人民政府负责人

这里所指的人民政府应与所设立的住房公积金管理委员会相对应。如果是直辖市和省、自治区人民政府所在地的市设立住房公积金管理委员会，那么，人民政府负责人是指直辖市和省、自治区所在地市的人民政府的负责人。如果是设区城市设立的住房公积金管理委员会，那么人民政府的负责人是指设区城市人民政府的负责人。《条例》对负责人是正职还是副职没有明确规定，一般来说，这里的负责人是指主管城市建设和住房制度改革的副市长。

（2）财政、建设、人民银行等有关部门负责人

推行公积金制度是住房制度改革的核心内容，住房公积金的归集，资金的列支，住房公积金的使用，住房建设的计划、规划，住房管理和房地产市场的规范等，与财政、建设、人民银行、计划、房地产、金融、审计、劳动、人事、监察等多个部门有密切关系。因此，住房公积金管理委员会应有这些部门的负责人参加，以协调住房公积金的重大政策。

（3）工会代表、职工代表和单位代表

工会是职工自愿结合的工人阶级的群众组织，以维持职工合法权益为宗旨。根据《工会法》的规定，工会要组织和教育职工依照宪法和法律的规定行使民主权利，发挥国家主人翁的作用，通过各种途径和形式，参与管理国家事务，管理经济和文化事业，管理社会事务，协助人民政府开

展工作。住房公积金管理委员会吸收工会代表是职工行使民主权利、参与住房公积金管理重大事项决策的具体表现。

(4) 专家

住房公积金制度是一项复杂的系统工程，又是新生事物，需要吸收那些在住房建设、住房管理、住房金融、财经、法律等方面的专家参加，这样有助于住房公积金管理委员会实现科学决策。

3. 住房公积金管理委员会为什么只在设区的市设立

住房公积金管理委员会的设置主要在直辖市和省、自治区人民政府所在地的市以及其他设区的市（地、州、盟）。这种设置既保证了住房公积金管理委员会所作出的决策在所有城镇的全范围覆盖，使住房公积金制度在全国城镇建立和发展，同时又突出了城市这一重点，特别是大中城市，允许各城市根据自己的实际情况作出相应的决策。因为住房公积金制度具有一定的社区性，与城市建设、城市发展及城市个性、城市职工收入水平等因素密切相关，各城市应当从自身的实际情况出发，在全国统一政策的前提下，指定自己的住房公积金政策和具体规则。

4. 住房公积金管理委员会委员由谁聘任、主任应由谁担任

住房公积金管理委员会委员由设区城市人民政府聘任，主任应当由具有社会公信力的人士担任。

住房公积金管理委员会委员应当恪尽职守，不得滥用职权、徇私舞弊。对不称职的委员，由住房公积金管理委员会提出建议，设区城市人民政府予以解聘，并按规定更换新的委员。

5. 住房公积金管理委员会的组成为什么必须具有广泛性

住房公积金管理委员会作为住房公积金管理的决策机构，必须具有权威性、民主性和广泛的代表性，所作出的决策必须具有科学性和可操作性，既能够代表政府实行宏观管理的意图，又能够体现职工群众的意见，

因此，住房公积金管理委员会的组成人员必须具有广泛性。从《住房公积金管理条例》中我们可以看出，住房公积金管理委员会的成员主要由政府的主要负责人，政府职能部门的主要负责人、有关专家和工会代表和单位代表组成，这样就能够保证住房公积金管理委员会所作出的决策具有科学性、民主性和可操作性。

6. 住房公积金管理委员会的日常工作由谁承担

住房公积金管理委员会日常的会议筹办和决策事项督办等工作，可以由房改办或建设（房地产管理）部门承担，不能由住房公积金管理中心承担。

7. 住房公积金管理委员会委员的任期和数量如何规定

住房公积金管理委员会委员实行任期制，每届任期 5 年，可以连任。委员由设区城市人民政府聘任，总数原则上不超过 25 人，直辖市和省会城市可以适当增加，但原则上不超过 30 人。住房公积金管理委员会设主任委员 1 人，副主任委员 1—3 人，经全体委员推举产生，主任委员和副主任委员应由具有社会公信力的人士担任。

8. 住房公积金管理委员会的主要职责有哪些

住房公积金管理委员会在住房公积金管理方面履行下列职责：

（1）依据有关法律、法规和政策，制定和调整住房公积金的具体管理措施，并监督实施；

（2）拟订住房公积金的具体缴存比例；

（3）确定住房公积金的最高贷款额度；

（4）审批住房公积金归集、使用计划；

（5）审议住房公积金增值收益分配方案；

（6）审批住房公积金归集、使用计划执行情况的报告。

此外，住房公积金购买国债比例的确定，以及住房公积金年度公报的公布事宜，也由住房公积金管理委员会审议批准。

9. 住房公积金管理委员会负责哪些工作

住房公积金管理委员会负责以下工作：

（1）依据有关法律、法规和政策，制定和调整住房公积金的具体管理措施，并监督实施；

（2）拟订住房公积金具体缴存比例；

（3）在中国人民银行确定的中国工商银行、中国农业银行、中国银行、中国建设银行和交通银行范围内，指定受委托办理住房公积金金融业务的银行；

（4）审批住房公积金归集、使用计划（包括购买国债的比例或金额）及计划执行情况的报告；

（5）确定住房公积金个人住房贷款最高额度；

（6）审批单位缓缴住房公积金或降低住房公积金缴存比例的申请；

（7）审议住房公积金年度预算、决算；

（8）审议住房公积金增值收益分配方案；

（9）听取财政部门对住房公积金监督情况的通报、人民银行对受委托银行办理的住房公积金金融业务监管的通报、住房公积金管理中心根据审计报告进行整改的汇报，并作出相应的决议或处理意见；

（10）审议住房公积金管理中心提出的住房公积金呆坏账核销申请；

（11）审议住房公积金管理中心拟向社会公布的住房公积金年度公报；

（12）推荐住房公积金管理中心主任、副主任人选，对不称职的主任、副主任提出更换建议；

（13）需要决策的其他事项。

10. 住房公积金管理委员会的会议制度如何规定

（1）住房公积金管理委员会每季度至少召开一次会议；必要时，由主任委员或部分委员联合提议，或住房公积金管理中心提议，可临时召开会议；

（2）会议由主任委员主持，主任委员因故不能出席时，应委托一位副主任委员主持；

（3）会议须有四分之三以上的委员出席，委员因特殊情况不能出席会议时，可以委托熟悉情况的有关人员携其书面意见参加会议，受委托人不享有表决权；

（4）住房公积金管理委员会实行民主决策，委员要充分发表意见，对有关事项的决策实行表决制，决议须住房公积金管理委员会全体委员三分之二多数通过；

（5）住房公积金管理委员会对有关事项的审议情况、表决结果和决议要形成会议纪要；

（6）住房公积金管理委员会决议应当报设区城市人民政府及上级建设、财政、人民银行等部门备案。

12. 住房公积金管理委员会如何决策

住房公积金管理委员会依法自主决策，任何部门、单位和个人不得干涉。有关部门和单位应严格执行住房公积金管理委员会决议。住房公积金管理委员会决议违反法律、法规和有关规定的，住房公积金管理委员会委员、执行决议的部门或单位均有权向上级建设行政主管部门报告，上级建设行政主管部门会同同级财政部门，依据管理职权责令住房公积金管理委员会限期改正。

第三节 住房公积金管理中心

1. 住房公积金管理中心如何设置

《住房公积金管理条例》明确规定：直辖市和省、自治区人民政府所在地的市以及其他设区的市（地、州、盟）应当按照精简、效能的原则，设立一个住房公积金管理中心，负责住房公积金的管理运作。县（市）不设立住房公积金管理中心。

住房公积金管理中心可以在有条件的县（市）设立分支机构。住房公积金管理中心与其分支机构应当实行统一的规章制度，进行统一核算。

2. 住房公积金管理中心是什么性质的单位

《住房公积金管理条例》规定：住房公积金管理中心是直属城市人民政府的不以营利为目的的独立的事业单位。按照有关规定登记为事业单位法人，依法独立享有民事权利和承担民事责任。

住房公积金管理中心是不以营利为目的的独立的事业单位，包含三个方面的内容：一是住房公积金管理中心要以管好、用好住房公积金为己任，不能用归集的住房公积金违规进行风险投资经营谋利；二是住房公积金管理中心能够独立承担住房公积金的债权、债务责任；三是住房公积金管理中心既不是政府机关，也不是企业，而是独立的事业单位。

3. 住房公积金管理中心的目的是什么

住房公积金管理中心的目的是管好用好住房公积金，确保住房公积金的安全和保值增值。

4. 住房公积金管理中心为什么不以营利为目的

住房公积金管理中心不以营利为目的。虽然住房公积金管理中心管理的是住房公积金这一专项资金，负责公积金归集，也发放住房公积金贷款，从表面上看，住房公积金管理中心类似于一般的金融机构，但与金融机构的根本区别在于，住房公积金管理中心的资金不以营利为目的，这是由住房公积金的福利性决定。如果住房公积金管理中心以归集的资金为营利的资本，这些资金就必然会朝着营利的方向流动，这样偏离了公积金主要用于职工福利性购、建、大修自住住房的初衷，就改变了公积金的福利性。因此，国家已经明确规定，住房公积金管理中心是不以营利为目的的事业单位，其费用开支渠道和标准都有明确的规定。

5. 住房公积金管理中心的宗旨是什么

住房公积金管理中心的宗旨是做好住房公积金管理工作，为城镇职工提供购、建住房服务。

6. 为什么要设立住房公积金管理中心

设立住房公积金管理中心，是实施住房公积金制度的前提条件。住房公积金管理中心是负责住房公积金管理和运作的机构。住房公积金既不是财政预算资金，也不同于居民的储蓄存款，这种体现政府意志和职工意志，专为推行住房制度改革而设立的政策性住房基金，必须有一个专门的机构进行管理。同时，住房委员会所作出的决策，也必须有一个专门的机构负责具体执行和落实。设立住房公积金管理中心，是执行住房公积金管理委员会决策，对住房资金进行管理和运作的需要。

7. 为什么县（市）不设立住房公积金管理中心

由于县（市）职工人数较少，归集的住房公积金数量较少，管理成本较高，难以发挥资金的规模效应。为了扩大住房公积金的归集规模，提高住房公积金的使用率，降低住房公积金的管理成本和管理风险，因此，《住房公积金管理条例》规定县（市）不设立住房公积金管理中心。住房公积金管理中心可以在有条件的县（市）设立分支机构，但管理中心设立分支机构和业务经办网点，应当符合《住房公积金管理条例》和有关管理规定。

8. 住房公积金管理中心的分支机构和业务经办网点是什么性质的单位

住房公积金管理中心的分支机构和业务经办网点不是独立的事业法

人，在管理中心授权范围内履行相应的住房公积金管理职责。

9. 住房公积金管理中心的主要职责有哪些

住房公积金管理中心履行下列职责：

（1）编制、执行住房公积金的归集、使用计划；

（2）负责记载职工住房公积金的缴存、提取、使用等情况；

（3）负责住房公积金的核算；

（4）审批住房公积金的提取、使用；

（5）负责住房公积金的保值和归还；

（6）编制住房公积金归集、使用计划执行情况的报告；

（7）承办住房公积金管理委员会决定的其他事项。

10. 住房公积金管理中心有哪些具体工作任务

（1）编制住房公积金的归集、使用计划，并组织执行，编报计划执行情况的报告；

（2）编制住房公积金的年度预决算，经设区城市财政部门审核，提交住房公积金管理委员会审议后组织执行；

（3）委托由住房公积金管理委员会按中国人民银行规定指定的商业银行办理住房公积金贷款、结算等金融业务和住房公积金账户的设立、缴存、归还等手续，与受委托银行签订委托协议，按规定支付手续费；

（4）负责住房公积金的统一核算，指导、监督分支机构的内部核算；

（5）拟订住房公积金具体管理办法，经住房公积金管理委员会审议通过后实施；

（6）审批个人住房公积金的提取和个人住房委托贷款的发放，按照住房公积金管理委员会审议批准的比例购买国债；

（7）负责住房公积金的保值和归还；

（8）提出住房公积金增值收益分配方案，经设区城市财政部门审核，报住房公积金管理委员会审议后执行；

（9）审核单位降低住房公积金缴存比例或者缓缴的申请，报住房公积金管理委员会批准后执行；

（10）与职工、单位和受委托银行定期对账；

（11）建立职工住房公积金个人明细账，向职工发放缴存住房公积金的有效凭证；

（12）组织建立管理中心及其所属机构的业务管理信息系统，并与上级住房公积金行政监管部门联网，纳入全国住房公积金监督管理信息系统；

（13）向设区城市财政部门和住房公积金管理委员会报送住房公积金财务报告，经住房公积金管理委员会审议通过后定期向社会公布；

（14）向设区城市财政部门提出住房公积金呆账核销申请，经住房公积金管理委员会审议通过后，根据省级财政部门的审批意见办理呆账核销，并报上级住房公积金行政监管部门备案；

（15）承办住房公积金管理委员会决定的其他事项。

11. 住房公积金管理中心对分支机构如何管理

根据管理水平、工作业绩、风险控制能力以及业务管理工作的需要等，住房公积金管理中心对分支机构、业务经办网点实行法人内部授权管理。分支机构和业务经办网点应在授权范围内履行住房公积金管理职责，不得超越权限。

12. 住房公积金管理中心法人内部授权分为几种

住房公积金管理中心法人内部授权分为基本授权和特别授权。

基本授权是指住房公积金管理中心授予分支机构和业务经办网点对其管理范围内住房公积金的基本管理权限。

特别授权是指住房公积金管理中心授予分支机构对其管理范围内住房公积金基本管理权限以外的权限。

13. 住房公积金管理中心基本授权包括哪些事项

基本授权包括以下事项：

（1）执行、完成住房公积金的归集和使用计划；

（2）记载职工住房公积金的缴存、提取、贷款等情况；

（3）审核住房公积金的提取和转移；

（4）受理职工个人住房委托贷款的申请，负责贷款审核和贷后管理；

（5）负责住房公积金的催建和催缴；

（6）办理住房公积金的对账和查询；

（7）提供住房公积金政策咨询。

14. 住房公积金管理中心特别授权包括哪些事项

特别授权包括以下事项：

（1）在管理中心委托的商业银行开设住房公积金专用账户，或者在管理中心住房公积金账户下设立二级账户。

（2）编制并向管理中心报送分支机构住房公积金归集和使用计划、年度预决算及计划执行情况的报告。

（3）按照统一的财务和会计制度实行内部核算，对管理范围内的住房公积金管理业务进行会计处理和成本核算，增值收益单独列账。

（4）提出分支机构增值收益分配方案，报管理中心统一按规定办理审批手续后执行。

（5）按规定提取风险准备金。发生呆坏账时，通过管理中心按规定程序审批后，办理呆账核销。

（6）经住房公积金管理委员会同意，承办管理中心授权的其他事项。

15. 住房公积金管理中心实行法人内部授权应履行什么手续

管理中心对分支机构、业务经办网点授权，应按年度签订书面授权书。授权书应包括：授权人全称和法定代表人姓名、受权人全称和主要负责人姓名、授权范围和期限、越权责任追究以及授权人认为需要明确的其他事项等内容。授权人与受权人应当在授权书上签字和盖章。

住房公积金管理中心实行法人内部授权管理的有关规定应经住房公积金管理委员会审议后实施；授权书签订后报住房公积金管理委员会和上级住房公积金行政监管部门备案。

16. 住房公积金管理中心对工作人员如何管理

住房公积金管理中心根据设区城市编制管理部门核准的人员编制和业务需要，择优聘用工作人员。业务经办网点的工作人员由管理中心委派。分支机构在核定的编制内择优聘用工作人员，办理有关录用手续。分支机构负责人由管理中心聘任，经住房公积金管理委员会提名，可兼任管理中心副主任。

17. 住房公积金管理中心的管理费用如何管理

住房公积金管理中心的管理费用按照有关规定实行“收支两条线”管理。业务经办网点的日常办公经费由管理中心统一管理、拨付和核算。分支机构按年度编制管理费用预算，由管理中心汇总报设区城市财政部门统一批复。分支机构按照批准的数额从其增值收益中通过管理中心上交财政部门，管理中心将财政部门拨付的相应的管理费用如数拨付到分支机构的管理费用账户内，由分支机构按规定使用并进行核算。

18. 如何加强住房公积金管理中心的内部控制和监督管理

（1）住房公积金管理中心要加强内部管理和控制制度建设，建立岗位责任、档案管理、稽核和内部审计、考核、奖惩等制度，制定日常业务、费用收支等管理办法，统一业务操作规程，加强账户、现金和报账管理，防范资金风险。

（2）住房公积金管理中心要加强对分支机构和业务经办网点授权管理执行情况的检查，定期进行业绩考核，根据考核和检查的结果，按规定及时调整授权范围。

（3）住房公积金管理中心应通过网络管理系统，对分支机构和业务经办网点的日常业务活动进行监督。

（4）住房公积金管理中心的分支机构和业务经办网点应在授权范围内依法从事各项业务活动，超出授权范围从事业务活动的，管理中心要予以纠正；造成经济损失的，应追究其主要负责人和直接责任人的行政责任与经济责任，构成犯罪的，应移送司法机关追究有关人员的刑事责任。

19. 住房公积金的增值收益用于何处

住房公积金的增值收益应当存入住房公积金管理中心在受委托银行开立的住房公积金增值收益专户，用于建立住房公积金贷款风险准备金、住房公积金管理中心的管理费用和建设城市廉租住房的补充资金。增值收益的分配按财政部门规定的顺序和比例提取。风险准备金和廉租住房的补充资金的使用由住房公积金管理委员会决定。

20. 住房公积金缴存和使用情况如何

一是，住房公积金制度覆盖范围明显扩大，缴存数额大幅增加。2006年末，全国实际缴存职工达6916.87万人，比上年末增加587.15万人，增长9.28%，其中，吉林、四川、云南、黑龙江、贵州、北京、山东、重庆、江西等地区增幅超过10%。2006年末，缴存总额为12687.37亿元，比上年末增长30%；缴存余额为7870.96亿元，比上年末增长25.74%；当年缴存额2927.9亿元，比上年增加568.69亿元，增幅为24.11%。

二是，资金使用率有所提高，个人贷款户数创历史新高。2006年末，住房公积金使用率为72.05%，比上年末提高2.32个百分点，其中，天津、浙江、上海、江苏、福建、北京等地区使用率超过80%。截至2006年末，累计为695.24万户职工发放个人住房贷款6364.33亿元，比上年末增长38.38%；当年发放个人住房贷款171万笔，相当于累计个人住房贷款的四分之一。当年发放个人住房贷款金额为1765.24亿元，占当年缴存额的60.29%，比上年增加569.94亿元，增长47.68%；当年户均贷款金额10.28万元，主要支持了中低收入职工购买自住住房、改善住房条件；2006年末，个贷余额为3804.71亿元，比上年末增长34.25%；个贷余额占缴存余额的比例（个贷率）为48.34%，比上年末增加3.07个百分点；当年职工提取和发放个贷资金之和超过当年归集额153.81亿元；住房公积金银行专户存款余额为3520.02亿元，扣除备付资金后的沉淀资金为1945.83亿元，占缴存余额的24.72%，比上年末下降了1.74个百分点。

三是，资产质量总体良好，风险控制能力进一步增强。2006年末，个人住房贷款逾期额2.71亿元，占贷款余额的0.07%；当年回收历史遗留的项目贷款和挤占挪用资金20.12亿元，年末未收回资金占缴存余额的0.33%，比上年末减少了43.5%；贷款风险准备金累计余额204.78亿元，占年末贷款余额的5.35%。

四是，保值增值成效显著，支持廉租住房建设能力提高。2006年当年实现住房公积金增值收益101.9亿元，比上年增加40%；扣除应提取的贷款风险准备金和管理费用，可用于建设廉租住房的补充资金约26亿元，为历年最多；截至2006年末，累计上缴同级财政部门的城市廉租住房建设补充资金超过50亿元，有效地支持了廉租住房制度建设。

21. 目前住房公积金业务还存在哪些问题

住房公积金业务在快速发展的同时，也存在一些问题：一是，住房公积金制度覆盖率不高，部分职工缴存差距拉大；二是，住房公积金使用率地区间差距较大，有的地区个人住房贷款率很低；三是，部分管理机构内控机制不完善，缴存使用行为不够规范；四是，一些地区项目贷款和挤占挪用资金回收任务仍未完成，防范和化解风险的能力不强；五是监管机制不健全、监管力度不够。

22. 如何实施住房公积金的保值增值

为了保证住房公积金的安全完整，维护住房公积金所有人的利益，《住房公积金管理条例》规定：住房公积金管理中心在保证住房公积金提取和贷款的前提下，经住房公积金管理委员会批准，可以将住房公积金用于购买国债。住房公积金保值运作的主体是住房公积金管理中心，但住房公积金管理中心无权决定住房公积金保值形式，住房公积金的保值形式应由住房公积金管理委员会决定。住房公积金管理中心在编制住房公积金的年度归集、使用计划时，首先要考虑年度可用资金的数量，在可用资金的限度内，根据地区经济发展状况、住房市场情况、资金需求情况等因素，编制符合实际情况的住房公积金使用计划。只有在满足职工提取、贷款需要的前提下，资金有剩余时，才可购买国债。

23. 为什么禁止住房公积金管理中心向他人提供担保

住房公积金管理中心对住房公积金没有所有权。住房公积金管理中心不是企业，不以营利为目的。其所负责管理的住房公积金是归职工个人所有的资金，住房公积金管理中心拥有的只是管理权，不是所有权，对住房公积金产生的收益，住房公积金管理中心同样是只有管理权，没有所有权，所以，住房公积金及其收益不属于住房公积金管理中心。因此，《住房公积金管理条例》规定住房公积金管理中心不能向单位或个人提供担保，同时这也是为了保证资金运作的安全，避免住房公积金管理中心向他人提供担保后，承担连带责任，造成资金损失。

24. 住房公积金增值收益的用途有哪些，如何进行管理

住房公积金增值收益是指来源于资金运作产生的收益，即住房公积金归集、使用过程中发生的收入和支出的差额，主要用于三个方面：一是建立住房公积金贷款风险准备金，用于核销因住房公积金贷款不能偿还而造成的资金损失，保护全体职工的合法利益；二是提取住房公积金管理中心的管理费用；三是建立城市廉租住房的补充资金，在保证提取贷款风险准备金和住房公积金管理费用的前提下，如果仍有节余，为提高资金使用的社会效益，可用于建设城市廉租住房的补充资金，以解决最低收入职工的住房困难问题。但应当说明的是，廉租住房及其建设资金的主要资金来源是政府和单位的投入，由于住房公积金的增值收益有限，其只能作为一种补充资金。住房公积金增值收益应当专户存储，专户管理。住房公积金管

理中心应单独在受委托银行开立增值收益专户，单独核算管理。

25. 住房公积金管理费用的来源、标准和使用程序是如何规定的

按照住房公积金收益用途，住房公积金管理费用从住房公积金增值收益专户中提取。住房公积金管理中心管理费用标准，由省建设行政主管部门会同同级财政部门按照略高于国家规定的事业单位费用标准制定。住房公积金管理中心管理费用的使用程序为：住房公积金管理中心按照规定的标准编制全年预算支出总额，报本级人民政府财政部门批准后，从住房公积金增值收益中上缴本级财政，由本级财政部门拨付。

26. 住房公积金管理费从何支出

住房公积金管理中心的管理费用是由住房公积金管理中心按照规定的标准编制全年预算支出总额，报本级人民政府财政部门批准后，从住房公积金增值收益中上交本级财政，由本级财政拨付。

住房公积金管理中心的管理费用标准是由省、自治区、直辖市人民政府建设行政主管部门会同同级财政部门按照略高于国家规定的事业单位费用标准制定。

27. 国务院对住房公积金管理中心提出哪些要求

国务院［2002］12号文件《关于进一步加强住房公积金管理的通知》要求：住房公积金管理中心是直属城市人民政府的不以营利为目的的独立的事业单位，不得挂靠任何部门或单位，不得与其他部门或单位合署办公，也不得兴办各类经济实体。住房公积金管理中心要建立岗位责任制度和内部审计制度，加强内部管理。住房公积金管理中心的管理费用实行收支两条线管理。住房公积金管理中心负责人由住房公积金管理委员会推荐，按照干部管理权限审批并办理任免手续，不得兼职。上级建设行政主管部门和住房公积金管理委员会要加强对住房公积金管理中心负责人的监督，发现问题及时向设区城市人民政府反映，必要时，可以提出撤换住

房公积金管理中心负责人的建议。设区城市机构编制管理部门要根据当地住房公积金规模，合理核定住房公积金管理中心的编制，严格控制住房公积金管理中心人员。住房公积金管理中心工作人员实行竞争上岗、择优聘用。

28. 为什么住房公积金在满足支付需要和安排使用后可用于购买国家债券

为了保障住房公积金缴存人的利益，不使资金闲置，在满足支付需要和安排好使用后，可用部分的资金获取一定的收益，这样可减少通货膨胀对住房公积金的影响，但不能用于风险投资。

在许多保值和投资方式中，购买国家债券是较好的保值增值方式：(1) 收益高，利率高于各种存款利率；(2) 资金安全，不会出现任何回收风险；(3) 流动性好，减少资金闲置；(4) 有利于支持国家经济建设。

第四节 受委托银行

1. 什么是受委托银行

受委托银行是住房公积金管理委员会按照中国人民银行的有关规定，指定受委托办理住房公积金金融业务的商业银行。

2. 住房公积金委托银行如何确定

国务院《住房公积金管理条例》规定：住房公积金管理委员会应当按照中国人民银行的有关规定，指定受委托办理住房公积金金融业务的商业银行（简称受委托银行）；住房公积金管理中心应当委托受委托银行办理住房公积金贷款、结算等金融业务和住房公积金账户的设立、缴存、归还等手续。

住房公积金管理中心应当与受委托银行签订委托合同。

3. 为什么要由各市（县）人民政府确定承办住房公积金金融业务的受托银行

住房公积金是职工个人住房基金，地方人民政府承担住房公积金运营和管理的全部责任，受托银行只负责承办具体的金融业务，解决职工住房问题的责任也在地方政府。各地情况差别较大，为了规范房改金融配套服务，规范公积金的管理，因此，应由各市（县）人民政府按各地实际情况确定承办住房公积金金融业务的受委托银行。

4. 为什么住房公积金管理中心要与受委托银行签定委托协议

管理中心与受委托银行签订委托协议，可明确双方的责任、权利和义务，以利于对住房公积金的规范管理。签订委托协议，一是明确受托银行承办金融业务的范围和内容。二是明确管理中心在受托银行开设专户的性质、种类。三是明确管理中心给经办银行手续费标准，结算要求及资金划拨方式。四是确定具体操作流程。

5. 受委托银行有哪些职责

受委托银行应履行以下职责：

（1）受委托办理住房公积金账户设立、缴存、归还等手续；

（2）应为住房公积金管理中心开立住房公积金专户；

（3）要为缴存住房公积金的职工建立个人账户，每个职工只能有一个住房公积金账户；

（4）负责为单位职工办理住房公积金账户转移或者封存手续；

（5）负责委托办理住房公积金贷款贷款手续，并协助住房公积金管理中心回收贷款；

（6）定期与住房公积金中心、缴存住房公积金单位和职工对账；

(7) 负有对专户内住房公积金的使用行为监督责任，发现违规问题要及时向当地住房公积金管理委员会、上级建设行政主管部门和人民银行及其分支机构反映；

(8) 应当按照委托合同的约定，定期向住房公积金管理中心提供有关的业务资料。

6. 受委托银行应为住房公积金管理中心开立哪些专户

一般来说，受委托银行应为住房公积金管理中心开立以下专户：

(1) 住房公积金存款户。主要用于核算本市（县）归集的所有住房公积金。住房公积金管理中心依靠支行或办事处归集职工住房公积金时，需在支行或办事处开立银行内部来往户，用于归集存放单位就近汇缴的住房公积金，在规定的日期内，支行或办事处将往来户的住房公积金划拨至住房公积金存款户。住房公积金存款户反映的是职工和单位缴交的住房公积金及公积金利息转存的总额。

(2) 委托贷款基金户。主要用于核算委托贷款的发放和回收。所有经住房公积金管理中新批准的对职工个人和单位发放的住房公积金贷款的回收等业务，都要在贷款基金中详细记载。该账户反映的是公积金的贷款余额。

(3) 结算户。主要用于核算利息收支和其他各项支出。该账户反映的是住房公积金营运的收益与支出的余额，是公积金增值情况的反映。

(4) 其他需要建设的账户（政府委托公积金管理中心管理的其他资金等）。

7. 什么是银行专户

银行专户，是指受委托银行要为住房公积金管理中心开立专户进行住房公积金的管理，以保证住房公积金的专款专用。

住房公积金管理中心不直接进行公积金的归集和发放，而是通过委托银行来办理。在一般情况下，住房公积金管理中心只能在该城市内选择一至两家银行委托办理住房公积金归集、发放、结算业务，并开设住房公积金银行专户，以保证住房公积金及时、全面、准确进入公积金账户，使住房公积金管理中心得到职工住房公积金收支的情况，并做到公积金的专款专用。同时也有利于加强对住房公积金的管理的监督管理。

8. 什么是住房公积金专户

住房公积金专户是指住房公积金管理中心在受委托银行设立的记载和反映住房公积金缴存、提取、使用和结算等资金情况的专门账户。一般情况下应设立住房公积金存款户，用于全面反映和记载住房公积金管理中心归集的住房公积金资金情况；设立委托贷款户，用于反映和记载住房公积金贷款的发放和回收情况；设立结算户，用于反映和记载住房公积金管理中心的利息收支和其他按规定可在该账户内列收列支各项目的增减变动情况。

9. 住房公积金银行专户如何管理

国务院［2002］12 号文件《关于进一步加强住房公积金管理的通知》要求：住房公积金管理委员会应在人民银行规定的工商银行、农业银行、中国银行、建设银行和交通银行等五家商业银行范围内，确定受委托银行，办理住房公积金贷款、结算等金融业务和住房公积金账户的设立、缴存、归还等手续。其中，受委托办理住房公积金账户设立、缴存、归还等手续的银行，一个城市不得超过两家。建设行政主管部门、财政部门、人民银行及其分支机构应依据管理职权，对住房公积金管理中心在受委托银行设立住房公积金账户进行监督。受委托银行对专户内住房公积金的使用行为负有监督责任，发现违规问题要及时向当地住房公积金管理委员会、上级建设行政主管部门和人民银行及其分支机构反映。凡不按规定设置账户的，有关部门要进行严肃处理。

10. 住房公积金个人账户如何管理

国务院［2002］12 号文件《关于进一步加强住房公积金管理的通知》要求：住房公积金是在职职工及其所在单位缴存的长期住房储金，

属于职工个人所有。受委托银行要为缴存住房公积金的职工建立个人账户；住房公积金管理中心要建立职工住房公积金明细账，记载职工个人住房公积金的缴存、提取等情况，并和受委托银行定期对账。对职工住房公积金的记账时间以住房公积金在受委托银行缴交入账时间为准。住房公积金管理中心对已办理缴存住房公积金的职工，要发放有效凭证。

11. 为什么要设立住房公积金专户

住房公积金管理中心委托银行办理的金融业务除住房公积金贷款外，还有职工住房公积金账户的设立、缴存、归还及资金结算等业务。住房公积金管理中心必须在受委托银行设立住房公积金专户，只有这样才能真正履行其对职工住房公积金的债务责任，才能明晰住房公积金管理中心与受委托银行在住房公积金管理工作中的关系。

12. 住房公积金管理中心为什么要为公积金缴存人开立个人账户

住房公积金是职工个人住房基金，管理中心要保证住房公积金的支取和偿还，为详细记录职工个人公积金缴存、转移、支取和封存等变化情况，住房公积金管理中心须为公积金缴存人开立个人账户，个人住房公积金账户可详细反映职工公积金缴存情况，方便职工对住房公积金缴存情况的监督和查询，住房公积金管理中心须为公积金缴存人开立个人账户，保障缴存住房公积金职工的权益。

13. 住房公积金管理中心为什么要委托银行发放贷款

办理住房公积金贷款属金融业务的范围，是金融机构的专营业务，由于住房公积金管理中心不是金融机构，因此，不能直接发放住房公积金贷款。住房公积金管理中心可按照中国人民银行的有关规定，委托住房委员会指定的银行办理住房公积金贷款、结算等金融业务。办理住房公积金贷款委托业务，管理中心应当与受委托银行签订委托合同。

14. 住房公积金的归集手续费率如何确定

国务院国办发［1996］35号文件《关于加强住房公积金管理意见》中规定：凡委托银行归集住房公积金的，归集手续费率一般按当年住房公积金归集额的0.5%确定。随着年归集额的增加，归集手续费应逐步降低。

15. 住房公积金的贷款手续费率如何确定

国务院国办发［1996］35号文件《关于加强住房公积金管理意见》中规定：贷款手续费率按不高于贷款利息收入的5%确定。

16. 什么是沉淀资金

一般说来，住房公积金管理中心在承办银行专户内的住房资金账面存款余额即为沉淀资金。

17. 如何确定沉淀资金的存款利率

建设部建金管资函［2005］015号《关于对北京住房公积金管理中心请示沉淀资金改按单位存款相应期限档次利率计息问题的批复》明确，住房公积金管理中心在受托银行专户内的沉淀资金按单位存款相应期限档次利率计息。

18. 目前住房公积金管理有哪几种模式

目前为止，全国各城市在住房公积金管理中普遍采用三种模式：

第一种模式是公积金由住房公积金管理中心直接管理，即指管理中心直接对公积金进行计划、归集、使用与核算等归集管理和操作，直接处理管理中心与单位和个人有关归集的账务（即由中心直接和单位及个人对账），办理单位和个人的汇缴、转移、封存、开户、销户、支取等各项业务，管理中心直接核算到职工个人。

管理中心直接设有两种账目即财务账目和管理账目，而且分工明确，由中心财务人员负责记录财务账目，中心操作人员负责记录管理账目，两账做到日结或日流水核对，使之达成统一；在与单位、个人核账时，由管理中心依据管理系统的账目按日、季、年和单位、个人针对交易流水和非交易流水进行对账。

第二种模式是住房公积金管理中心委托一家银行进行归集管理，即公积金管理中心委托一家银行进行归集操作，办理单位和个人的汇缴、转移、封存、开户、销户、支取等各项业务。由于采用这种模式的城市较多，因此在具体的操作上存在着一些差异。

（1）从核算角度看存在着三种不同的运行方式：一是在银行核算到个人的同时，管理中心也核算到个人，即在管理中心建立所有汇缴公积金的单位和个人的明细账务，通过计算机联网，实现银行和中心同步操作，使中心对银行的每一笔操作了如指掌，并且对银行的账务当日进行复核和日结。二是银行核算到个人而管理中心没有核算到个人，只核算到单位，即管理中心没有建立个人明细账。三是银行核算到个人，管理中心既没有核算到个人，也没有核算到单位，只核算到管理中心在银行的公积金账户。

（2）从操作角度看，由于公积金的归集分布在城市的各个区域，即银行分布的各个网点上，因此，存在着两种差异：一种是各网点的数据在一台机器上进行操作，整个城市（县）的公积金归集统一管理；另一种是各网点的数据独立存放，独立核算，互相之间没有联系。

（3）从管理角度看，管理中心从事操作层面工作的多少决定了该模式下的管理差异：一是在银行进行归集的同时，管理中心也在操作层上做大量的工作，如住房公积金的催缴、账务的复核、重复开户职工的处理办法、无业职工的管理、欠缴单位和个人的处理办法，同时统计有关公积金数据资料、表格，为计划工作提供依据和为决策层即住房公积金管理委员会提供数据资料等。二是操作层完全由银行来完成，管理中心只负责管理层的运作。

第三种模式是公积金管理中心委托多家银行进行归集管理，即公积金管理中心委托多家银行进行归集操作，由多家银行办理单位和个人的汇缴、转移、封存、开户、销户、支取等各项业务。

19. 住房公积金管理的几种模式有什么区别

目前，住房公积金管理三种模式的主要区别是在于住房公积金管理中心是否委托银行进行归集管理。

第二、三种模式的区别仅在于委托一家银行或是委托多家银行，在许多方面有相似之处。在此情况下，存在两种账目记录方式。

一是管理中心也建立财务账目和管理账目（与第一种模式不同），即指中心对汇缴住房公积金的单位建立单位交易流水，即财务账目，而由银行操作人员通过管理系统记录住房公积金的管理账目，两者通过日结或日流水达到账务统一。所有网点的数据都记录在一台计算机上，中心拥有这台计算机上所有数据。但在对账有两种方式：①由中心依据管理系统的账目和单位、职工个人按日、季、年进行对账；另②由银行负责对账。

二是住房公积金管理中心没有管理到个人账目，即中心没有银行操作的个人账目，当然对账也由银行负责。

无论公积金管理中心委托或是不委托银行，在公积金的管理过程中，存在着相同的账目，即财务账目和管理账目。对于任何“交易流水”（涉及财务变动时），财务账目和管理账目同时记账；对于非交易流水（不涉及财务变动的：如开户、封存、启封等），只对管理账目进行记账。财务账目一般记账到单位交易流水（银行存款日记账），管理账目一般记账到个人流水（交易流水和非交易流水）。

20. 目前住房公积金管理模式存在哪些利弊

相比较三种模式，在管理、操作、记账方式上各自存在着利弊：

在管理上，第一种住房公积金管理中心直接管理的模式，在收缴、归集工作上由于受到中心人员编制的限制，不可能像银行一样在地域范围内建立网点，配备众多的操作人员，这样在收缴上不方便群众，影响公积金的归集额度，不适合大中城市的管理。在这一点上第二、三种颇有优势，可以弥补公积金中心人员的不足，利用银行的各个网点，方便单位、职工。在实际的运作过程中，公积金管理中心也承担着相当数量的操作工作，但这些操作工作主要是为公积金管理中心日常服务。银行做住房公积金的归集操作，而中心把余下的精力投入到管理中去。

从操作角度看，第二种模式在住房公积金管理中心委托一家银行管理的情况下，各网点之间的数据若没有联系，则很难做到住房公积金管理的统一性，而且对职工的转移处理通常是在该地先销户，再在转入的网点新开户，不利于管理。第三种模式还存在单位、职工跨行之间账务的转移，跨行之间的资金转账问题，行与行之间的单位、职工的重复开户等问题的处理工作以及中心、银行、网点三级管理等复杂问题的处理。最简单的解决方法即是利用现代信息通讯的方式建立各网点、各银行之间数据的联系，进行统一管理和集中处理。

对于三种不同的账目记录方式，很显然第一、二种较为妥当。第一种模式中由于管理中心的账目涉及较全面，中心对公积金的全部数据信息了如指掌，因此为中心在日常的管理上，如各类计划的制定、公积金的催缴、职工政策的享受、日常工作报表等带来了充分的方便性和准确性，同时对于单位、职工和重复开户、转移问题以及无业人员的公积金管理能很好地处理。第二种记账方式与第一种有相似之处，在中心掌握信息资源的广泛性和数据的准确性上效果相同，其中银行进行对账的方式更能适应大城市。第三种记账方式使得中心只能从银行提供的资料了解历年的应缴与实缴情况及发展走向，历年因何种原因停缴、错户、支取以及缴存额度调整大小和职工工资额度、职工经济状况等情况，由于得到信息资源的时间滞后，给计划的指定、公积金的催缴带来了一定的盲目性，是非常不可取的。

综上所述，因为各地的具体的政策、模式有相当大的差异，要改变这种情况，各地应互相取长补短，根据实际情况逐步完善公积金的归集管理制度。本人认为目前较为适合的模式是：管理中心委托一家银行进行归集管理，各网点的数据集中在一台机器上，通过计算机联网，使银行与管理中心同步操作，并且在银行结算到个人的同时管理中心也结算到个人，中心主要负责公积金管理层的工作，银行主要进行操作，这种做法即可以减少由于中心人员不够而造成的不便，又可以增加中心的集中管理。与此同时，要加强中心执法的力度，对于违反《条例》的处罚要明确，还要加大职工监督的范围，让职工有核查账目、公积金资金运作的权利，加大公积金资金运作的透明度等等。

21. 如何办理住房公积金结息

（1）每年6月30日为缴存住房公积金的职工结息；

（2）结息根据上年结转和当年新增两档利率计算，即上年结转按三个月整存整取利率，当年新增按活期利率；

（3）利率按结息日挂牌利率计算，不分段计算。

第五节 住房公积金管理机构与相关部门的关系

1. 住房公积金管理中心与住房制度改革办公室是什么关系

住房公积金管理中心与住房制度改革办公室之间是被领导监督与领导监督的关系。住房制度改革办公室作为同级人民政府住房制度改革领导小组的常设办事机构，负责落实同级人民政府或房改领导小组确定的改革任务，包括研究拟订房改方案，住房公积金制度的建立，协调相关部门拟订有关的政策规定，组织房改的宣传工作，指导基层单位房改工作及住房公积金工作的实施等。住房公积金的管理运用，是住房制度改革的重要内容，是建立城镇住房新制度关键环节。住房公积金管理运用成效，直接体现房改的社会效益和经济效益，关系到房改的成败。因此，住房制度改革办公室日常应代表同级人民政府或房改领导小组对住房公积金管理中心实行领导监督。同时，住房公积金管理中心作为事业单位，只能执行同级人民政府授予的归集住房公积金管坦的专项行政职能，有关建立和推动住房公积金制度的行政职能应由房改办负责执行，包括对住房公积金管理运用中发生问题及时进行调查研究，协调有关部门完善政策制度，为住房公积金管理中心开展工作提供支持和保证等等。

按照要求住房公积金管理委员会日常的会议筹办和决策事项督办等工作，可以由房改办或建设（房地产管理）部门承担，不能由住房公积金管理中心承担。

2. 住房公积金管理中心与住房公积金管理委员会是什么关系

住房公积金管理中心与住房公积金管理委员会之间是被领导与领导的关系。住房公积金管理委员会作为住房公积金的决策机构，主要是依据有关法律、法规和政策，制定和调整住房公积金的具体管理措施，并实施监督；拟定住房公积金具体缴存比例；在人民银行确定的银行范围内，指定受委托办理住房公积金金融业务的银行；审批住房公积金归集、使用计划（包括购买国债的比例或金额）及计划执行情况的报告；确定住房公积金个人住房贷款最高额度；审批单位缓缴住房公积金或降低住房公积金缴存比例的申请；审议住房公积金年度预算、决算；审议住房公积金增值收益分配方案等事项。而住房公积金管理中心作为住房公积金的管理机构，主要是编制、执行住房公积金的归集、使用计划；负责记载职工住房公积金的缴存、提取、使用等情况；负责住房公积金的核算；审批住房公积金的提取、使用；负责住房公积金的保值和归还；编制住房公积金归集、使用计划执行情况的报告；承办住房公积金管理委员会决定的其他事项。

按照要求住房公积金管理委员会日常的会议筹办和决策事项督办等工作，可以由房改办或建设（房地产管理）部门承担，不能由住房公积金管理中心承担。

3. 住房公积金管理中心与财政部门是什么关系

住房公积金管理中心与财政部门之间是被监督与监督的关系。住房公积金管理中心是一个事业单位，必须接受财政部门的监督。由于“中心”管理的住房公积金，不是财政预算的钱，所以不宜也不需要采取设财政专户的形式。而是按照国务院《住房公积金管理条例》的规定，住房公积金管理中心在委托银行开设专户，接受财政监督。

住房公积金管理中心接受财政监督的内容，包括机构的开支来源、列支渠道，以及住房公积金的管理成本、资金结构、负债、损益、盈余分配等一系列财务管理制度和会计制度。

财政监督的重点是住房公积金管理中心管理费用的核定和列支，住房公积金年度预、决算审核，以及住房公积金归集、提取和使用情况的监督。

4. 住房公积金管理中心与审计部门是什么关系

住房公积金管理中心与审计部门之间是被审计与审计的关系。审计部门作为住房公积金管理的审计监督部门，应对住房公积金管理和使用情况的真实性、合规性、效益性进行审计监督，对住房公积金管理中心负责人进行经济责任审计。而住房公积金管理中心作为住房公积金的管理机构，依照《住房公积金管理条例》的规定和审计部门的要求，不仅要建立岗位责任制度和内部审计制度，加强内部管理，而且应当依法接受审计部门的审计监督，切实维护住房公积金缴存人的合法权益，加强和改进住房公积金管理。

5. 住房公积金管理中心和银行之间是什么关系

住房公积金管理中心与银行之间是委托与被委托的合作关系。住房公积金管理中心作为带有一定行政职能的住房公积金管理机构，应该认真贯彻执行国家有关规定，搞好住房公积金管理归集、核算、提取、编制计划等工作。住房公积金管理中心不是金融机构，按规定不能直接从事金融业务，所有相关金融业务必须委托相关银行进行，受住房公积金管理中心委托的银行必须认真履行和住房公积金管理中心签约的金融委托协议，积极配合住房公积金管理中心的工作。

住房公积金管理中心和委托银行的关系是由各自的信贷政策和经营原则确定的。《中华人民共和国商业银行法》第一章第四条明确规定，“商业银行以效益性、安全性、流动性为经营原则，实行自主经营，自担风险，自负盈亏，自我约束”。即效益性是其首要经营原则。而住房公积金管理中心是不以盈利为目的的事业单位，其首要任务是推进职工建立住房公积金，并使之保值增值，增加住房的有效供给。

面对收入不同的家庭，银行理所当然地选择收入水平高的家庭作为放贷对象；而住房公积金管理中心则把贷款的资助重点面向低收入家庭。住房公积金管理中心的这种政策性信贷和银行信贷的反向运动，能产生一种互补作用。因此，中心和银行不是一种竞争关系。有关委托和承办住房公积金业务的具体方式，由住房公积金管理中心和受委托的银行协商确定并签定协议。

受委托银行的职责是：其一，承办住房公积金账户的设立、缴存、归还等手续；其二办理住房公积金结算、融通等金融业务；其三，按照住房公积金管理中心确定的贷款对象，向缴存住房公积金的个人发放住房公积金贷款；其四，按规定定期向住房公积金管理中心报送所需的各类数据。

第六节

住房公积金管理监督体系

1. 什么是住房公积金管理监督体系

住房公积金管理监督体系是围绕着住房公积金管理的全过程建立起来的，由监督主体、监督对象、监督内容、监督手段、监督组织及房改金融法规等方面的内容组成，住房公积金管理的多层次性，形成了管理监督的多层次性，在不同的管理层次上监督主体与对象，监督内容与手段各不相同，在不同管理层次上监督主体与对象会发生易位，反映了住房公积金管理监督的双向性特征。

按照住房公积金管理监督职能划分，住房公积金管理监督至少包含了四个方面的内容：决策监督、职能部门的专业监督、“中心”业务的内部监督和职工群众的民主监督。按照《住房公积金管理条例》对住房公积金的监督管理规定，主要是财政监督、审计监督、银行监督、单位监督、个人监督和社会监督等。

政府的决策监督、职能部门的专业监督、“中心”业务内部监督是对公积金管理至上而下的监管，保证了住房公积金归集使用政策的统一性、运作的规范性；人大、政协、工会等组织的社会监督、公众的民主监督，保证了住房公积金归集、使用的公正公平和有效性，它们构成了一个完整的住房公积金管理内外监督体系。

2. 监督体系之间的关系如何

加强对住房公积金的监督管理是住房公积金管理体制的重要内容，《住房公积金管理条例》对住房公积金的监督管理作了一系列明确规定。总的来说，对住房公积金的监督是全方位的，包括财政监督、审计监督、银行监督、单位监督和个人监督等，他们之间的关系如下：

（1）财政监督。

财政监督，是指财政部门对于住房公积金管理和使用进行的监督、管理和检查，它是住房公积金最主要的监督机制。《住房公积金管理条例》对财政监督的范围和参与形式作了具体的规定。主要包括：

① 地方有关人民政府财政监督部门应当加强对本行政区域内住房公积金归集、提出和使用情况的监督，并向本级人民政府的住房公积金管理委员会通报。

② 住房公积金管理中心在编制住房公积金归集、使用计划时，要征求财政部门的意见。

③ 住房公积金管理委员会在审批住房公积金归集、使用计划和计划执行情况的报告时，必须有财政部门参加。

④ 住房公积金管理中心编制住房公积金年度预算、决算，应当经财政部门审核后，提交住房公积金管理委员会审议。

⑤ 住房公积金管理中心应当每年定期向财政部门和住房公积金管理委员会报送财务报告，并将财务报告向社会公布。

（2）审计监督。

审计监督是按照国家有关的法律、法规和规定，由审计部门或审计部门委派的审计中介机构，根据国家的有关规定和财务制度，对住房公积金的财务情况进行的审计。住房公积金管理中心应当依法接受审计部门的审计监督。

（3）对单位的监督。

《住房公积金管理条例》规定，住房公积金管理中心和职工有权对单位进行监督。监督的主要内容：

① 是否及时对住房公积金的缴存或者变更、注销进行了登记；

② 是否及时为单位职工办理了住房公积金账户的设立、转移或者封存手续；

③ 是否按时足额地为单位职工缴存了住房公积金。

（4）对银行的监督。

住房公积金管理中心应当督促受托银行及时办理委托合同约定的业务。受托银行应当按照委托合同的约定，定期向住房公积金管理中心提供有关业务资料。

（5）职工个人监督。

职工单位有权查询本人、本单位住房公积金机的缴存、提取情况，住房公积金管理中心、受托银行不得拒绝。职工、单位对住房公积金账户内余额有异议的，可以申请受托银行复核。受托银行、住房公积金管理中心约定自收到申请之日起5日内给予书面答复。职工有权揭发、检举、控告挪用住房公积金的行为。

3. 监督的主体是什么

管理监督的主体是地方政府主持住房公积金管理工作的主管部门住房公积金管理委员会，监督的主体是地方财政部门、审计部门、金融主管部门、司法部门及社会公众等。

4. 监督的对象是什么

监督对象是住房公积金管理中心、住房公积金缴存者（单位及其职工）及受委托银行。

5. 监督的主要内容是什么

监督的主要内容是监督住房公积金归集使用情况，制定本地区公积金管理政策、及时传达国家公积金政策变化，指导资金使用投向，保证住房公积金使用方向的正确性，同时制定推行住房公积金的政策和措施，约束单位与个人缴存住房公积金，任何单位、个人都不得将住房公积金挪作它用。

6. 监督的手段是什么

实施监督的手段是通过审议上报的住房公积金归集、使用计划和执行情况，监督住房公积金制度实施；通过制定和调整住房公积金的管理政策措施，从宏观上实施对住房公积金管理的政策督导。

7. 监督组织是什么

住房公积金管理监督组织主要是：住房公积金管理委员会、财政部门、审计部门、金融监管部门、社会公众以及住房公积金管理中心内部的稽核部门。

8. 住房公积金的监督体系主要包括哪些方面的内容

对住房公积金的监督分为组织监督和行为监督。《住房公积金管理条例》总则规定：职工是住房公积金的所有者；住房积金管理委员会是住房公积金管理的决策机构，代表和维护职工的利益；住房公积金管理中心是执行机构，负责住房公积金的归集、提取、使用与核算；财政部门是监督机构，负责对住房公积金管理运作的监督；受委托银行是金融业务的承办机构。由此构成了住房公积金五个方面的监督：职工对住房委员会、住房公积金管理中心和受委托银行的监督；住房委员会对住房公积金管理中心的监督；住房公积金管理中心对受委托银行的监督；职工、住房公积金管理中心对单位的监督；住房公积金管理中心对自身的监督。

9. 什么是主管部门决策监督

这是在政府管理决策层次上对住房公积金运营管理全过程的监督。在这个层次上，管理监督的主体是地方政府主持住房公积金管理工作的主管部门住房公积金管理委员会，监督对象是资金管理中心及住房公积金缴存者（单位及其职工）。管委会主要是依据国家房改政策及地方房改法规，从总体上监督住房公积金归集使用情况，制定本地区公积金管理政策、及时传达国家公积金政策变化，指导资金使用投向，保证住房公积金使用方向的正确性，同时制定推行住房公积金的政策和措施，约束单位与个人缴存住房公积金，任何单位、个人都不得将住房公积金挪作它用。实施监督的手段是通过审议上报的住房公积金归集、使用计划和执行情况，监督住房公积金制度实施；通过制定和调整住房公积金的管理政策措施，从宏观上实施对住房公积金管理的政策督导。

10. 什么是职能部门的专业监督

这是在专业管理层次上对住房公积金运营情况的监督。

财政部门通过定期检查资金运营账务，如审查财务年度预、决算报表，监督评价资金经营状况；

审计部门通过审查资金来源，使用投向及使用结果，如定期审计财务收支情况，考核资金负债、成本效益、合规经营、服务质量等指标，作出审计结论，全面检查资金归集使用的合规性和合理性；

金融主管部门主要借助于各种金融法规，检查规范住房公积金管理的金融合法性；

司法部门则从法律的角度对“中心”的资金管理及缴存者行为的规范进行监督，对各种住房公积金管理使用纠纷进行审理裁决，依法维护住房公积金管理使用的公正性。

11. 什么是“中心”业务的内部监督

为使住房公积金政策规定能在实际工作中得到贯彻，使住房公积金管理中心日常的管理工作符合各项业务管理制度要求，“中心”一方面通过内部稽核部门对各项业务活动进行内部核查，做到自我约束，及时纠正工作中出现的偏差，实现业务管理的内部监督，有效规避管理风险。另一方面，“中心”还从住房公积金业务管理职能出发，作为监督主体对公积金缴存者（单位及职工）、受托银行等实施监督。

12. 住房公积金管理中心有哪些监督职能

“中心”有以下监督职能：

（1）督促单位及个人缴存住房公积金，督促单位做好职工住房公积金缴存登记、设立账户、账户转移、注销等工作；

（2）对职工使用住房公积金贷款情况实施监督，以降低贷款风险；

（3）按照委托合同对受托银行进行检查、核实，并督促受托银行及时办理委托合同约定的相关业务，按期提供委托合同约定的业务资料以备查。

13. 什么是公众的民主监督

包括了地方人大、政协、工会以及职工群众对住房公积金使用管理的广泛监督。实施这一监督的主体是人大、政协、工会等社会团体组织以及广大职工群众，监督对象是政府、资金管理中心、委托银行及缴存单位。群众虽然不能干涉住房公积金日常管理工作，但他们有权监督资金使用执行房改政策的情况及结果，监督政策是否符合广大职工群众整体利益，以实现自身应享有的合法权益。实现这一监督有两种方式，一种方式是通过“中心”定期向人大、政协、工会等社会团体汇报“中心”资金管理工作进展情况，定期向社会公开发布住房公积金归集使用情况和财务管理公报，建立信访、咨询投诉机制，让职工群众了解住房公积金制度执行情况及个人缴存使用状态，来实现住房公积金管理的民主监督。第二种方式是成立由人大、政协、工会及职工群众代表等共同组成的监委会，负责监督住房公积金的缴纳、管理、支付执行情况，受理缴交人对资金管理的投诉及指定申诉机构承办，并检查承办结果，以维护广大群众的切身利益不受侵害。同时职工有权向受托银行及“中心”查询个人住房公积金账户中的存款余额或要求复核，有权督促单位按时缴存住房公积金，对挪用住房公积金贷款行为进行举报，对“中心”管理提出合理意见等等。从住房公积金管理实践看，第一种方式已在实际工作中被采纳。

14. 什么是财政监督，具体的监督内容有哪些

财政监督，是指财政部门对于住房公积金管理和使用进行的监督管理和检查，它是住房公积金最主要的监督机制。

《住房公积金管理条例》对财政监督的范围和参与形式作了具体的规定。主要包括：

（1）地方人民政府财政部门应当加强对本行政区域内住房公积金归集、提取和使用情况的监督，并向本级人民政府的住房公积金管理委员会通报。

住房公积金管理中心在编制住房公积金归集、使用计划时，应当征求财政部门的意见。

住房公积金管理委员会在审批住房公积金归集、使用计划和计划执行情况的报告时，必须有财政部门参加。

（2）住房公积金管理中心编制的住房公积金年度预算、决算，应当经财政部门审核后，提交住房公积金管理委员会审议。

住房公积金管理中心应当每年定期向财政部门和住房公积金管理委员会报送财务报告，并将财务报告向社会公布。

15. 财政对住房公积金监督的几个环节是什么

财政监督贯穿于住房公积金管理工作的全过程，要建立包括事前、事中、事后监督三个环节相互衔接的监督机制。

事前监督是指住房公积金管理中心在编制住房公积金归集、使用计划时，应征求财政部门意见。财政部门的事前参与从根本上保证了住房公积金的资金安全性和专项使用性。

事中监督是指住房委员会在审批住房公积金归集、使用计划时必须有财政部门参加，财政部门作为住房公积金管理委员会的重要组成成员履行其参与议事决策的职责，以确保该委员会决策的正确性。

事后监督是指住房公积金管理中心应当定期向财政部门和住房公积金管理委员会报送财务报告，并将财务报告向社会公布。根据《住房公积

金管理条例》规定，财政部门要对当地住房公积金归集、提取和使用情况进行监督，并将监督情况向住房公积金管理委员会通报。

16. 什么是审计监督

审计监督是按照国家有关的法律、法规和规定，由审计部门或审计部门委派的审计中介机构，根据国家的有关规定和财务制度，对住房公积金的财务情况进行的审计。住房公积金管理中心应当依法接受审计部门的审计监督。

17. 审计部门对住房公积金进行监督的主要内容是什么

审计监督是一种重要的监督形式。对住房公积金法律关系而言，审计监督的作用主要是对审计事项作出评价，出具审计意见；对违反国家规定的财务收支行为依法给予处罚，在法定职权范围内作出审计决定或者向有关主管机关提出处理、处罚意见。发挥其经济司法职能，最终保护住房公积金所有者的合法权益不受侵犯。主要包括以下内容：

（1）住房公积金管理中心收入的真实性，有无隐瞒、转移收入问题；

（2）住房公积金管理中心费用支出的真实性、合法性，有无虚报费用、虚列支出问题；

（3）住房公积金管理中心损益、收支分配的真实性、合法性；

（4）住房公积金管理中心财务收支计划的完成情况。

18. 如何对单位监督

《住房公积金管理条例》规定，住房公积金管理中心和职工有权督促单位按时履行下列义务：

（1）住房公积金的缴存登记或者变更、注销登记；

（2）住房公积金账户的设立、转移或者封存；

（3）足额缴存住房公积金。

19. 如何对银行监督

住房公积金管理中心应当督促受委托银行及时办理委托合同约定的业务。

受委托银行应当按照委托合同的约定，定期向住房公积金管理中心提供有关的业务资料。

20. 职工个人如何监督

职工、单位有权查询本人、本单位住房公积金的缴存、提取情况，住房公积金管理中心、受委托银行不得拒绝。

职工、单位对住房公积金账户内的存储余额有异议的，可以申请受委托银行复核；对复核结果有异议的，可以申请住房公积金管理中心重新复核。受委托银行、住房公积金管理中心应当自收到申请之日起 5 日内给予书面答复。

职工有权揭发、检举、控告挪用住房公积金的行为。

21. 住房公积金管理中心如何接受社会公众监督

住房公积金管理中心接受社会公众监督主要有以下三个形式：

（1）公告。

公告，即住房公积金管理中心每年向社会公布一次住房公积金缴存使用情况及增值收益情况，内容包括归集住房公积金多少，提取住房公积金多少，发放住房公积金贷款多少，资金增值多少等，以及中心的收入、成本、费用等情况。

（2）审计。

审计，即接受社会审计部门的审计，审计内容包括：住房公积金的收支和运用情况，住房公积金管理中心的成本费用开支情况，以及增值收益分配情况。

（3）查询。

查询，即住房公积金管理中心随时接受住房公积金缴存人的查询。

22. 社会监督的主要内容是什么

社会监督的主体是职工和职工所在单位，监督的客体是住房公积金管理中心和受委托银行。监督的主要内容是：

一是知情权，即职工、单位有权查询本人、本单位住房公积金的缴存、提取情况，住房公积金管理中心、受委托银行不得拒绝；

二是异议权，即职工、单位对住房公积金账户内的存储余额有异议的，可以申请受委托银行复核，对复核结果有异议的，可以申请住房公积金管理中心重新复核。受委托银行、住房公积金管理中心应当自收到申请之日起5日内给予书面答复；

三是揭发检举权和控告权，即职工有权揭发、检举、控告挪用住房公积金的行为。

23. 住房公积金管理监督的组织保证是什么

事实上，住房公积金制度一经建立，监督工作就伴随着管理工作的不断深化，而显示其重要作用，需要在组织上得到相应的保证。住房公积金管理委员会、财政部门、审计部门、金融监管部门以及“中心”内部的稽核部门作为管理的监督组织已对住房公积金资金管理形成自上而下的有效监督；当前各地通过人大、政协、工会组织定期听取工作汇报和发布公报的形式，基本上满足了群众了解住房公积金归集使用情况的要求，实现了自下而上的监督，逐步完善了住房公积金管理监督体系，这是住房公积金制度发展到一定历史阶段的客观要求，并将随着住房公积金管理的不断完善，管理监督组织也将更加完善。

24. 住房公积金管理监督有什么现实意义

完善住房公积金管理监督机制是我国住房公积金制度巩固发展的必然要求。住房公积金管理与监督相伴而生，相依共存，良好的管理离不开有效的监督，有效的监督推动管理更趋完善。住房公积金管理监督作为管理体系中的一个重要组成部分，具有重大的现实意义。实施监督机制能够确保住房公积金归集使用符合社会效益，服务于房改的指导方针，符合国家房改政策及地方房改方案规定，体现职工群众的整体利益与愿望；有利于确保资金使用的有效性，管理过程的合规性，避免业务操作过程中的偏差；有利于增强广大职工群众的参与意识，自觉维护自身合法权益；有利于发挥职工群众对单位实行住房公积金制度的监督作用，督促单位落实职工个人住房工资性收入；有利于健全住房公积金管理体系，深化住房制度改革。

第三章

住房公积金缴存

第一节
住房公积金缴存登记及账户设立

1. 单位缴存住房公积金应履行哪些义务

按照《住房公积金管理条例》规定，单位应当履行下列义务：

（1）按规定办理住房公积金的缴存登记或者变更、注销登记；

（2）按规定办理职工公积金账户的设立、转移或者封存手续；

（3）及时足额缴存住房公积金。

2. 哪些单位及职工应办理住房公积金缴存登记及账户设立

下列单位及其职工（指与单位建立和形成劳动关系的从业人员）应办理住房公积金缴存登记及账户设立，缴存住房公积金：

（1）国家机关、事业单位；

（2）国有企业，城镇集体企业，外商投资企业，港、澳、台商投资企业，城镇私营企业及其他城镇企业或经济组织；

(3) 民办非企业单位、社会团体；

(4) 外国及港、澳、台的企业和其他经济组织常驻本市代表机构。

3. 住房公积金账户设立的规定有哪几个方面

(1) 住房公积金管理中心应当在受委托银行设立住房公积金专户；

(2) 单位应当为职工办理住房公积金缴存登记及账户设立手续；

(3) 每个职工只能拥有一个住房公积金账户；

(4) 住房公积金管理中心应当为职工个人设立的明账户进行明细核算。

4. 单位办理住房公积金缴存登记及账户设立须要携带哪些资料

(1)《住房公积金缴存（调整）登记表》一式二份；

(2)《住房公积金汇缴清册》一式二份；

(3) 国家质量技术监督部门颁发的《中华人民共和国组织机构代码证副本》及复印件二份；

(4) 单位设立批准文件或营业执照副本及复印件二份，国家机关报送当地人民政府颁发的“单位设立批准文件”，事业单位报送“单位设立批准文件”，企业单位（包括外国及港、澳、台企业）报送《企业（法人）营业执照副本》，其他经济组织常驻本地代表机构报送《外地驻办事处登记证副本》，民办非企业单位报送《民办非企业登记证书副本》，社会团体报送《社会团体登记证书副本》；

(5) 职工住房公积金缴存基数低于当地职工上一年度劳动部门规定的职工月最低工资标准，按基本生活费计算的，还需提供职工大会或职工代表大会决议一份。

5. 单位如何办理住房公积金缴存登记及账户设立

(1) 单位到所在地住房公积金管理中心领取空白的《住房公积金缴

存（调整）登记表》和《住房公积金汇缴清册》；

(2) 单位经办人填写《住房公积金缴存（调整）登记表》和《住房公积金汇缴清册》；

(3) 单位经办人持所需资料到所在地住房公积金管理中心办理缴存登记，"中心"出具受理凭证；

(4) 住房公积金管理中心和受托银行为新设立单位及其职工办理缴存登记及账户设立后，单位经办人持受理凭证到住房公积金管理中心领取开户后的登记资料；

(5) 受托银行将单位职工住房公积金储蓄卡制作完毕后，单位经办人到受托银行领取。

6. 单位是否应给职工建立个人住房公积金账，如何建账

单位应给职工建立个人住房公积金账。

单位可采取计算机记账和手工记账两种方式。

7. 单位应记哪几种住房公积金账，记账凭证有哪些

缴存住房公积金的单位应记《住房公积金单位账》、《住房公积金个人分户账》、《住房公积金单位月应缴额人数变更记录》三种账。

其记账的凭证有《住房公积金汇（补）缴书》、《住房公积金汇缴变更清册》、《住房公积金补交清册》、《住房公积金基数调整清册》、《住房公积金转移通知书》、《住房公积金支取申请书》、《职工住房公积金存款利息清单》等。

8. 缴存住房公积金的单位为什么要记住房公积金账

住房公积金账是连续、系统地反映单位和职工个人缴存住房公积金的记录。它除了能接受职工和有关方面的查询，并准确反映单位和职工履行住房公积金缴存义务以及职工住房公积金缴存额的增减变化外，还便于单位内部工作的衔接。另外，由于单位为职工缴存的住房公积金归职工个人

所有，因此，缴存住房公积金的单位，必须用有关部门专门设计的账页，对住房公积金单独记账，进行专门管理。

9. 职工缴存住房公积金有什么益处

职工缴存的住房公积金部分是职工个人长期性的住房储金，单位为职工缴存的住房公积金部分是职工住房货币化分配的一种形式，两部分都属于职工个人所有，都存入职工在购房时可申请住房公积金贷款。职工缴存的住房公积金按规定不计入个人所得税纳税基数，住房公积金存款利息也不扣利息税。

10. 单位如何办理住房公积金开户登记手续

单位应到住房公积金管理中心申领《住房公积金登记表》和《住房公积金缴交清册》，填好后，经住房公积金管理中心审核后，转到受委托经办银行录入相关数据，录完后，通知单位办理开户登记事宜，建立单位账户和职工个人账户。

住房公积金管理中心和受委托银行应当建立职工住房公积金明细账，记载职工个人住房公积金的缴存、提取等情况。

11. 一个职工能否有多个住房公积金账户

根据国务院《住房公积金管理条例》规定，每个职工只能有一个住房公积金账户。

12. 新设立的单位应何时办理住房公积金账户设立手续

新设立的单位应当自设立之日起 30 日内到住房公积金管理中心办理住房公积金缴存登记，并自登记之日起 20 日内持住房公积金管理中心的审核文件，到受委托银行为本单位职工办理住房公积金账户设立手续。

13. 办理开户缴存住房公积金有哪些程序

办理程序：

第一步，单位到住房公积金管理中心或受委托经办银行领取《住房公积金缴存登记表》（简称《缴存登记表》）和《住房公积金汇缴清册》（简称《汇缴清册》），按填表说明填写后加盖印章。

第二步，单位携带填写后的《缴存登记表》、《汇缴清册》和以下资料到受委托经办银行办理缴存登记及账户设立手续：

（1）单位设立批准文件或营业执照副本；

（2）国家质量技术监督部门颁发的组织机构代码证副本。

第三步，单位办理缴存登记及账户设立后即可缴存首月住房公积金。单位经办人员应根据《汇缴清册》填写《住房公积金按月缴存（补缴缴存）汇总表》（简称《缴存汇总表》），携带以上表册、支票或现金到受委托经办银行办理缴存手续。

14. 单位如何确认开户时住房公积金缴存人与缴存额的准确性

（1）由受委托经办银行将单位填妥的《住房公积金登记表》、《住房公积金汇缴清册》的有关内容录入计算机；

（2）受委托经办银行打印出有单位及职工个人账号的《公积金基数核对清册》，返回一份给单位；

（3）单位与受委托经办银行核对《公积金基数核对清册》，单位凭核对无误的《公积金基数核对清册》进行住房公积金的首次缴存。

15. 单位录用职工的应当何时办理住房公积金账户手续

单位录用职工的，应当自录用之日起30日内到住房公积金管理中心办理缴存登记，并持住房公积金管理中心的审核文件，到受委托银行办理职工住房公积金账户的设立或者转移手续。

16. 住房公积金管理中心为什么要为住房公积金缴存人开立个人账户

住房公积金是职工个人住房基金，管理中心要保证住房公积金的支取和偿还，为详细记录职工个人住房公积金缴存、转移、支取和封存等变化情况，管理中心必须为住房公积金缴存人开立个人账户，个人住房公积金账户可详细反映职工住房公积金缴存情况，方便职工对住房公积金缴存情况的监督和查询，管理中心必须为住房公积金缴存人开立个人账户，保障缴存住房公积金职工的权益。

17. 单位多个账户，职工个人账户如何合并

单位存在多个账户的，到住房公积金管理中心通过转移的方式，将其余的账户转入到保留的账户中。

职工存在多个账户的，如果不在同一单位账户内，应先办理职工个人账户转移。由单位填写《住房公积金同城转移通知书》，到住房公积金管理中心办理。

第二节 住房公积金缴存的汇缴

1. 缴存住房公积金的对象是什么

缴存住房公积金的对象是指国家机关、国有企业、城镇集体企业、外商投资企业、城镇私营企业及其他城镇企业、事业单位、民办非企业单位、社会团体的在职职工。

2. 缴存住房公积金的原则是什么

所有行政和企事业单位及其在职职工均应按照“个人存储、单位资助、统一管理、专项使用”的原则缴存住房公积金，建立住房公积金制度。

3. 单位对职工缴存住房公积金有哪些责任

单位为职工缴存的住房公积金是住房实物分配向货币分配转化的需要，是职工劳动报酬的一部分。因此，单位应当按时足额地为职工缴存住房公积金。另外，未按时足额缴交住房公积金的单位职工也不能申请住房公积金贷款，这些单位的职工就不能享受到住房公积金制度的优越性。

4. 职工缴存住房公积金享有哪些权利

（1）职工有要求所在单位为其建立住房公积金和按期缴存住房公积金的权利；

（2）有查询、支取住房公积金和监督住房公积金管理的权利；

（3）履行住房公积金缴存义务的职工有申请住房公积金贷款用于购买、建造、翻建、大修自有住房的权利；

（4）监督住房公积金管理的权利。

5. 单位如何缴存住房公积金

职工个人缴存的住房公积金，由所在单位每月从其工资中代扣代缴。

单位应在规定的时间内将单位缴存的和为职工代缴的住房公积金汇缴到住房公积金专户内，由受委托银行计入职工住房公积金账户。

6. 单位何时缴存住房公积金

单位应自每月发放职工工资起 5 日内办理缴存手续，将代扣职工个人缴存的住房公积金和单位为职工缴存的住房公积金缴存到当地住房公积金管理中心在受托银行开立的住房公积金专户内。

7. 什么是正常缴存住房公积金

正常缴存住房公积金是指职工及其所在单位按规定要求按月足额缴存住房公积金。

所谓按月缴存，是按照国务院颁布的《住房公积金管理条例》的规定，职工所在单位应当在每月发放职工工资之日起 5 日内将为职工代扣代缴的住房公积金，以及单位为职工缴存的住房公积金一并汇缴到在住房公积金经办银行开立的住房公积金专户内，并由住房公积金经办银行按时记入每个职工的住房公积金个人账户内，以保证单位和职工所缴存的住房公积金没有欠缴和漏缴。

所谓足额缴存，指单位和职工的住房公积金月缴存额，是按职工本人上一年度月均工资总额乘以规定的住房公积金缴存比例缴存，不得少缴。目前国家规定的住房公积金缴存比例最低为两个 5%，最高为两个 12%。

新参加工作的职工，应按月足额缴存住房公积金一年以上，可具备贷款资格。

8. 什么叫住房公积金的汇缴

单位一次性缴存以前年度月份或本年度月份的住房公积金称为住房公积金的汇缴。汇缴要求如下：

(1) 由单位按月汇缴；

(2) 在发放工资之日起 5 日内（遇节假日顺延），到经办网点办理汇缴手续。

9. 单位如何进行住房公积金的首次缴存

单位按核对无误后的《住房公积金基数核对清册》所列金额作为缴存额填写《住房公积金汇（补）缴书》，并签发转账支票，到委托银行经办网点办理首次汇缴。

10. 单位如何进行住房公积金的首次缴存后各月的缴存

若单位当月缴存住房公积金人员和金额与上月没有发生变动，只须按上月住房公积金的人员人数及缴存额办理住房公积金的缴存。

若单位当月缴交住房公积金的人员和金额与上月发生变动时，应按规定进行缴存。

11. 新设立单位如何缴存首月住房公积金

新设立单位办理住房公积金缴存登记及账户设立后，根据开户时退回的《住房公积金汇缴清册》填写《住房公积金按月缴存（补缴缴存）汇总表》，缴存首月住房公积金。

12. 单位缴存住房公积金人员较上月无变化，如何缴存住房公积金

单位缴存人员较上月无变化，根据上月汇缴人数及金额填写《住房公积金缴存汇总表》，缴存当月住房公积金。

13. 单位缴存住房公积金人员较上月增加，如何缴存住房公积金

单位缴存住房公积金人员较上月增加主要有以下三种情况：

一是，当月新录用、调入未建立住房公积金职工，应开立住房公积金账户，缴存住房公积金。

二是，当月转入已建立住房公积金职工，应缴存住房公积金。

三是，当月有内部封存职工恢复缴存住房公积金，应缴存住房公积金。

单位缴存人员较上月增加的，应为以上职工核定当月应缴额，分别填入《住房公积金汇缴增加清册》的新开户、转入和启封栏，然后将当月增加汇缴人数及金额的合计填入《住房公积金缴存汇总表》。《住房公积金缴存汇总表》中本月汇缴人数及金额等于上月汇缴人数及金额加上本月增加汇缴人数及金额。

填写《住房公积金缴存汇总表》及《住房公积金汇缴增加清册》后，单位就可以携带所需资料缴存住房公积金。

14. 单位缴存住房公积金人员较上月减少，如何缴存住房公积金

单位缴存住房公积金人员较上月减少主要有以下三种情况：

一是，当月职工销户提取住房公积金，当月不再缴存住房公积金。

二是，当月职工办理住房公积金转出，当月不再缴存住房公积金。

三是，当月有职工内部封存，停缴住房公积金。

单位缴存人员较上月减少的，应按职工上月应缴额分别填写《住房公积金汇缴减少清册》的销户、转出、封存栏，然后将当月减少汇缴人数及金额的合计填入《住房公积金缴存汇总表》。《住房公积金缴存汇总表》中本月汇缴人数及金额等于上月汇缴人数及金额减去本月减少汇缴人数及金额。

填写《住房公积金缴存汇总表》及《住房公积金汇缴减少清册》后，单位就可以携带所需资料缴存住房公积金。

15. 单位如何办理住房公积金按月缴存手续

（1）单位经办人根据上月汇缴人数及金额和本月人员变化填写《住房公积金缴存汇总表》及相应清册；

（2）单位经办人持所需资料到所在地住房公积金管理中心审核；

（3）单位经办人持经住房公积金管理中心审核的缴存凭证到受托银

行交款。

16. 单位首月缴存住房公积金应携带哪些资料

（1）转账支票或现金。转账支票收款人填写当地“住房公积金管理中心”；用途填写“缴存住房公积金”。

（2）《住房公积金缴存汇总表》一式三份。

（3）《住房公积金汇缴清册》一式二份。

17. 单位按月缴存住房公积金应携带哪些资料

（1）转账支票或现金；

（2）《住房公积金缴存汇总表》一式三份；

（3）单位缴存住房公积金人员较上月有增加的，提供《住房公积金汇缴增加清册》一式三份；

（4）单位缴存住房公积金人员较上月有减少的，提供《住房公积金汇缴减少清册》一式三份；

（5）单位为职工补缴住房公积金的，提供《住房公积金补缴清册》一式三份；

（6）《住房公积金汇缴增加清册》中职工住房公积金缴存基数低于上一年度劳动部门规定的职工月最低工资标准，按基本生活费计算的，还需提供职代会决议一份。

18. 单位如何确认开户时住房公积金缴存人与缴存额的准确性

（1）由经办网点将单位填妥的《住房公积金登记表》、《住房公积金汇缴清册》的有关内容录入计算机；

（2）经办网点打印出有单位及职工个人账号的《住房公积金基数核对清册》，返回一份给单位；

（3）单位与经办网点核对《住房公积金基数核对清册》，单位凭核对无误的《住房公积金基数核对清册》进行住房公积金的首次缴存。

19. 单位录用职工的，应何时为其办理住房公积金

单位录用职工的，应当自录用之日起 30 日内到经办网点办理职工住房公积金账户的设立或者转移手续。

20. 职工下岗住房公积金怎么办

下岗、内退或类似情况，且仍从所在单位领取薪资的职工，应视同为单位在职职工，仍须按时足额缴存住房公积金。缴存基数为单位发放给职工的下岗、内退工资或其他形式的薪资。扣除职工应缴存的部分后，职工工资不得低于当地劳动与社会保障部门公布的当年下岗职工基本生活费。

21. 外商投资企业职工的住房公积金应该怎样缴存

外商投资企业的中方职工，住房公积金月缴存额的计算公式和缴存基数同内资企业职工一致。职工和单位为职工缴存住房公积金的月缴存额均为职工本人上一年度月平均工资总额乘以住房公积金缴存比例。

22. 单位因职工人员变动引起住房公积金变动的应如何办理住房公积金的汇缴

对职工调出和调入引起住房公积金增减变动的，均应通过“公积金暂存部”进行记录和管理。“公积金暂存部”是住房公积金管理中心为了正确记录和反映因职工人员变动引起的住房公积金的转移以及对与原单位终止劳动关系的职工住房公积金进行管理而专设的一个账务科目。

23. 因职工调出或与原单位终止劳动关系减少单位当月应缴人数、金额时，单位应如何汇缴当月的住房公积金

（1）单位填写《住房公积金转移通知书》和《住房公积金汇缴变更清册》，同时填写《住房公积金汇（补）缴书》，签发转账支票，一并交

到经办网点；

（2）经办网点打印出《住房公积金调出凭证》交单位二份，单位将调出凭证交一份给调出职工，作为职工到新单位汇缴住房公积金的调入凭据。

24. 新参加工作的职工何时缴存住房公积金

新参加工作的职工从参加工作的第二个月开始缴存住房公积金，月缴存额为职工本人当月工资乘以职工住房公积金缴存比例。

25. 单位对新参加住房公积金的职工应如何汇缴公积金

单位在经办网点办理手续如下：

（1）填写《住房公积金汇缴变更清册》；

（2）填写《住房公积金汇缴清册》；

（3）根据上述二表填写《住房公积金汇（补）缴书》并签发转账支票。

26. 单位新录用、新调入职工的住房公积金从何时开始缴存

单位新录用的职工从参加工作的第二个月起开始缴存住房公积金；新调入的职工从调入单位发放工资之月起开始缴存住房公积金。

27. 单位因职工调入增加应缴人数或金额时，单位应如何汇缴住房公积金

（1）填写《住房公积金转移通知书》和《住房公积金汇缴变更清册》，并携带调入职工原持有的《住房公积金调出凭证》或“住房公积金卡”到经办网点办理住房公积金调入手续；

（2）经办网点打印出《住房公积金调入凭证》；

（3）单位根据增加后的汇缴人数和金额填写《住房公积金汇（补）

缴书》并签发转账支票；

（4）经办网点将《住房公积金转移通知书》、《住房公积金汇缴变更清册》、《住房公积金调入凭证》和《住房住房公积金汇（补）缴书》的第一联退还给单位，作为单位记账依据。

28. 当职工临时中断工资关系但仍保留劳动关系时，单位如何汇缴当月的住房公积金

（1）填写《住房公积金汇缴变更清册》，到经办网点办理住房公积金的封存手续；

（2）经办网点根据单位交来的《住房公积金汇缴变更清册》，在计算机里作封存处理；

（3）单位根据减少后的汇缴人数和金额填写《住房公积金汇（补）缴书》并签发转账支票；

（4）经办网点将《住房公积金汇缴变更清册》和《住房公积金汇（补）缴书》的第一联退还给单位作为记账依据。

29. 对原临时中断工资关系（仍保留劳动关系）停缴住房公积金现又恢复工资关系的，单位如何汇缴当月的住房公积金

（1）单位填写《住房公积金汇缴变更清册》，到经办网点办理住房公积金的启封手续；

（2）经办网点根据单位交来的《住房公积金汇缴变更清册》在计算机里作启封处理；

（3）单位根据增加后的汇缴人数和金额填写《住房公积金汇（补）缴书》并签发转账支票；

（4）经办网点将《住房公积金汇缴变更清册》和《住房公积金汇（补）缴书》的第一联退还给单位作记账依据。

30. 职工工资调整后，应如何汇缴住房公积金

职工个人住房公积金汇缴基数只能一年核定一次，住房公积金汇缴

年度为上年7月1日至当年6月30日。缴存单位应在每年的7月1日前作好职工新一年度住房公积金汇缴基数的核定工作，在核定后的汇缴月份内，职工个人当年（当年7月1日至次年6月30日）增加（减少）工资不得调增（调减）汇缴基数。

31. 缴存住房公积金有什么优惠政策

（1）职工个人缴存的住房公积金，按规定不计入个人所得税的纳税基数；

（2）职工按规定提取的住房公积金本息，免缴个人所得税；

（3）并可按规定申请低利率的住房公积金政策性贷款。

32. 国家对企业、个人缴存住房公积金有哪些税收优惠政策

企业和个人按照国家或地方政府规定的比例缴存的住房公积金，不计入个人当期的工资、薪金收入、免予征收个人所得税；个人提取所缴存的住房公积金本息，也免予征收个人所得税。

企业资助职工为其缴存的住房公积金直接进入成本，为所得纳税税前列支。

33. 职工住房公积金采用何种缴存方式，具体时限如何确定

职工个人缴存的住房公积金，由所在单位每月从其工资中代扣代缴。单位应当于每月发放职工工资之日起5日内，将单位缴存的和为职工代缴的住房公积金汇缴到住房公积金专户内，由受委托银行计入职工住房公积金账户。

34. 住房公积金为什么采用单位代扣代缴这种缴存方式，具体如何办理

按规定缴存住房公积金是职工和单位应履行的义务。这种缴存行为

带有一定的强制性。应由职工缴存的住房公积金由单位代扣代缴，可以规范住房公积金的缴存行为，避免了职工缴存住房公积金的随意性，还可以免去职工每月自己缴存住房公积金的繁杂手续。单位在办妥职工住房公积金开户手续后，即可办理住房公积金的汇缴。住房公积金采取单位按月汇缴方式。单位在发放职工工资时，代为扣缴的职工个人的住房公积金，连同单位缴存的部分，在发放工资日后5日内，到受委托银行办理汇缴手续。

35. 职工发现所在单位未按规定缴存住房公积金怎么办

职工发现所在单位未按规定缴存住房公积金，可以向住房公积金管理部门举报。职工有权揭发、检举、控告挪用住房公积金的行为。

36. 职工如何了解自己的住房公积金缴存情况

职工有权了解自己的住房公积金缴存情况，因此，住房公积金管理中心应当为缴存住房公积金的职工发放缴存住房公积金的有效凭证。住房公积金管理中心为职工出具有效凭证，不仅可以将其与职工债权债务关系加以确定，而且还可以通过有效凭证的发放增强缴存住房公积金的透明度，调动职工关心、参与住房公积金制度的积极性，维护自身合法权益。具体包括：职工账户余额对账单和住房公积金存折或查询卡。住房公积金管理中心也可采用电信查询系统，方便职工查询住房公积金。

37. 住房公积金如何计息，利息收入归谁所有

住房公积金自存入职工住房公积金账户之日起，按照国家规定的利率计息。我国的住房公积金实行低利率政策，根据中国人民银行银发[1999]77号文件规定，职工个人住房公积金存款，当年归集的按结息日挂牌公告的活期存款利率计息，结息后转入上年结转户；上年结转的按结息日挂牌公告的3个月定期整存整取存款利率计息。住房公积金的结息日为每年的6月30日。

按有关部门规定，住房公积金利息收入不征收利息税。因为住房公积金是职工个人和职工所在单位为职工缴存的一笔长期住房储金，归职工个人所有，所以职工账户内的住房公积金存款利息是职工个人的法定收益，任何单位或个人都不允许侵占。

38. 单位为职工缴存的住房公积金如何列支

国务院《住房公积金管理条例》第二十三条规定，单位为职工缴存的住房公积金，按照下列规定列支：

（1）机关在预算中列支；

（2）事业单位由财政部门核定收支后，在预算或者费用中列支；

（3）企业在成本中列支。

39. 住房公积金管理中心对不建立住房公积金制度或欠缴、少缴公积金的单位有何制约

（1）单位不办理住房公积金缴存登记或不为本单位职工办理住房公积金账户设立手续的，由住房公积金管理中心责令限期办理；逾期不办理的，处1万元以上5万元以下的罚款；

（2）单位逾期不缴或者少缴住房公积金的，由住房公积金管理中心责令限期缴存；逾期仍不缴存的，可以申请人民法院强制执行；

（3）不建立住房公积金制度的单位的职工不能申请住房公积金贷款。

40. 归集住房公积金的受托银行应履行哪些义务

受托银行应履行以下义务：

（1）应当对职工住房公积金账户中的存储余额在每年6月30日结算利息，并且送交结算清单，告知职工缴存、提取住房公积金等情况；

（2）当职工向归集银行查询本人住房公积金账户或单位向归集银行查询本单位职工的住房公积金账户时，受托银行应当无偿受理；

（3）当职工及其所在单位发现住房公积金账户中的存储余额与实际情

况不符时，归集银行应当无偿受理他们的复核申请。

41. 进城务工人员、城镇个体工商户、自由职业人员可否申请缴存住房公积金

有条件的地方，城镇单位聘用进城务工人员，单位和职工可缴存住房公积金，城镇个体工商户、自由职业人员可申请缴存住房公积金。月缴存额的工资基数按照缴存人上一年度月平均纳税收入计算。在购买自住住房或者在户口所在地购建自住住房的，可以凭有效证明材料，提取本人及其配偶住房公积金账户内的存储余额，并可按规定申请住房公积金贷款。

42. 凡户口不在本地且在本地就业的职工能否缴存住房公积金

可以。住房公积金的建立以劳动工资关系所在单位为准，不以户籍为限，本地范围内农村户口职工以及外地户口职工，只要与本地单位建立了劳动关系，就应该建立并缴存住房公积金。外地户籍职工与本地单位中止劳动关系，并离开本地的，可以办理住房公积金转移手续。

43. 缴交住房公积金有哪些好处

好处一：单位给付住房工资。单位按职工工资的一定比例为职工缴存住房公积金，实质是以住房公积金的形式给职工增加了一部分住房工资，达到了促进住房分配机制转换的目的。在我国社会经济发展、住房建设发展以及房改推进力度等条件制约下，采取住房公积金的方式转换住房分配机制，与直接提高工资或增发住房补贴相比，经济效益和社会效益都会更好一些。单位为职工缴存的住房公积金相当于发给职工的住房工资，是国家和单位付给职工的劳动报酬，与其他合法所得一样，为职工个人所有。

好处二：免征所得税。同单位直接发给职工货币工资或住房补贴相比，单位为职工缴存的住房公积金可以作为单位成本在税前列支，不缴纳企业所得税，减少了企业的负担。职工每月获得的货币工资要依法纳税，但个人缴存的住房公积金，以及由此产生的住房公积金缴存利息，都免征

个人所得税。

好处三：支持职工购房。职工在购买、建造、翻建、大修自住住房时，可以申请使用住房公积金，增强了职工购建住房的能力。职工如果办理了住房公积金贷款且尚未结清，还可以在最后一次偿还住房公积金贷款时，一次性提取个人及配偶账户内的公积金余额冲抵贷款余额，减轻职工的还贷压力。

好处四：申请住房公积金贷款。职工如果按时足额缴存住房公积金且符合一定的申请条件后，在购买自住普通住房时，可以申请住房公积金贷款。住房公积金贷款利率要比同期住房商业性贷款利率低。据测算，利用住房公积金贷款购房个人所支付的利息，将比同等条件下利用商业银行个人住房贷款购房所支付的利息低20%左右，这充分体现了住房公积金政策性贷款的强大优势；同时，所需缴纳的公证费、保险费等均比住房商业性贷款要低。

好处五：改善退休职工的生活。住房公积金的个人所有权是限制性所有权，职工对住房公积金的使用须符合一定的使用条件。但是，职工离退休后不受使用方向的限制，职工可以在离退休后的第二个月一次性提取本人住房公积金账户内的本息余额。假设职工22岁开始工作，在缴存期间一直未使用住房公积金，平均每月缴存额￥100元，那么到该职工60岁退休时，可以一次性提取住房公积金4.56万元（利息另计）用于晚年生活需要。

第三节
住房公积金缴存的补缴和缓缴

1. 什么情况下要补缴住房公积金

单位职工在住房公积金汇缴后，因故未缴纳住房公积金时应进行补缴，另外，一部分职工提取住房公积金以后需要归还复缴时，也应通过补缴办法缴交住房公积金。

下列情况应补缴住房公积金：

新增加职工或调入职工未按时缴交住房公积金时，单位职工因故漏缴住房公积金时，职工提取住房公积金用于购房后，所购住房出售而将原动用的住房公积金重新复缴时，职工错提住房公积金后需要复缴时。

2. 单位如何为职工个人补缴住房公积金

单位因漏缴、少缴等原因为职工个人补缴住房公积金的，应将补缴金额填入《住房公积金个人补缴清册》，然后根据《住房公积金个人补缴清册》的补缴金额填写当月《住房公积金缴存汇总表》的本月补缴栏。单位当月应缴存住房公积金等于当月汇缴金额加上本月补缴金额。

3. 单位当月既有人员增减，又为职工个人补缴住房公积金，如何计算当月应缴存额

当月既有人员增减，又为职工个人补缴住房公积金，单位当月应缴存住房公积金等于上月汇缴金额加上本月增加汇缴金额，减去本月减少汇缴金额加上本月补缴金额。

4. 单位职工在哪些情况下应进行住房公积金的补缴

若发生以下情况之一者，应进行住房公积金的补缴：

(1) 新增加职工或调入职工未按时缴交住房公积金；

(2) 单位职工因故漏缴住房公积金；

(3) 职工用住房公积金购建住房出售后，而将原动用的住房公积金重新复缴时；

(4) 职工错提住房公积金后需要复缴；

(5) 职工工资增加或缴存比例上调未按时缴交住房公积金。

单位未按时按月汇缴住房公积金的，不在此列。

5. 单位如何办理住房公积金的补缴手续

单位发生如下情况之一的，应当办理住房公积金补缴：

(1) 新增加职工或调入职工未按时缴交住房公积金;

(2) 单位职工因故漏缴、欠缴、少缴住房公积金;

(3) 开户后补缴开户前的一定时期内的住房公积金;

(4) 缓缴补缴的;

(5) 其他原因。

办理补缴手续不对个人办理，由单位经办人员填写《住房公积金补交清册》和《住房公积金汇（补）缴书》（将“汇”字划去），并据此签发转账支票到委托银行经办网点办理补缴手续。

6. 单位撤销、破产或者解散的，欠缴职工的住房公积金如何处理

单位撤销、破产或者解散的，欠缴职工的住房公积金本息，比照所欠职工工资优先予以偿还。单位缓缴住房公积金后未补缴的缓缴部分，应视为欠缴的职工住房公积金。

7. 破产企业欠缴职工的住房公积金，在破产清算时要补缴吗

按照国办发（1996）35号文有关规定，破产企业自宣告破产之日起可停止缴存住房公积金，对于以前欠缴的职工住房公积金，要优先予以偿还。

8. 单位在什么情况下可以缓交公积金

对缴存住房公积金确有困难的单位，经本单位职代会或工会讨论通过，上级主管部门确认，住房公积金管理中心审核，住房公积金管理委员会批准，可以缓交住房公积金。

9. 哪些单位可以缓缴住房公积金

上一年度亏损且在岗职工上一年度月平均工资水平低于当年本地职工月平均工资水平的企业，可以申请缓缴住房公积金。缓缴住房公积金的期

限每次不超过一年。

10. 缓交期限内的住房公积金要补交吗

要补交。

11. 企业单位严重亏损且已停发职工工资可否申请缓缴

企业单位严重亏损且已停发职工工资，单位无售房款，经本单位职工代表大会或者工会讨论通过，并经住房公积金管理中心审核批准后，可以缓缴，待单位经济效益好转后，再补缴缓缴。

12. 严重亏损企业单位怎样办理住房公积金缓缴手续

严重亏损企业单位办理缓缴的具体程序如下：

（1）企业单位法人代表必须提出缓缴住房公积金的书面申请，由职工代表大会或职工大会审议通过，报上级主管部门批准同意；

（2）到住房公积金管理中心领取填写《住房公积金缓缴申请表》连同单位书面申请、主管部门批复，财务年度或季度报表等有关文件，报市住房公积金管理中心，经审查同意后，方可办理缓缴手续。

第四节
住房公积金缴存比例的确定

1. 住房公积金的缴存比例如何确定

缴存比例 = 单位缴存比例 + 个人缴存比例

（1）单位缴存比例。

财政供给的行政、事业单位的住房公积金缴存比例，国家规定最底按

5%计算，最高按12%计算。财政供给外的自收自支事业单位和国有、集体、外商投资及私营企业亦可参照执行，经济条件好的单位，单位缴存比例经批准，可适当提高。

每个单位只能有一个“单位缴存比例”，不可按照不同的“单位缴存比例”为职工缴存住房公积金。

（2）个人缴存比例。

个人缴存比例不得低于单位缴存比例，一般与单位缴存比例相同。

职工不可单方缴存或不缴存公积金，如所在单位不缴存住房公积金，可依据《住房公积金管理条例》追究单位的法律责任。

2. 职工和单位住房公积金的缴存比例如何规定

国务院《住房公积金管理条例》第十八条规定：职工和单位住房公积金的缴存比例均不得低于职工上一年度月平均工资的5%；有条件的城市，可以适当提高缴存比例。具体缴存比例由住房公积金管理委员会拟订，经本级人民政府审核后，报省、自治区、直辖市人民政府批准。

建设部、财政部、中国人民银行（建金管［2005］5号）《关于住房公积金管理若干具体问题的指导意见》要求，设区城市（含地、州、盟，下同）应当结合当地经济、社会发展情况，统筹兼顾各方面承受能力，严格按照《条例》规定程序，合理确定住房公积金缴存比例。单位和职工缴存比例不应低于5%，原则上不高于12%。采取提高单位住房公积金缴存比例方式发放职工住房补贴的，应当在个人账户中予以注明。未按照规定程序报省、自治区、直辖市人民政府批准的住房公积金缴存比例，应予以纠正。

3. 职工工资总额如何构成

（1）行政、事业单位职工的工资总额：

① 国家规定的基本工资，包括机关人员的基础工资、职务工资、级别工资、工龄工资，机关工人的岗位（技术等级）工资与国家规定比例的奖金，事业单位工作人员的固定工资与国家规定比例的津贴，各类学校

毕业生见习期间的临时待遇；

② 国家和省批准发放的各种工资性津贴、补贴，包括各项岗位津贴、价格补贴、地区性补贴、冬季取暖补贴、职工上下班交通费补贴等；

③ 其他发给在职员工的属于国家规定工资总额组成范围内的各种津贴、补贴、奖金。

（2）企业单位职工的工资总额包括：

① 计时工资；

② 计件工资；

③ 奖金；

④ 津贴和补贴；

⑤ 加班加点工资；

⑥ 特殊情况下支付的工资。

4. 哪些单位可以提高住房公积金缴存比例

依法足额缴纳税款的企业和有自有资金来源的行政事业单位经职工大会或职工代表大会（工会）讨论通过可以提高住房公积金缴存比例。

5. 单位申请提高住房公积金缴存比例应携带哪些资料

（1）《单位提高住房公积金缴存比例申请表》一式二份；

（2）上一会计结算年度《财务决算报表》或《损益表》、《资产负债表》一份，并加盖单位公章；

（3）《财务报表》中反映单位欠税的，需提供补足税款的完税证明及复印件一份。

6. 单位经济效益好，住房公积金缴存比例可否上调

单位经济效益好，可报经住房公积金管理中心审核，待住房公积金管理委员会批准后，适当提高住房公积金缴存比例，但最高不得超过12%。

7. 单位如何办理提高住房公积金缴存比例的手续

单位需上调住房公积金缴存比例的，应当由本单位职工代表大会或工会讨论通过，向住房公积金管理中心报送《关于调整住房公积金缴存比例的请示》，其内容应明确调整时间、调整后的缴存比例。同时填报《单位提高住房公积金缴存比例申请表》，提供单位上一会计结算年度《财务决算报表》或《损益表》、《资产负债表》，如《财务报表》中反映单位欠税的，需提供补足税款的完税证明。经住房公积金管理中心审核后，报住房公积金管理委员会下达批复，单位持此批复到经办网点办理住房公积金缴存比例变更手续。

8. 哪些单位可以降低住房公积金缴存比例

上一年度亏损且在岗职工上一年度月平均工资水平低于当年本地职工月平均工资水平的60%的企业，可以按规定申请降低欠缴年度的住房公积金缴存比例。降低住房公积金缴存比例的期限为每次一年。

9. 单位申请降低住房公积金缴存比例应携带哪些资料

(1)《单位降低住房公积金缴存比例（缓缴住房公积金）申请表》一式二份。

(2) 上年度《损益表》、《资产负债表》、《劳动工资统计年报超级汇总基层表》各一份，并加盖单位公章。

10. 单位如何办理提高或降低住房公积金缴存比例、缓缴住房公积金、设定缴存基数上限审批手续

办理程序：

(1) 单位职工代表大会或职代会讨论通过，填写申请表；

(2) 单位经办人携带所需资料到所在地住房公积金管理中心提出申

请，住房公积金管理中心出具受理凭证；

（3）申请通过审核后，单位经办人到住房公积金管理中心领取审核后的申请表。

11. 确有困难的单位如何办理降低缴存比例或缓缴住房公积金手续

单位应当按时、足额缴存住房公积金，不得逾期缴存或者少缴。

对缴存住房公积金确有困难的单位，经本单位职工代表大会或者工会讨论通过，并经住房公积金管理中心审核，报住房公积金管理委员会批准后，可以降低缴存比例或者缓缴；待单位经济效益好转后，再提高缴存比例或者补缴缓缴。

单位申请降低住房公积金缴存比例或缓缴住房公积金的，应携带以下资料到住房公积金管理中心办理：

(1)《单位降低住房公积金缴存比例（缓缴住房公积金）申请表》；

(2) 上两个会计结算年度《财务报表》；

(3) 上一年度《劳动工资统计年报超级汇总基层表》。

第五节
住房公积金缴存额的确定和调整

1. 住房公积金的缴存基数如何确定

住房公积金缴存基数为职工本人上年度月平均工资总额。

职工月平均工资总额＝职工本人年工资总额÷实际发放工资月数

2. 职工月平均工资总额计算口径的依据是什么

职工月平均工资总额按国家统计局关于职工工资总额组成部分的规定

计算，具体由计时工资、计件工资、奖金、津贴和补贴、加班加点工资、特殊情况下支付的工资等六个部分组成。

财政供给人员的月平均工资总额暂时按国家规定应发的工资（基本工资+政策性补贴）的口径计算。

3. 单位是否可以设定缴存基数上限

单位可以设定住房公积金缴存基数上限。设定缴存基数上限后，单位职工住房公积金缴存基数高于上限的，以单位设定的上限作为该职工住房公积金缴存基数。

4. 单位申请设定住房公积金缴存基数上限应携带什么资料

《单位设定住房公积金缴存基数上限申请表》一式二份。

5. 单位新录用、新调入职工的住房公积金缴存基数如何确定

新录用和新调入职工住房公积金缴存基数，是职工本人当月工资。

6. 住房公积金缴存额何时进行调整

以下两种情况单位需办理住房公积金缴存额调整：

(1) 住房公积金缴存比例及缴存基数的调整年度为当年的7月1日至下一年的6月30日。一般每年7月份住房公积金管理部门下发住房公积金缴存额调整政策，进行缴存额调整，单位缴存每年6月份住房公积金后，应按当年政策调整住房公积金月应缴额。

(2) 欠缴住房公积金单位申请降低住房公积金缴存比例后补缴住房公积金的，在按降低缴存比例缴存住房公积金之前也要办理缴存额调整手续，调整住房公积金月应缴额。

7. 怎样调整住房公积金缴存额

（1）行政、企业、事业单位均执行国务院《住房公积金管理条例》关于核定住房公积金缴存额度的规定，每年按上年职工的月均工资总额乘以新确定的住房公积金缴存比例，核定当年的住房公积金月缴存额。新参加工作的职工当年的月缴存额为：新职工参加工作的第二个月的工资乘以住房公积金缴存比例。

（2）住房公积金缴存单位每年 7 月 1 日前自动按上年的职工月均工资总额调整当年的职工住房公积金缴存额。

（3）年月均工资收入超过本单位上年月人均工资 2 倍或 3 倍以上的职工，其单位和本人的住房公积金缴存额分别按本单位上年月人均工资的 2 倍或 3 倍乘以缴存比例计算。

8. 单位应如何进行住房公积金汇缴基数的调整

（1）单位在 6 月 30 日前到经办网点领取并填写《住房公积金汇缴调整清册》和《住房公积金缴存（调整）登记表》后，到经办网点办理基数调整手续；

（2）经办网点接到单位送来的《住房公积金汇缴调整清册》后，在 7 月 1 日前将《住房公积金汇缴调整清册》的有关内容录入计算机，由计算机生成并打印带有单位及职工账号的《住房公积金基数核对清册》，与单位进行核对；

（3）经办网点将《住房公积金汇缴调整清册》退还一份给单位；

（4）单位按调整后的月应缴额缴存住房公积金。

9. 单位办理住房公积金缴存额调整应携带哪些资料

（1）《住房公积金汇缴调整清册》一式三份；

（2）《住房公积金缴存（调整）登记表》一式二份；

（3）单位职工住房公积金缴存基数按基本生活费计算的，还需提供职代会决议一份。

10. 职工工资变动住房公积金缴存额何时调整

按规定，职工住房公积金缴存额是以其上一年度的月平均工资作为计算住房公积金的工资基数的，而住房公积金的归集年度，是从每年的7月1日到下一年的6月30日。在7月1日至下一年的6月30日期间发生工作调动，影响到工资变化的，将在下一年度住房公积金缴存基数调整时再作调整。因此，在住房公积金归集年度内，职工工资变动，其住房公积金缴存额不作调整。

11. 住房公积金的归集年度如何确定

所谓年度，一般都指自然年度，即每年的1月1日至当年的12月31日。但住房公积金的归集年度是指自每年的7月1日至下一年的6月30日。之所以这样规定，主要考虑到计算职工住房公积金的缴存金额是依据职工上一年度月平均工资收入乘以职工和单位的缴存比例之后确定的。而职工上一年度月平均工资收入往往在每年的二、三月份才能统计出来，如果住房公积金采用自然年度的话，那么，每年的一、二月份，职工的仹房公积金会因其上一年度月平均工资收入没有统计出来而无法缴存。

12. 单位和职工住房公积金的月缴存额如何确定

（1）职工住房公积金的月缴存额为职工本人上一年度月平均工资乘以职工住房公积金缴存比例。

（2）单位为职工缴存的住房公积金的月缴存额为职工本人上一年度月平均工资乘以单位住房公积金缴存比例。

13. 住房公积金的月缴存额如何计算

住房公积金的月缴存额计算公式：

住房公积金月缴存额 = 单位月缴存额 + 职工月缴存额

= 缴存基数 × 单位缴存比例

+ 缴存基数 × 个人缴存比例

14. 住房公积金月缴存额如何核定

住房公积金月缴存额并非随着工资额增减按月浮动，只能每年核定一次。

15. 新参加工作和新调入的职工住房公积金的月缴存额如何确定

新参加工作的职工从参加工作的第二个月开始缴存住房公积金，月缴存额为职工本人当月工资乘以职工住房公积金缴存比例。

单位新调入的职工从调入单位发放工资之日起缴存住房公积金，月缴存额为职工本人当月工资乘以职工住房公积金缴存比例。

16. 职工个人上一年度月均工资如何计算

职工个人上一年度月均工资计算公式：

上一年度月均工资 = 个人上年工资总额 ÷12。

17. 缴存住房公积金的月工资基数如何确定

缴存住房公积金的月工资基数，原则上不应超过职工工作地所在设区城市统计部门公布的上一年度职工月平均工资的 2 倍或 3 倍。具体标准由各地根据实际情况确定。职工月平均工资应按国家统计局规定列入工资总额统计的项目计算。

18. 单位新调入职工住房公积金月缴存额如何确定

单位新调入的职工从调入单位发放工资之日起缴存住房公积金，月缴存额为职工本人当月工资乘以职工住房公积金缴存比例。

第六节
住房公积金缴存的变更和注销登记

1. 单位在什么情况下应办理住房公积金变更登记

单位名称、地址、职工姓名等缴存登记信息发生变更或登记有误的，单位应发生变更或发现错误之日起 30 日内办理住房公积金变更登记。

2. 单位办理住房公积金变更登记应携带哪些资料

（1）单位登记信息变更的，提供《住房公积金单位信息变更登记表》一式三份；

（2）职工个人登记信息变更的，提供《住房公积金职工个人信息变更登记表》一式三份；

（3）变更证明材料：单位名称发生变更的，须提供单位名称变更的批准文件或新的营业执照副本及复印件一份；职工姓名发生变更的，须提供职工本人身份证和姓名变更后的户口簿及复印件一份；职工姓名登记错误要求更正的，须提供单位证明和职工本人身份证及复印件一份。

3. 单位如何办理住房公积金变更登记

（1）单位经办人填写《住房公积金变更登记表》。

（2）单位经办人持所需资料到所在地住房公积金管理中心办理变更登记。住房公积金管理中心办理变更登记手续后，受托银行同时变更账户信息。

4. 单位与职工终止劳动关系的何时办理住房公积金账户变更手续

单位与职工终止劳动关系的，单位应当自劳动关系终止之日起 30 日内到住房公积金管理中心办理变更登记，并持住房公积金管理中心的审核文件，到受委托银行办理职工住房公积金账户转移或者封存手续。

5. 缴存住房公积金的单位名称、地址发生变更的，应办理哪些手续

单位名称、地址发生变更的，原单位应当自发生变更之日起 30 日内到当地住房公积金管理中心办理变更登记，并持经“中心”审核的《单位住房公积金缴存情况变更登记表》到受托银行办理相关手续。

6. 单位在什么情况下应办理住房公积金注销登记

单位撤销、破产或者解散的，原单位（或者清算组织）应自发生上述情况之日起 30 日内办理注销登记。

7. 单位在办理注销登记前应做哪些工作

单位（或清算组织）办理注销登记前，应按以下要求将职工个人住房公积金账户清理完毕：

（1）符合住房公积金销户提取条件的职工，通知职工办理提取手续；

（2）有接收单位的职工，为职工办理转移手续；

（3）职工无接收单位且不符合销户提取条件的，通知职工将个人住房公积金账户转移至集中封存户。

8. 单位办理住房公积金注销登记应携带哪些资料

（1）《住房公积金注销登记表》一式三份；

（2）单位撤销证明文件：行政事业单位被撤销的，应报送上级部门批准文件原件及复印件一份；企业正在破产清算的，应报送人民法院破产裁定原件及复印件一份；企业因其他原因拟注销工商登记的，提供公司依照《公司法》做出的注销决议或决定或上级部门批准撤销文件或工商管理部门责令关闭文件原件及复印件一份。

9. 单位如何办理住房公积金注销登记

（1）单位经办人填写《住房公积金注销登记表》；

（2）单位经办人持所需资料到所在地住房公积金管理中心办理注销登记。住房公积金管理中心办理注销登记手续后，受托银行同时注销单位住房公积金账户。

第七节
住房公积金缴存的转移和封存

1. 什么情况下需要办理职工住房公积金账户的转移或封存手续

（1）单位与职工终止劳动关系的，单位应自劳动关系终止之日起 30 日内到受委托银行办理职工住房公积金账户封存或者转移手续。职工有新单位接收的，将职工住房公积金账户转移到新单位；无新单位接收的，职工住房公积金账户暂时封存在原单位。

（2）职工变动工作单位时，其名下的住房公积金本息由原单位在办理工资关系转移时，转入新调入单位名下的住房公积金户名。

（3）职工因故脱离工作单位，中断工资关系时，其名下的住房公积金本息应封存在原单位名下的住房公积金户名内。

（4）职工恢复工作时，如在原单位发工资的，继续在原单位缴存住房公积金，由原单位到开户银行为该职工办理住房公积金账户启封手续；如变动单位，则办理住房公积金转移手续。

2. 如何办理异地转移手续

本人应带住房公积金卡、身份证、新单位录用通知书（劳动合同或调动证明）、转入当地住房公积金管理机构公积金存款户账号和单位公积金代码，到原住房公积金管理中心申请办理异地转移；原住房公积金管理中心审核同意后，留材料复印件，打印提款凭证（注明“异地转移”）；本人凭上述资料及提款凭证到经办银行办异地转移；经办银行先做销户，再用电汇（或其他方式）把其住房公积金总额（含利息）转至异地指定账户。

3. 职工工作调动办理住房公积金转移应携带哪些材料

(1)《住房公积金转移通知书》一式三份；

(2) 单位职工集体调入同一单位的，提供《住房公积金集体转移清册》一式三份；

(3) 单位经办人或职工本人身份证及复印件一份。

4. 单位或职工如何办理住房公积金转移

(1) 单位或职工到原单位或到集中封存户所在地住房公积金管理中心开具《住房公积金转移通知书》。

(2) 单位或职工到所在地住房公积金管理中心办理转移手续。住房公积金管理中心审核后，受托银行将职工住房公积金余额转入新账户。

5. 职工工作发生变动，如何办理个人住房公积金转移手续

当职工工作变动时，其个人账户内的住房公积金本息应转入新调入的单位职工公积金账户下。

具体方法是：

(1) 调出单位根据调入单位公积金缴存银行的账号，填写《住房公积金转移凭证》送经办银行；

(2) 调出单位经办银行收到《公积金转移凭证》，核对无误后办理转出手续；

(3) 调入单位经办银行接收《公积金转移凭证》并办理转入手续；

(4) 调入单位、调出单位分别办理“变更清册”的记账手续。

6. 单位或职工在什么情况下应办理个人住房公积金账户转移

有下列情形之一的，原单位或职工应办理个人住房公积金转移：

(1) 职工在本市范围内调动工作的；

(2) 单位合并、分立的；

(3) 单位撤销、破产、解散，职工与新就业单位重新建立劳动关系的；

(4) 需进入集中封存户管理的。

7. 加入外企的员工，在原单位的住房公积金该如何转移

加入外企的员工，只要所在外企开立了住房公积金户，就可将在原单位的住房公积金转到外企的住房公积金账户上。具体操作方式是：由职工所在外企住房公积金缴存单位给职工的原单位开出一张转移说明（写明新的住房公积金户的单位账号、个人编号、所属住房公积金管理中心及银行账号等情况），将此件交给原住房公积金户的缴存单位，原单位会按转移说明中的账户情况做住房公积金的转移手续。

8. 单位与职工终止劳动关系的，应何时为其办理住房公积金账户转移手续

单位与职工终止劳动关系的，单位应当自劳动关系终止之日起 30 日内到经办网点办理职工住房公积金账户转移手续。

9. 什么是住房公积金账户封存

住房公积金账户封存是指职工因各种原因致使住房公积金缴存中断，其住房公积金账户无法转移且又不符合销户条件时所处的一种状态。封存的住房公积金账户为封存户。

封存分为两种：一种是单位内部封存，一种是集中封存。

（1）单位内部封存是指职工在离退休之前与单位中止工资关系（人事劳动关系仍在原单位）并不再缴存住房公积金的，单位应当在中止工资关系之日起30日内，到经办银行办理职工个人住房公积金账户的封存手续，把职工个人住房公积金账户封存在单位住房公积金账户中。下岗职工经单位职工代表大会批准，征得职工本人同意后停止缴存住房公积金的，也应办理封存手续，并将其封存在单位账户内。职工与单位恢复工资关系的，单位应当在恢复工资关系之日起30日内，到经办银行办理职工个人住房公积金账户的启封手续，启封后，单位应为该职工继续缴存住房公积金。

（2）集中封存是指职工在离退休之前，由于辞职、被解聘、开除等原因与单位终止劳动关系，且不符合支取条件的职工，原单位需在30日内将该职工结余的住房公积金，转到住房公积金集中封存账户（以下简称集中封存户）统一封存管理。职工重新就业与新单位建立劳动关系的职工应到集中封存的经办行办理启封手续，并将住房公积金转入到新单位。

10. 职工住房公积金封存期间可办理支取手续吗

职工住房公积金封存期间，凡符合提取规定的，仍由单位开出《支取申请单》，到住房公积金管理中心办理支取手续。

11. 职工住房公积金账户被封存的原因有哪些

职工住房公积金账户被封存主要有以下几个原因：

（1）单位变更或终止（合并、分立、撤销、解散、破产）时，无法办理职工住房公积金账户转移手续的；

（2）职工合同期满，不再延期或合同期内被解聘，未在其他单位就业的；

（3）职工辞职或被单位辞退、除名，未在其他单位就业的；

（4）职工被判刑、劳教的；

（5）职工进再就业中心，原单位已关闭或停产的；

（6）职工停薪留职或职工与单位协议保留社会保障关系的；

（7）职工因其他情况中断工资收入，并经本人申请的。

发生上述七种情形之一的，单位应当在情形发生之日起 30 天内为职工办理住房公积金账户封存手续。

12. 封存账户的职工在重新就业时如何办理账户转移手续

封存账户的职工在进行重新就业等需要继续缴存住房公积金时，应由调入单位开出《职工住房公积金转移通知书》，并填写职工住房公积金账号，送入调入单位住房公积金缴存经办银行，由调入单位经办银行办理职工住房公积金账户转移手续。也可以由职工本人持新就业单位录用证明、单位住房公积金账号和本人身份证到住房公积金管理中心办理转移手续。

单位内部封存的职工如与单位终止劳动关系并被新单位录用要继续缴存住房公积金时，由原单位开出《职工住房公积金转移通知书》到缴存经办银行办理转移手续。

13. 职工转入集中封存户应携带哪些资料

（1）《住房公积金转移通知书》一式三份。

（2）职工本人身份证及复印件一份。

14. 集中封存户内职工转入就业单位，应携带哪些资料办理转移

（1）接收单位证明一份（接收单位证明须写明接收单位名称及单位

住房公积金账号，加盖接收单位公章）；

（2）职工本人身份证及复印件一份；

（3）职工本人住房公积金储蓄卡。

15. 什么叫住房公积金账户的启封

住房公积金账户的启封是指恢复原封存的住房公积金账户的行为。住房公积金账户被封存的职工重新就业或者与原单位恢复工资关系时，职工及其所在的单位应按规定缴存住房公积金。职工恢复缴存住房公积金时，其住房公积金账户恢复正常状态。

16. 什么情况下办理住房公积金的封存手续

属于下列情况之一的单位应办理住房公积金账户封存手续：

（1）被兼并或破产企业的职工未与新单位签订劳动合同的；

（2）职工所在单位撤销的；

（3）职工逾期一年未归、单位提出封存管理的；

（4）职工与单位解除劳动合同、未重新上岗的；

（5）职工辞职或被单位辞退、开除、未重新上岗工作的；

（6）职工办理住房公积金质押贷款及为他人提供质押担保的；

（7）职工提前内部休养的；

（8）职工在服刑、劳教期间的；

（9）经批准缓缴住房公积金的单位在批准缓缴期限内的；

（10）其他原因需要封存的。

单位办理住房公积金封存手续时，到住房公积金管理机构领取并填写《住房公积金封存申请表》，携带相关证明材料，经审批后，办理住房公积金封存手续。

17. 单位如何办理住房公积金启封手续

单位办理住房公积金启封手续时，到住房公积金管理机构领取并填写《住房公积金启封申请表》，携带相关证明资料，经审批后，办理职工住房公积金启封手续，并领取和填写《住房公积金汇缴清册》，经审批后，办理职工住房公积金缴存手续。

18. 单位应为哪些职工办理个人住房公积金账户的内部封存

职工在离休、退休之前，与单位中止工资关系但仍保留劳动关系的，单位应为该职工办理住房公积金内部封存手续，被封存公积金账户及余额仍然保留在单位公积金账户内。

19. 职工与原单位解除劳动合同后，其个人账户内的住房公积金如何处理

职工尚未达到退休年龄，与所在单位终止了劳动关系，或原单位破产、撤销、注销，暂无新的接收、就业单位的，其住房公积金账户及账户内的本息余额转到住房公积金管理中心设立的集中封存户内封存。

单位经办人员应持职工与单位脱离劳动关系的相关证明材料和职工身份证复印件，到经办银行为职工办理住房公积金账户的集中封存手续，经办银行审核后签发《职工住房公积金封存凭证》，由单位转交职工本人签收。封存满二年后仍未重新就业的，办理提取、销户。以后重新就业的，另行开户缴存住房公积金，按新参加工作的职工享受住房公积金待遇。

20. 集中封存户内的职工，在何种情况下应办理住房公积金转移手续

集中封存户内的职工与新就业单位重新建立劳动关系的，应办理住房公积金转移手续。

21. 集中封存户内的职工如何提取住房公积金

集中封存满二年且未重新就业的，可凭《住房公积金封存凭证》、本人身份证原件直接到住房公积金经办银行办理提取手续。

22. 缴存住房公积金的单位撤销、破产或者解散的，应办理哪些手续

单位合并、分立、撤销、解散或者破产的，应当自发生上述情况之日起30日内由原单位或者清算组织到住房公积金管理中心办理变更登记或者注销登记，并自办妥变更登记或者注销登记之日起20日内持住房公积金管理中心的审核文件，到受委托银行为本单位职工办理住房公积金账户转移或者封存手续。

23. 托管住房公积金的条件和对象是什么

已封存的个人住房公积金账户，且职工所在单位撤消、解散、破产或与单位终止劳动合同的；住房公积金从外地转入但尚未落实工作单位或虽已落实工作单位但调入单位未开立住房公积金账户的，均可进入住房公积金管理机构的托管户管理。无职工身份证号码的个人住房公积金账户不得进入托管户。

24. 托管住房公积金手续怎样办理

原单位自撤消、解散、破产或终止劳动合同发生之日30日内，持有关批文证明、盖有公章的托管申请表、并附托管职工本人身份证复印件，向住房公积金管理机构提出托管申请；如无单位办理托管手续的，职工可持本人身份证及复印件、住房公积金卡、托管申请表，直接向住房公积金管理机构提出托管申请。住房公积金管理机构受理申请后，应查验相关材料、核对职工身份证号码，对符合条件的给予办理托管入户手续。

25. 托管期间住房公积金如何提取与转移

托管期间如职工符合住房公积金提取条件的，或与单位恢复劳动关

系、重新就业的，由本人申请，住房公积金管理机构审核后，给予办理住房公积金提取或个人账户转移手续。托管的个人住房公积金账户在大市范围内转移的，须经转出地的住房公积金管理机构审核，再由承办银行办理转移手续，转入地的住房公积金管理机构应为职工核发住房公积金卡。

第八节 住房公积金缴存的对账与查询

1. 住房公积金如何对账与查询

单位住房公积金账户可以定期或不定期对账。定期对账于每年6约30日和12月31日。不定期对账由单位取回住房公积金管理中心或委托银行经办网点打印的对账单逐笔勾对。职工个人住房公积金存款账户的对账，在每年6月30日结息后，单位取回个人对账单发给职工。无论是单位还是职工个人，如果对住房公积金有异议，可以向住房公积金管理中心或委托银行经办网点进行查询与核对。

2. 如何核对住房公积金账户

住房公积金的对账分为住房公积金管理部门与受托银行账户余额的核对、住房公积金管理部门与住房公积金缴存单位的账务核对以及职工个人贷款余额的核对。

(1) 住房公积金管理部门在每个月末通过银行对账单与受托银行核对住房公积金本金户、利息户和基金户的余额，如有未达账项，必须编制银行存款余额调节表，并及时与银行核对。

(2) 住房公积金管理部门定期与缴存单位核对单位住房公积金存款余额，每年对账一次。

(3) 住房公积金贷款受托银行应根据借款人的需要，随时提供核对贷款本息余额的服务。

职工如对个人住房公积金存、贷款余额有异议的，可以向受托银行和住房公积金管理部门申请复核，住房公积金管理部门或受托银行在收到复核申请之日起5个工作日内给予书面答复。

3. 职工住房公积金如何查询

目前职工可以选择以下方式进行查询：

（1）职工携带本人身份证（代办的还需要代办人的身份证）到住房公积金管理中心营业窗口查询；

（2）通过住房公积金管理中心在营业厅设立的查询机进行查询；

（3）通过拨打电话查询；

（4）通过住房公积金管理中心发放的缴存凭证进行查询。

4. 单位应如何与经办网点进行住房公积金对账

单位在季末后到住房公积金经办网点按季领取住房公积金单位账户对账通知单与单位进行住房公积金单位总账目的核对。

5. 单位职工个人应如何进行住房公积金对账

（1）职工可随时用“住房公积金卡”到经办网点查询本人的住房公积金缴存情况，每月打印一次余额对账单；

（2）在每年6月30日后，由经办网点按年打印出《（　）年度职工公积金存款年度结息单》给单位，由单位与职工个人进行对账。

6. 住房公积金卡怎样设置密码

住房公积金卡设置密码原则上由本人办理。如有特殊情况的，可委托代办人（必须是直系亲属）代为设置密码，代办人应持委托人身份证、住房公积金卡、直系亲属关系证明、代办人本人身份证并在住房公积金管理机构办理登记手续。

7. 住房公积金卡密码遗忘如何办理挂失

应持本人身份证、住房公积金卡到住房公积金管理中心办理密码挂失手续。住房公积金管理机构核对无误后，恢复其初始密码，再由职工本人当场重新设置密码。

8. 职工的住房公积金卡姓名与本人身份证姓名不符时应如何进行更正

住房公积金卡姓名与本人身份证姓名不符的，职工应持原卡、本人身份证和所在单位出具的书面证明，到住房公积金管理机构办理更正手续，换领新卡，交回原卡。

9. 住房公积金卡遗失后如何补办新卡

住房公积金卡发生遗失等情况的，职工应持本人身份证，到住房公积金管理机构办理住房公积金卡的挂失手续，填写《住房公积金卡挂失申请表》，住房公积金管理机构受理挂失后，冻结其账户。挂失后，职工须在本地报纸上登载挂失作废申明，见报后，凭本人身份证及登报资料及登报手续费凭证到住房公积金管埋机构补领新卡。

10. 住房公积金卡有哪些功能与作用

住房公积金卡是住房公积金管理中心发行的一种个人住房公积金磁卡，是一种方便、快捷的查询工具，也是保障缴存职工合法权益的有效凭证。其功能如下：

（1）持卡人可在本地住房公积金管理中心以及受理住房公积金业务的银行经办网点的查询机上，查询并打印本人住房公积金余额、利息、每月缴存时间及缴存金额等内容；

（2）在符合有关政策规定的情况下，凭本卡及有效申请，职工或其继承人、受遗赠人可以依法支取职工本人住房公积金账户中的部分或全部余额；

(3) 符合职工购房抵押委托贷款条件的职工，可凭本卡及住房公积金管理中心要求提供的有关文件，到受托承办住房公积金金融业务的银行，申请政策性购房抵押贷款；

(4) 住房公积金卡增强了职工缴存的透明度，调动了职工关心、参与和维护自身合法权益的积极性，有利于职工监督单位、经办银行及住房公积金管理中心推行规范化管理工作。

11. 单位和职工怎样申请办理住房公积金卡

凡缴存住房公积金的职工（包括暂时封存的），均可向所在单位申请住房公积金卡，由单位到住房公积金经办网点统一代职工办理。

住房公积金卡由当地住房公积金管理中心统一制作，并通过受托银行发放到缴存住房公积金单位，再由单位发放给职工本人。

单位办理住房公积金卡，除由职工支付工本费外，不再收取任何附加费用。

12. 住房公积金卡的保管有哪些要求

住房公积金卡的保管要注意：

(1) 本卡可长期使用，无需换卡。持卡人应妥善保管，保护好卡片和磁条，防止卡片被刮伤，卡片磁条不能接近磁性物质；

(2) 卡片被损坏或磁条损磁，本人应及时持身份证到领卡银行登记重新写磁或重新制卡。

(3) 若卡片遗失，应及时重新申请办理补发手续。

职工按有关规定经住房公积金管理中心审核同意后，在住房公积金缴存银行经办网点办理销户支取时，应交回职工个人的住房公积金卡。

13. 住房公积金查询形式有几种

职工可按如下九种形式查询：

（1）电话查询：职工通过查询电话，可随时查询本人的住房公积金缴存情况及相关政策解答；

（2）网上查询：职工根据当地住房公积金管理中心的网址上网查询；

（3）声讯查询：职工可以在全天 24 小时拨打住房公积金管理机构住房公积金专用声讯查询电话；

（4）短信查询：职工可以根据当地住房公积金管理中心提供的短信平台用手机查询；

（5）磁卡查询：职工使用住房公积金卡在查询机上查询本人的住房公积金缴存情况；

（6）触摸屏查询：职工可以到当地住房公积金管理中心或委托银行提供的触摸屏上查询；

（7）职工个人住房公积金结息对账单查询：每年 6 月 30 日给职工结息后，通过专用对账单与缴存单位职工对账，保证账账相符。住房公积金管理机构对职工个人住房公积金户计息，打印各单位明细单、利息结算单、对账回执单。

（8）财务查询：尚不具备电算化管理的住房公积金管理机构，提供账务查询服务。

（9）临柜查询：职工持有关证件到住房公积金管理机构业务大厅现场查询。

第四章

住房公积金提取

第一节 住房公积金提取范围

1. 什么是住房公积金提取

住房公积金提取是指住房公积金缴存人发生住房方面或政策允许的其他用途时，支取个人账户内的住房公积金。

2. 住房公积金提取依据是什么

住房公积金提取依据是国务院《住房公积金管理条例》和当地《住房公积金管理实施办法》，按其规定的条件，并提供相应的凭证及文件资料，由住房公积金管理中心按规定程序办理。保证住房公积金提取使用去向，充分发挥住房保障资金的作用，维护住房公积金持有人的合法权益。

3. 住房公积金提取有哪些条件

职工有下列情形之一的，可以提取职工住房公积金账户内的存储余额：

(1) 购买、建造、翻建、大修自住住房的；

(2) 离休、退休的；

(3) 完全丧失劳动能力，并与单位终止劳动关系的；

(4) 户口迁出本地或出境定居的；

(5) 偿还购房贷款本息的；

(6) 房租超出家庭工资收入的规定比例的；

(7) 职工死亡或被宣告死亡的。

依照前款第（2）、（3）、（4）项规定，提取职工住房公积金的，应当同时注销职工住房公积金账户。

4. 职工用于购买、建造、翻建、大修自住房提取住房公积金的具体条件是什么

职工购买、建造、翻建、大修自住住房中的“自住住房”是指提取住房公积金的职工居住其内，且对该房屋拥有所有权的住房，也就是说所购、建、大修住房的产权归职工所有。因此，对购买、建造、翻建、大修的房屋拥有所有权的家庭成员（包括配偶、父母、子女等）可以提取本人住房公积金账户内的存储余额。如果居住的房屋是承租的住房或只拥有使用权的住房，则不能提取住房公积金；如果是对住房不拥有所有权的家庭成员，也不能提取自己的住房公积金。

具体讲，购买住房是指职工买下住房，拥有所购住房的所有权，住房可以是商品房、安居房、经济适用住房、自住的公有住房、私产房；建造住房是指根据国务院批准的原城乡建设环境保护部发布的《城镇个人建造住宅管理办法》，经房地产管理机关、城市规划管理机关等部门批准建造的住房；翻建住房是指根据原城乡建设环境保护部批准试行《房屋修缮范围标准》，对住房全部拆除，另行设计、重新建造的住房；大修住房

是指根据原城乡建设环境保护部批准试行的《房屋修缮范围标准》，需要变动或拆换住房部分主体构件，但不需全部拆除的住房。

5. 职工能否提取其配偶的住房公积金

职工购买、建造、翻建、大修具有产权的自住住房及偿还购房贷款本息的，其配偶可以提取本人的住房公积金账户存储余额。在办理住房公积金提取手续时，除出具购、建房及偿还购房贷款本息的有关证明外，应提交结婚证或户口簿。其他情况下不予提取职工配偶住房公积金。

6. 职工在哪些情况下，将不予办理职工住房公积金的提取手续

（1）购买房屋使用权的；

（2）住房公积金缴存比例未达到当前规定比例的；

（3）未按时、足额缴存住房公积金，且未按有关规定办理相关手续的。

7. 提取住房公积金办结时间是多长

住房公积金管理中心应当自受理之日起3个工作日内做出准予或不准予提取的决定，符合规定准予提取的，通知受委托银行办理支付手续；不准予提取的，书面通知申请人，并说明理由。

8. 职工死亡或被宣告死亡后，其住房公积金储存余额如何处理

按照《住房公积金管理条例》规定：职工死亡或者被宣告死亡的，职工的继承人、受遗赠人可以提取职工住房公积金账户内的存储余额；无继承人也无受遗赠人的，职工住房公积金账户内的存储余额纳入住房公积金增值收益。

9. 职工家庭困难是否可提取本人住房公积金

职工符合下列条件的可销户提取本人住房公积金：

（1）完全丧失劳动能力，并与单位终止劳动关系的；

（2）女满40周岁男满50周岁下岗失业且住房公积金账户封存满二年的；

（3）低保对象且住房公积金账户封存满半年以上的。

10. 是否可以提取住房公积金用于购房首付款

各地住房公积金管理中心对此有不同的规定。一种是不可以。因为办理住房公积金提取时，应提供办理提取业务所需的购房合同及发票，确定提取人所发生的购房行为以及购房时所发生的房款金额，因此办理购房提取时应先提供购房发票再办理住房公积金提取。另一种是可以。职工提出申请并填写《住房公积金支取审批表》，由所在单位加具意见并盖章后，到住房公积金管理中心办理审批手续。同时携带购房合同，以及首付借款合同等，审批后，即可到住房公积金委托银行办理划款手续，银行会将该款项直接划到开发商的专用账户上。

11. 购买门面房（商业用房）能否提取个人的住房公积金

购买门面房（商业用房）不符合住房公积金提取的条件，不能提取住房公积金。

12. 提前退养的职工能否提取住房公积金

按照《住房公积金管理条例》规定，职工办理离退休的，可以提取住房公积金，并注销其住房公积金账户，但办理提前退养或内退的职工不能提取住房公积金。

13. 考取研究生能否提取本人住房公积金

这种类型分两种情况：一种情况是，职工考取了研究生，但户口并未迁出本市或考取的是本地院校的研究生，说明该职工还是本市职工，这种情况是不能提取住房公积金；第二种情况，职工考取了研究生，同时户口也迁出了本市，则可以提取本人住房公积金的存储余额，同时注销该职工的住房公积金账户。

14. 职工大修承租的住房或只拥有使用权的住房，可否提取住房公积金

根据国务院《住房公积金管理条例》的有关解释，大修自住住房才可提取住房公积金。“自住住房”是指提取住房公积金的职工居住其内且对该房屋拥有所有权的住房，即产权归职工所有。承租的住房或只拥有使用权的住房大修，不能提取住房公积金。

15. 大修的具体含义是什么

国务院《住房公积金管理条例》的有关解释，大修是指由当地房屋鉴定部门鉴定为危房，需要牵动或拆换住房部分主体构件，但不需要全部拆除住房。根据《住房公积金管理条例》规定，职工购买、建造、翻建、大修自住住房的，可以提取住房公积金。装修、装饰、中修、小修等行为都不可以提取。

16. 本地户口职工到外地工作，能否提取住房公积金

职工户口迁出本地的，可申请提取住房公积金账户内的存储余额。本地户口职工到外地工作，户口没有迁出的，不能提取住房公积金，可以将住房公积金转移到新的工作单位。

17. 职工购买、建造、翻建、大修房屋的，其家庭成员可否提取各自名下的住房公积金

根据国务院《住房公积金管理条例》的有关解释，对购买、建造、翻建、大修的房屋拥有所有权的家庭成员（包括配偶、父母、子女等）可以提取自己的住房公积金账户内的存储余额。对住房不拥有所有权的家庭成员，不能提取自己的住房公积金。

18. 哪些情况下职工提取住房公积金，其配偶可同时提取其本人的住房公积金

（1）购买、建造、翻建、大修自有住房的；

（2）偿还住房贷款本息的；

（3）购买直管公房租赁权的。

19. 职工提取住房公积金的额度如何确定

职工购买、建造、翻建、大修自有住房提取职工本人及其配偶的住房公积金余额，只能提取购房合同或协议签订当月之前（含当月）或建造、翻建、大修自有住房被批准当月之前（含当月）的住房公积金存储余额，且不得超过购买、建造、翻建、大修自有住房的费用。职工一次性偿还全部住房公积金贷款后，可凭贷款结清证明提取职工本人及其配偶的住房公积金余额，合计不得超过已偿还的住房贷款本息。

20. 提取住房公积金的时间和次数有什么要求

各地住房公积金管理中心对提取住房公积金的时间和次数有不同的要求，一般规定为一年一次，即每年 6 月 30 日住房公积金结息后提取。

有的住房公积金管理中心规定：

（1）采取一次性付款购买自住住房，每年可支取一次；至提取额达到实际支付的购房款；

（2）偿还购房贷款本息的，在还款期内提出申请，以后每半年提取一次，至提取的住房公积金总额达到实际支付的首期房款和已偿还贷款本息之和；

（3）建造、翻建、大修自住住房的，在批文有效期内提出申请，只能申请提取一次，且所提取的住房公积金总额不能超过建造、翻建、大修自住住房的费用；

（4）租房自住的，在租赁合同期内提出申请，以后每半年提取一次，至提取的住房公积金总额达到实际支付的房租。

21. 申请提取住房公积金有无时间、限额规定

有的住房公积金管理中心规定，若职工一次性付款购买自住住房的，需在支付房款后两年内提出申请，只能申请提取一次，且提取额度不得超过购房款；提取公积金用于偿还贷款本息的，要在还款期内提出申请，每满一年提取一次，提取额不得超过当年应还款付息额；建造、翻建、大修自住住房的职工，要在报建批文有效期内提出申请，只能申请提取一次，且所提取的住房公积金总额不能超过建造、翻建、大修自住住房的费用。职工提取公积金用作租房自住的，可在租赁合同期内提出申请，每满一年提取一次，至提取的住房公积金总额达到实际支付的房租。销户提取时，职工可以全额提取本人住房公积金账户内的本息余额，同时注销该职工的住房公积金账户。

22. 如何才能快捷地提取住房公积金

职工若想提取住房公积金更快捷、更方便，首先申请人要了解有哪些情况可以提取住房公积金，然后严格按照这些条件，确定自己是否符合提取条件。其次，符合提取条件的，要准备提取时所需相关资料。第三，了解公积金办理步骤，正确、清晰填写有关表格，主要是申请人姓名、身份证号、单位和个人住房公积金账号、公积金账户余额，代领人的姓名、身份证号等，然后按程序办理提取。这样就不会走弯路、多跑路，快速办理完公积金提取手续。

23. 怎样核定住房公积金提取的数额

（1）职工在购买、建造、翻建、大修住房时，经申请核准可提取的住房公积金数额为职工本人住房公积金账户内上一年度（住房公积金结息年度）结转的住房公积金本息金额。其中若大修工程核准的预（决）算金额小于本人上述住房公积金本息金额的，则按工程核准数提取。凡同一情形、同一套住房申请人只能提取一次，且购建房提取的有效时限为一年（一般以购建房发票或预付款收据日期计算为准）。

（2）职工离退休，完全丧失劳动能力且终止劳动关系，终止劳动关系未重新就业满 5 年，出国出境定居，户口迁出本地区，非本地区城镇户口与单位终止劳动关系以及在职职工死亡或被宣告死亡时，经申请核准提取的住房公积金数额为其本人住房公积金账户内的全部存储余额，并予以住房公积金账户销户处理。

（3）房租超过家庭工资收入规定比例时，经申请核准可提取的住房公积金数额为上一年度超过家庭工资收入 8% 比例部分的房租金额，提取时限为次年一季度内，每年只提取一次。

24. 住房公积金的提取方式如何

提取住房公积金需到职工住房公积金缴存开户的住房公积金管理中心委托银行进行办理，并提供职工身份证及复印件、个人储蓄卡到其所在单位开取《住房公积金提取申请书》，加盖单位预留印鉴并提供相应的提取材料。

为了方便缴存人和保证资金安全，目前住房公积金管理中心委托银行在受理提取住房公积金时，是将提取金额直接划付到缴存人的储蓄账户中。

25. 提取住房公积金是否要扣除利息税

提取住房公积金不需要扣除利息税。

26. 对于提取人有住房公积金贷款逾期的，在提取时有何特别规定

提取人有住房公积金贷款逾期的，住房公积金管理机构可根据贷款银行月初提供的户名冻结其账户，暂停提取住房公积金；待提取人恢复正常还贷，凭还贷凭证到住房公积金管理机构办理账户解冻手续后方可提取。

27. 身份证遗失应该如何办理住房公积金提取

（1）凭有效期内的临时身份证；

（2）凭公安部门出具的身份证明（上附本人照片）。

28. 哪些情况可以办理住房公积金销户支取

在下列情况下，可以办理销户支取：

（1）离退休；

（2）死亡；

（3）出境定居；

（4）完全丧失劳动能力并与单位终止劳动关系；

（5）在“中心”托管户托管期间从事个体经营（办理了个体工商营业执照）。

销户支取额为职工个人账户内的本息金额。

29. 哪些情况可以办理使用支取

职工正在发生住房消费（如购房、建房、危房大修等），需要付款给房地产开发商、还购房贷款本息、付相关税费时，可以办理使用支取，支取额为上一年度已结息金额（每年 6 月 30 日为结息日）。

（1）还购房贷款（含住房公积金贷款）：在贷款未还清前，每年由职工夫妻双方所在单位分别填写《职工购建房支取个人公积金申请表》，并

附住房贷款合同原件、还贷存折账号、结婚证原件，经住房公积金管理中心审核同意盖章后到住房公积金缴存银行办理转账支取手续（每次支取金额不超过一年的还贷总额）。

（2）一次性付款或分期付款购商品房：在房款未付清前，由职工夫妻双方所在单位分别填写《职工购建房支取个人公积金申请表》，并附购房合同原件、房地产开发商账号、结婚证原件，经住房公积金管理中心审核同意盖章后到住房公积金缴存银行办理转账支取手续。

（3）购买房改房和经济适用房：在房款未付清前，由职工夫妻双方所在单位分别填写《职工购建房支取个人公积金申请表》，并附单位证明和单位房改售房款专户账号，结婚证原件，经住房公积金管理中心审核同意盖章后到住房公积金缴存银行办理转账支取手续。

（4）购二手房：由职工夫妻双方所在单位分别填写《职工购建房支取个人公积金申请表》，并附买卖合同、房地产交易中心账号（或房屋买卖税费单据，个人储蓄存折账号）、结婚证原件，经住房公积金管理中心审核同意盖章后到住房公积金缴存银行办理转账支取手续。

（5）拆迁安置需补房款的：在房款未付清前，由职工夫妻双方所在单位分别填写《职工购建房支取个人公积金申请表》，并附拆迁合同原件、拆迁安置单位账号、结婚证原件，经住房公积金管理中心审核同意盖章后到住房公积金缴存银行办理转账支取手续。

（6）付购房相关税费：在房款未付清前，由职工夫妻双方所在单位分别填写《职工购建房支取个人公积金申请表》，并附税务、国土、产权等相关职能部门出具的收费单据、收款账号、结婚证原件，经住房公积金管理中心审核同意盖章后到住房公积金缴存银行办理转账支取手续。

（7）建房、危房大修：在房款未付清前，由职工夫妻双方所在单位分别填写《职工购建房支取个人公积金申请表》并附所在地建设行政主管部门的建房证明或大修（危房鉴定）证明、施工单位账号、结婚证原件，经住房公积金管理中心审核同意盖章后到住房公积金缴存银行办理转账支取手续。

30. 装修住房能否支取住房公积金

根据有关政策，装修住房不能支取住房公积金。

31. 住房公积金已封存，购房时可否支取

无论住房公积金是否封存，只要购买了住房，就可以凭统一的购房合同、购房发票、缴纳契税凭证，支取截至购房合同签订当月的住房公积金余额。

32. 符合什么条件的大修、开具什么样的证明才能提取住房公积金

大修是指需牵动或拆除部分主体和房屋设备，但不需全部拆除，一次费用在该建筑物同类结构新建造价 25% 以上的工程。主要适用于主体结构严重损坏，有倒塌或局部倒塌危险的房屋。提供规划管理部门（市、县、城区由规划局；乡镇由村镇办）核发的，在有效期内（一年）的房屋大修批准文件及复印件、大修房屋的《房屋所有权证》及复印件，就可以提取住房公积金。

33. 非本地户口职工与所在单位终止劳动关系的，可否支取住房公积金

按照有关规定，非本地户口职工，与所在单位终止劳动关系的，可申请支取本人名下住房公积金账户内的存储余额。

34. 住房公积金是职工自己的钱为什么不能随时支取

住房公积金是职工按规定存储起来的专项用于住房消费支出的个人住房互助储金。实行专户管理，专款专用。国务院《住房公积金管理条例》对住房公积金提取条件和程序等都做出了详细规定。

住房公积金的个人所有权是限制性所有权，职工对公积金的占用、使用、收益和处分四项权能的行使受到一定程度的限制。具体而言，住房公积金在未被提取前，职工并不能实际占有，而由所在单位缴存到住房公积金管理中心在受托银行设立的专户内统一管理，住房公积金应当专项用于

住房方面的支出，不能挪作他用，只有在符合规定的情况下才允许提取。

35. 住房公积金在使用方面有哪些限制

住房公积金应当用于职工购买、建造、翻建、大修自住住房，任何单位和个人不得挪作他用。住房公积金支出主要用于购买住房、建造住房等基本消费方面，而装修作为享受性支出则不在此列。住房中修、小修不在列支范围，主要是考虑到个人支付能力可以负担。职工无论购买或建造住房，目的都是为了自住，即解决自己住房问题的支出才能从住房公积金中支付，如为投资、增值或其他商业目的的住房支出，不能从住房公积金中支付。

36. 子女买房，可以支取父母的住房公积金吗

按《住房公积金管理条例》的规定，只有在职职工购买自住住房时才能提取。提取住房公积金的职工对该房屋拥有所有权，必须产权归该职工所有，如果子女购房，父母是房屋共有人的可以提取，否则不能提取。

37. 购买没有产权的房子能否支取住房公积金

购买没有产权的住房，不能支取住房公积金。只有购买居住其内且对该房屋拥有所有权的住房，也就是说产权归职工所有的自住住房，才能支取住房公积金。

38. 职工买房能否支取父母及配偶的住房公积金

对所购住房不拥有所有权的家庭成员，不能支取自己的住房公积金，因此，职工买房，不能支取父母的住房公积金。但是，夫妻双方作为产权的共有人，可以申请支取配偶的住房公积金，申请时必须书面材料证明夫妻关系（如结婚证或户口簿）。

39. 只带身份证复印件而没带原件，可以提取住房公积金吗

不能。为维护职工住房公积金权益，保障资金安全，防止骗支住房公积金行为，职工支取住房公积金时必须携带申请人身份证原件和复印件；如委托他人代办的，还应携带代办人的身份证原件和复印件。

40. 职工既有住房公积金贷款，又有商业性住房贷款，提取住房公积金优先偿还哪项贷款

为保障住房公积金贷款的资金安全，职工的住房公积金必须优先偿还住房公积金贷款，待还清后，才能偿还住房商业性住房贷款。

41. 如何核定住房公积金可提取的总额

(1) 购买自住住房的：

① 一手楼，按照购房合同中房屋的成交价金额；

② 二手楼，按照完税契证上的评估价金额；

③ 征地拆迁补偿面积，按照补偿协议中的付款金额。

(2) 偿还购房贷款本息：

① 等额本息还款：首期付款 + 每月供款额 × 供款月数；

② 等额本金还款：成交价 + 贷款金额 × 月利率 × (供款月数 + 1)/2。

利率变动引起供款额的变化，不调整已核定的提取总额。

(3) 租房：月租 × 租赁月数。

42. 住房公积金提取期限、额度如何规定

各地住房公积金管理中心对住房公积金提取期限、额度有不同的规定，一般提取期限、额度可参照以下规定：

(1) 职工购买或建造、翻建、大修自住住房的，可按规定提取住房公积金存储余额。一是未申请住房贷款的，提取余额截止到相应住房消费行

为发生后满一年；二是申请住房贷款的，提取余额截止到相应住房消费行为的当月；三是建造、翻建、大修自住住房的，提取余额截止到批准之日后满一年；四是提取的住房公积金存储余额，不得超过相应住房消费的实际支出总额。

（2）职工偿还自住住房贷款本息提取住房公积金的，自相应偿还贷款行为发生的次月起提取，用于偿还住房贷款本息，每满一年可以提取一次，提取的余额不得超过贷款人当年偿还贷款本息总额；如已办理贷款提前结清手续的则应在结清之日半年内提取住房公积金，但提取额度不得超过未偿还的贷款本息和。

（3）职工租赁自住住房的，每年可提取一次，每次提取的账户余额不超过当年实际支出的房租。

43. 提取住房公积金如何避开高峰期

每年 7 月开始，前来住房公积金管理中心，办理购建房提取住房公积金审核手续的职工都相当多。由于住房公积金管理中心现有的办公条件所限，审核人员较少，因而职工在集中办理手续时，就会有拥挤和排长队等候的情况出现。为此，提醒广大职工，尽量避开提取高峰期办理提取审核手续。实际上凡是符合提取条件的职工，尤其是提取住房公积金偿还住房贷款的职工，从当年 7 月 1 日起至次年 6 月 30 日都可办理提取审核手续，因此职工大可不必集中在 7—9 月前去办理，完全可以等到年底或第二年初，再去办理审核手续。

第二节
提取住房公积金的相关材料

1. 购买商品房提取住房公积金要出具哪些证明材料

购买商品房的职工，提取住房公积金需出具以下证明材料：

(1) 经产权部门登记有效的“商品房购房合同”原件、复印件；
(2) 购买住房首期付款发票或收据原件、复印件；
(3) 住房公积金缴存余额；
(4) 本人身份证原件、复印件；
(5) 提取配偶住房公积金的，须提供结婚证原件、复印件。

2. 购买“二手房”申请提取住房公积金应提供哪些证明材料

(1) 房产交易所鉴证的购房合同原件、复印件；
(2) 首期款发票原件；
(3) 契税缴款收据原件和复印件；
(4) 本人身份证原件和复印件；
(5) 盖有单位住房公积金预留印鉴的住房公积金支取申请书。

3. 建造、翻建自住住房提取住房公积金要出具哪些证明材料

(1) 住房公积金存储余额；
(2) 本人身份证原件、复印件；
(3) 土地使用证原件、复印件；
(4) 建筑工程规划许可证原件、复印件；
(5) 建设用地规划许可证原件、复印件；
(6) 房屋产权人与施工单位签定的建筑工程施工合同；
(7) 工程预算或决算等有效文件；
(8) 提取配偶住房公积金的，须提供结婚证原件、复印件。

4. 单位集资建房的提取住房公积金要出具哪些证明材料

(1) 住房公积金存储余额；
(2) 本人身份证原件、复印件；
(3) 土地使用证原件、复印件；
(4) 建筑工程规划许可证原件、复印件；

（5）建设用地规划许可证原件、复印件；

（6）房管部门批文；

（7）集资方案、集资名单及住房价格测算表；

（8）首期付款凭证。

5. 大修自住住房的提取住房公积金要出具哪些证明材料

（1）原房屋的《房屋所有权证》。

（2）住房公积金存储余额。

（3）本人身份证原件、复印件。

（4）提供房屋所在地县或县以上房产管理部门出具的危房鉴定书。经鉴定确认为严重损坏房或危房，大修工程进行施工时，可以提取大修住房所需费用。

（5）提取配偶住房公积金的，须提供结婚证原件、复印件。

6. 退休时提取住房公积金要出具哪些证明材料

（1）住房公积金存储余额；

（2）本人身份证原件、复印件；

（3）退休证或退休批文原件、复印件，未取得离退休证的出具县以上劳动、人事部门审批的离退休手续。

7. 完全丧失劳动能力并与单位终止劳动关系的提取住房公积金要出具哪些证明材料

（1）住房公积金存储余额；

（2）本人身份证原件、复印件；

（3）完全丧失劳动能力，应出具劳动、人事、卫生、安全等部门组成的劳动鉴定委员会签章认可的《丧失劳动能力程度鉴定书》、市级以上医院出具的《因公或非因公伤残疾病医疗技术鉴定书》或市级以上劳动鉴定委员会《伤残职工劳动能力鉴定表》原件、复印件；

（4）终止劳动关系的退职证明、期满合同协议或解除劳动关系协议的原件、复印件。

8. 与所在单位终止劳动关系后，未重新就业的提取住房公积金要出具哪些证明材料

（1）住房公积金存储余额；

（2）本人身份证原件、复印件；

（3）下岗分流文件或解除劳动合同书原件、复印件；

（4）劳动部门或职工居住的社区街道办事处出具的《城市居民最低生活保障金领取证》或提供未就业证明。

9. 户口迁出所在市、县的职工提取住房公积金要出具哪些证明材料

（1）住房公积金存储余额；

（2）本人身份证原件、复印件；

（3）人事部门、劳动部门签章认可的《职工调动报批表》、单位出具的工资关系介绍信或调函原件、复印件；

（4）公安户籍管理部门出具的户口迁出证明原件、复印件。

10. 出国、出境定居的职工提取住房公积金应提供哪些证明材料

出国、出境定居的职工，需提供以下证明材料：

（1）中华人民共和国因私普通护照；

（2）前往国出具的移民（定居）签证；

（3）公安机关出境管理部门出具的出国定居证明；

（4）前往港澳通行证或港澳身份证等证明文件。

11. 偿还住房贷款本息的提取住房公积金要出具哪些证明材料

（1）住房公积金存储余额；

（2）本人身份证原件、复印件；

（3）商品房或集资建房或自建房相关手续或房屋所有权证原件、复印件；

（4）购买商品房或集资建房或自建房的“借款合同”、“购房合同”或“集资建房协议”原件、复印件；

（5）提取配偶住房公积金的，须提供结婚证原件、复印件；

（6）贷款银行出具的借款余额清单。

12. 房租超出家庭工资收入规定比例的提取住房公积金要出具哪些证明材料

（1）住房公积金存储余额；

（2）本人身份证原件、复印件；

（3）房产管理部门登记备案的租赁合同原件、复印件；

（4）住房租金收款发票（或收据）；

（5）提取配偶住房公积金的，须提供结婚证原件、复印件；

（6）家庭收入证明。

13. 非本地户口职工与单位终止劳动关系，离开本地的提取住房公积金应提供哪些证明材料

（1）提供原籍户籍管理部门出具的户籍证明的原件和复印件；

（2）提供终止劳动关系证明的原件和复印件；

（3）住房公积金对账簿；

（4）本人身份证及复印件。

14. 职工提取配偶住房公积金的需提供哪些证明材料

职工同时提取配偶住房公积金余额的，须提供：

（1）夫妻关系证明及复印件；

（2）配偶身份证及复印件；

（3）配偶签署的授权委托书。

15. 职工委托他人办理提取住房公积金手续需提供哪些证明材料

委托他人办理的，须提供：

(1) 委托人签署的授权委托书；

(2) 委托人身份证及复印件；

(3) 代办人身份证及复印件。

16. 死亡或被宣告死亡的，其继承人或受遗赠人提取住房公积金要出具哪些证明材料

(1) 当地部门、司法部门提供的死亡证明书或公安派出所的户口注销手续原件、复印件；

(2) 住房公积金对账簿；

(3) 合法继承人或受遗赠人身份证原件、复印件；

(4) 合法继承人或受遗赠人书面报告及单位意见；

(5) 对继承权或受遗赠权发生争议的，应当提供人民法院做出的判决书、裁定书或调解书及复印件。

17. 职工与单位终止（解除）劳动关系后从事个体经营或回乡务农提取住房公积金应提供哪些证明材料

职工与单位解除劳动关系，从事个体经营的，提供在有效期内的个体工商营业执照及复印件、与单位终止劳动关系证明或下岗证及复印件；回乡务农的，提供农业户口簿及复印件、与单位终止劳动关系证明。

18. 职工在职期间被判处刑罚，并与单位终止劳动关系提取住房公积金应提供哪些证明材料

职工在职期间被判处刑罚，提供司法部门出具的判决裁定书及复印件。

19. 户口迁出本地，迁入地未建立住房公积金制度时提取住房公积金应提供哪些证明材料

（1）户籍管理部门出具的迁出本市区的户口迁移证明的原件和复印件；

（2）调入地单位出具的未建住房公积金制度的证明原件；

（3）提取人身份证、复印件。

第三节
住房公积金提取程序

1. 住房公积金的提取程序是如何规定的

建立严格的住房公积金提取申请审批制度，一方面可以保证住房公积金按照《住房公积金管理条例》规定的用途使用，避免住房公积金流失；另一方面，可以防止冒领或不符合条件提取等情况的发生。职工提取住房公积金按规定依次要经过以下程序：

（1）个人申请。凡符合住房公积金规定提取范围申请提取住房公积金的职工，应持各种提取情形的相应材料，首先向所在单位提出申请。

（2）单位初审。所在单位住房公积金办理部门应对申请人是否职工本人，是否符合提取情形，所提供材料是否真实等情况进行初审，材料不齐的应及时通知申请人补齐。经核实无误后由单位经办人填写《住房公积金提取申请书》，并签署意见、加盖单位公章或单位财务专用章。

（3）单位申请。单位公积金经办人在规定的住房公积金提取办理期限内（各地住房公积金管理中心有不同的提取期限）将经初审后的职工申请材料连同《住房公积金提取申请书》，统一向市住房公积金管理中心办理提取申请。

（4）住房公积金管理中心核准。住房公积金管理中心在受理单位上述

提取申请后，对申请人的提取情形与所提供的证明材料是否属实进行查验。凡申请情形相符、材料属实、齐全的，一般当场核定提取金额，转入支付程序；凡申请材料不符、不全或申请提取人数较多，当场难于核准的，则由住房公积金管理中心在自受理申请之日起3个工作日内作出是否准予提取的决定，并通知申请单位至申请人。

(5) 办理支付。住房公积金管理中心在收妥需留存在"中心"的材料后，按核定提取的金额转账支付给申请单位或申请人储蓄账户，并对非销户提取的，在退还申请人提供的原件材料上作出记录和加盖住房公积金管理中心业务章。并由单位向申请人支付其所提取的住房公积金，返回有关申请材料原件。

2. 职工个人支取住房公积金的具体手续怎么办

职工个人支取住房公积金的具体手续如下：

(1) 职工支取住房公积金应根据住房公积金支取条件，向单位提出支取住房公积金的书面申请，并附上有关证明文件的复印件；

(2) 单位审核同意职工支取住房公积金申请后，填写《住房公积金支取申请书》，由单位领导签字并加盖预留印鉴；属于销户支取对象的，由经办网点办理支取手续；属于使用支取对象的，需经住房公积金管理中心审核同意后方可支取；

(3) 经办银行网点对单位送来的《住房公积金支取申请书》和各种证明文件，进行认真审核无误后，打印《公积金支款凭证》、《公积金销户利息凭证》，单位或职工凭银行支款凭证和利息凭证办理支取手续。

3. 职工委托单位代为办理提取的程序有哪些

职工本人办理有困难的，经职工自愿委托，由单位提出书面申请，经开户银行审核同意后，可由单位代为办理住房公积金提取手续。具体程序如下：

(1) 单位申请集体办理提取手续时，填写《住房公积金提取委托书》一式两份，开户银行审核同意后，在《住房公积金提取委托书》上加具意见并盖章，一份退单位留存，一份开户银行留存。

（2）单位代办提取手续时，持由开户银行审核盖章的《住房公积金提取委托书》，并提供单位加具意见盖章的《住房公积金提取委托明细表》一式四联、单位经办人员身份证原件及复印件一份、申请提取公积金职工的身份证及有关证明材料原件及复印件一份。

（3）开户银行审核同意后，办理住房公积金支付手续。

4. 职工委托他人办理住房公积金提取的程序有哪些

职工本人不能亲自办理提取的，可委托他人办理，但需提供经公证机关公证的委托书及职工本人、受委托人身份证及有关证明材料原件及复印件一份。具体程序如下：

（1）受委托人代职工向单位申请；

（2）填写《住房公积金提取审批单》，并加盖单位财务印鉴；

（3）将《住房公积金提取审批单》送住房公积金管理中心审核；

（4）开具现金支票；

（5）受委托人到委托银行营业网点提取现金。

5. 住房公积金提取的审批和取款程序是什么

（1）符合住房公积金提取条件的职工，持有关证件（及复印件）直接到住房公积金管理中心或其住房公积金开户行提出支取申请，填写《住房公积金提取申请表》加盖单位章和个人章。

（2）职工本人或者其继承人、受遗赠人申请提取该职工住房公积金账户余额的，该职工所在单位应当予以核实，证明提取事由的真实性，并在《住房公积金提取申请表》上加盖单位公章。

（3）职工本人因故不能亲自办理公积金提取手续的，可以委托其他人或所在单位代为办理。

委托其他人代办手续的，职工本人出具委托书并注明代理人姓名及身份证号码。

委托单位代办手续的，由单位指定代办人并出具委托书，代办人员办理手续时须出具本人身份证。

提取住房公积金所需证明文件，在送审原件的同时，均需提供复印件交经办银行留存，作为经办银行与住房公积金管理中心的结算依据。

(4) 住房公积金管理中心或经办银行受理支取申请后，应在3日内作出准予提取或者不准提取的决定，并通知申请人。准予提取的，由住房公积金管理中心或经办银行在《住房公积金提取申请表》上签署同意意见并盖章。申请人或者其代理人持《住房公积金提取申请表》、住房公积金对账簿、身份证及复印件、单位开具的《住房公积金支取凭证》，到经办银行办理支付手续。

6. 申请住房公积金封存提取的操作程序有哪些

凡已领取住房公积金封存证明（包括领取封存通知书后单位破产）的职工，在申请提取住房公积金时，则按此程序操作：

(1) 由申请人直接持住房公积金封存证明或封存通知书、符合提取情形相应的材料及本人身份证，可在规定的住房公积金办理提取期限内向住房公积金管理中心申请提取。

(2) 住房公积金管理中心在查验申请人提取情形、证明材料和身份后，一般当即作出是否准予提取的决定。

(3) 凡准予提取的，在住房公积金管理中心收妥留存材料后，直接办理支付手续，并对非销户提取的，在退还申请人提供的封存证明或封存通知书上作出记录和加盖住房公积金管理中心业务章。

对不准予提取的告知申请人不同意提取的原因。

7. 住房公积金管理中心如何审核职工提取住房公积金的申请

住房公积金管理中心接到单位或职工的提取申请和有关证明文件后，应当对住房公积金的缴存情况、提取条件的证明文件、申请人的身份等进行审核，查验申请人提供的证明是否属实，存储余额是否正确，是否符合提取条件等。如果申请人提供的文件不全，应当允许申请人补齐；申请条件具备、情况正确、身份属实的，作出准予提取的决定，并通知申请人到银行办理支付手续；不具备申请条件的，作出不准提取的决定，并通知申请人，在通知中应当告知申请人不准提取的原因，使申请人做到心中有数。住房公积金管理中心应当在受理申请之日起 3 个工作日内完成审核、决定的工作，并把决定通知申请人。

8. 住房公积金管理中心如何打击造假骗提住房公积金的行为

假造证件、公章，仿冒审核机关工作人员签字，是一种违法行为。以此牟利的公司或个人均已触犯法律，住房公积金管理中心将报请公安机关予以查处、打击。对使用假造证件、公章等违规提取本人住房公积金的职工，住房公积金管理中心将予以通报、备案，提请所在单位批评教育，情节严重的，提交公安机关予以查处。各住房公积金缴存单位要对职工进行遵守政府住房公积金制度的教育，在职工申报住房公积金提取时严格审核，杜绝滥盖虚假证明章的错误行为。对住房公积金缴存单位不负责滥盖虚假证明章的，一经发现，要追究经办人及分管领导的责任。严禁任何单位或个人利用代办住房公积金提取进行谋利活动。一经查实，依法追缴不当得利，并予以处罚。

9. 在住房公积金中心托管的关闭、破产单位职工如何办理公积金提取手续

需要提供：

（1）个人住房公积金提取申请；

（2）符合住房公积金提取条件的相关证明资料；

（3）个人住房公积金余额表；

（4）职工个人身份证、公积金卡。

以上材料需要提供原件、复印件。

职工持上述材料向公积金中心提出转移申请，经审核同意后，由住房公积金管理中心财务部开具支票，职工到原单位住房公积金开户银行办理取款手续。

第四节
住房公积金委托提取

1. 什么是住房公积金委托提取业务

住房公积金委托提取业务，是指在住房公积金管理中心委托银行办理了住房公积金贷款（含组合贷款）且贷款无逾期的职工，经其单位和住房公积金管理中心同意，向委托贷款经办银行提出申请，由经办银行定期从职工的住房公积金账户中提取住房公积金，划入职工还贷储蓄账户内。

2. 住房公积金委托提取业务适用对象

在住房公积金管理中心委托银行办理了住房公积金贷款（含组合贷款）的借款人可办理住房公积金委托提取业务。

如借款人的配偶在同一住房公积金管理中心缴存住房公积金，可同时申请住房公积金委托提取。

3. 住房公积金委托提取的条件是什么

须同时满足两个条件：

正常偿还住房公积金贷款（含组合贷款）且无逾期；

在住房公积金管理中心正常缴存住房公积金。

4. 办理的是商业性个人住房贷款，是否可以申请住房公积金委托提取

目前暂不能申请住房公积金委托提取。

5. 借款人在哪儿申请办理住房公积金委托提取

借款人需在住房公积金贷款的发放银行申请办理住房公积金委托提取业务。

6. 委托提取签约后，银行何时将住房公积金划入借款人还贷储蓄账户

委托提取住房公积金签约成功后，银行依照约定按月或季将住房公积金存入借款人还贷储蓄账户内。

7. 住房公积金委托提取金额如何确定

委托提取限额：委托人应约定其夫妻双方提取比例（指提取住房公积金限额占总房价款的比例）、提取限额，并明确历年提取本金累计，据此计算本人委托提取限额。

$$\text{本人提取限额}=\text{房价款}\times\text{本人约定提取比例}$$

$$\begin{matrix}\text{本人委托}\\\text{提取限额}\end{matrix}=\begin{matrix}\text{本人提}\\\text{取限额}\end{matrix}-\begin{matrix}\text{本人历年提}\\\text{取本金累计}\end{matrix}$$

每次提取金额：每次委托提取的金额为提取当日委托人住房公积金账户保留一定余额后的金额，同时委托人的委托提取累计额不得超过委托书中约定的委托提取限额。

8. 住房公积金委托提取签约是否需本人到银行办理

是。如夫妻双方共同申请委托提取的，须同时到场签约。若一方因特殊情况无法到场，可提供经过公证的授权委托书，委托其配偶代其签订《委托书》。

9. 借款人办理住房公积金委托提取业务时，需向银行提供什么申请材料

（1）《住房公积金委托提取申请表》；

（2）《住房公积金提取委托书》；

（3）《代扣还款委托书》或还贷储蓄卡（折）；

（4）身份证原件及复印件；

（5）借款合同原件及复印件；

（6）《住房公积金提取记录单》（签约前已办理过柜台提取的委托人，需提供）；

（7）结婚证原件及复印件；

（8）经公证的授权委托书（夫妻双方共同申请，如一方无法到场签约，需提供）。

10. 借款人如何取得《住房公积金委托提取申请表》、《住房公积金提取委托书》

借款人可到银行住房公积金业务经办网点或住房公积金管理中心领取《住房公积金委托提取申请表》和《住房公积金委托提取委托书》。

11. 借款人如何申请办理住房公积金委托提取

（1）委托人填写《住房公积金委托提取申请表》和《住房公积金委托提取委托书》；

（2）单位初审，在《住房公积金委托提取申请表》上加盖住房公积金业务预留印鉴；

（3）住房公积金管理中心审查并在《住房公积金委托提取申请表》上加注意见；

（4）委托人向贷款经办银行提交委托提取申请材料，贷款经办银行审核正确后，委托人及银行在《住房公积金委托提取委托书》上签字盖章；

（5）贷款经办银行在委托提取日，从委托人的住房公积金账户中提取

资金划转到委托人还贷储蓄账户内。

12. 借款人如何办理住房公积金委托提取业务的变更

出现下列情形之一的，委托人应在委托提取日前3个工作日内，到贷款经办银行办理委托提取变更，并提供《住房公积金委托提取变更书》及有关材料：

（1）因还贷储蓄卡（折）遗失等原因，引起还贷储蓄账户变更的，需提供身份证原件及复印件、重新签订的《代扣还款委托书》，或更换的还贷储蓄卡（折）；

（2）增加委托人配偶为委托提取人的，需提供夫妻双方身份证原件及复印件、结婚证原件及复印件、经配偶单位签章的《住房公积金委托提取申请表》（如配偶在签约前已办理过柜台提取，需提供《住房公积金提取记录单》）；

（3）因离异等原因自愿取消委托提取的，需提供身份证原件及复印件；

（4）委托人夫妻双方变更提取限额的，需提供夫妻双方身份证原件及复印件；

（5）委托人住房公积金个人账号变更的，需提供经单位签章的《申请表》、委托人身份证原件及复印件；

（6）委托人单位变动引起住房公积金单位账号变更的，需提供经单位签章的《住房公积金委托提取申请表》、委托人身份证原件及复印件。

13. 借款人申请住房公积金委托提取变更时是否需亲自到银行办理

住房公积金委托提取变更时必须本人亲自到银行办理。

14. 什么情况下住房公积金委托提取自动中断

出现下列情形之一的，委托提取自动中断：

（1）委托人的住房公积金账户余额不足提取的；

（2）委托人贷款逾期；

（3）还贷储蓄账户变更，未及时办理委托提取变更手续；

（4）委托人住房公积金个人账号变更，未及时办理委托提取变更手续；

（5）委托人单位变动引起住房公积金单位账号变更，未及时办理委托提取变更手续。

以上中断情形消失后，委托提取在下一委托提取日自动恢复。

15. 什么情况下住房公积金委托提取自动终止

出现下列情形之一的，委托提取自动终止：

（1）委托人委托提取累计额达到委托书约定限额；

（2）委托人还清贷款本息；

（3）委托人住房公积金账户销户；

（4）委托提取中断状态持续1年的。

16. 已办理了住房公积金委托提取，是否可以办理柜台提取

根据住房公积金管理中心的规定，已办理了住房公积金委托提取的，不能办理柜台支取。

第五章

住房公积金贷款

第一节 贷款原则、对象和条件

1. 什么是住房公积金贷款

住房公积金贷款，也称委托性住房公积金贷款，是指贷款银行受住房公积金管理中心的委托，以住房公积金为资金来源，向缴存住房公积金的职工发放的，定向用于购买、建造、翻建、大修自有住房的专项住房消费贷款。职工购买的自有住房包括商品住房、经济适用住房、私产住房、集资建造住房、危改还迁住房、公有现住房。

2. 住房公积金贷款的原则是什么

住房公积金贷款实行存贷结合，先存后贷，整借零还，贷款担保的原则。

3. 住房公积金贷款有什么特点

住房公积金贷款有以下几个特点：

(1) 互助性。个人公积金贷款其资金来源为单位和个人共同缴存的住房公积金。

(2) 普遍性。只要你是具有完全民事行为能力、正常缴存住房公积金的职工都可申请住房公积金贷款。

(3) 利率低。目前，住房公积金贷款的利率为5年以下（含五年）为4.14%，5年以上利率为4.59%。

(4) 期限长。目前住房公积金贷款最长期限为30年（贷款年限不得超过法定离退休年龄后5年）。

4. 住房公积金贷款的管理机构是谁

住房公积金管理中心为住房公积金贷款的管理机构，负责审批住房公积金贷款申请，监督住房公积金贷款借贷和结算。

住房公积金贷款的风险由市住房公积金管理中心承担。

5. 住房公积金贷款金融业务由谁办理

住房公积金贷款金融业务由住房公积金管理中心委托住房公积金管理委员会指定的商业银行（简称受委托银行）办理。

受委托银行办理住房公积金贷款业务，必须接受住房公积金管理中心的监督和管理。

6. 住房公积金贷款的对象是谁

住房公积金贷款的对象是缴存住房公积金的职工，在购买、建造、翻建、大修自住住房时，可以向住房公积金管理中心申请住房公积金贷款。

7. 住房公积金贷款由谁受理和办理贷款

住房公积金管理中心受理住房公积金贷款申请，住房公积金管理中心自受理申请之日起 15 日内作出准予贷款或者不准贷款的决定，并通知申请人；准予贷款的，由受委托银行办理贷款手续。

8. 申请住房公积金贷款应具备哪些条件

申请住房公积金贷款必须符合住房公积金管理部门有关住房公积金贷款的规定。应具备的基本条件为：

（1）具有城镇常住户口或有效居留身份；

(2) 按时足额缴存住房公积金并具有个人住房公积金存款账户；

(3) 有稳定的经济收入，信用良好，有偿还贷款本息的能力；

（4）有合法有效的购买、大修住房的合同、协议以及贷款行要求提供的其他证明文件；

（5）有当地住房公积金管理部门规定的最低额度以上的自筹资金，并保证用于支付所购（大修）住房的首付款；

（6）有符合要求的资产进行抵押或质押，或有足够代偿能力的法人、其他经济组织或自然人作为保证人；

（7）符合当地住房公积金管理部门规定的其他借款条件。

9. 夫妻双方可以分别办理住房公积金贷款吗

根据各地住房公积金管理中心个人住房贷款政策规定，夫妻双方贷款买房，如果使用其中一方的住房公积金办理贷款，另一方的住房公积金不能再次用于办理住房公积金贷款，如果所借住房公积金贷款已全部还清，则可再次办理。

10. 如果父母购买房屋，能否以子女名义申请住房公积金贷款

可以。但必须同时符合以下两个条件：

（1）子女未单独立户（以户口簿为准）；

（2）与父母同户居住，且所在社区出具证明。

11. 如果本人是外地户口，但在本地缴存住房公积金能否申请公积金贷款

可以。如果本人是外地户口而长期在本地工作，在本地正常缴存住房公积金，并在本地购买完全产权住房且用于自住的，可以凭有效居留证件（蓝印户口或暂住证）向缴存住房公积金管理中心申请住房公积金贷款。

12. 购买二手房可以申请住房公积金贷款吗

购买了二手房后可以申请住房公积金贷款。在办理住房公积金贷款时，借款人应先携带申请资料到自己的住房公积金缴存的住房公积金管理中心或委托贷款银行提出贷款申请。受理贷款申请后，借款人应按要求到指定的评估机构对房屋权属和房屋价值进行评估，在评估机构对其做出明确结论后，借款人可以选择下列担保方式其中之一为申请的住房公积金贷款提供担保：

（1）抵押担保方式；

（2）质押担保方式；

（3）通过经纪机构进行二手房买卖交易并由担保中心连带责任保证担保方式；

（4）采取二手房产权过户并办理完收押手续前冻结首付款和住房公积金贷款并由担保中心连带责任保证担保方式。

13. 住房公积金贷款不够，可以同时申请商业性个人住房贷款吗

可以。对于住房公积金贷款额度不能满足需求的，可向银行同时提出申请商业性个人住房贷款，即个人住房组合贷款。

14. 房屋装修能否申请住房公积金贷款

房屋装修不能申请住房公积金贷款。因为，房屋装修不属于大修房屋的范畴。大修自有房屋贷款是指因大修自有房屋使房屋主体结构发生改变而申请的贷款，需要提供区、县级及以上房管部门出具的大修鉴定。

15. 可以再次申请住房公积金贷款吗

曾经办理过住房公积金贷款，并已还清全部贷款本息的，在贷款期间能够按月及时偿还贷款本息，且无拖欠贷款本息、个人信用良好的借款人，在其还清全部贷款本息后，仍连续正常缴存住房公积金，在本地购买另处有完全产权的自住住房，并提供抵押担保的，可以再次申请公积金个人住房贷款。

16. 提取了住房公积金的职工，买房可以申请住房公积金贷款吗

不同地区住房公积金管理中心有不同的规定，一般已提取了住房公积金的职工，申请住房公积金贷款买房的，必须自提取公积金之日起，连续正常缴存住房公积金满一年以后才能办理住房公积金贷款。

第二节
贷款额度、期限和利率

1. 住房公积金贷款的额度是怎样规定的

最高贷款额度按照当地住房公积金管理部门的有关规定执行。一般购买普通商品住房、经济适用住房的，贷款额度最高不超过所购买住房总价

款的80%；购买二手房的，贷款额度最高不超过所购买住房总价款的70%；用有价证券质押贷款的，贷款额度最高不超过有价证券票面金额的90%；建造、翻建、大修自住住房的，贷款额度最高不超过建造、翻建、大修住房所需费用的60%。单笔贷款额度不能超过当地住房公积金管理中心规定的最高贷款额度。

2. 住房公积金贷款的期限有多长

住房公积金贷款的期限应在中国人民银行规定的最长贷款期限（30年）内由住房公积金管理部门根据借款人的实际情况确定贷款期限。贷款期限原则上不得超过缴存住房公积金职工法定退休年龄，最长不超过法定离退休后的5年。一般购买商品住房、经济适用住房、集资建造住房（房改房）的，最长贷款期限30年；购买二手房的，最长贷款期限20年（须在法定的房屋使用年限内）；建造、翻建、大修自住住房的，最长贷款期限10年。

3. 住房公积金贷款有年龄限制吗

住房公积金贷款申请人原则上不得超过缴存住房公积金职工法定退休年龄。最长不得超过缴存住房公积金职工法定退休年龄后5年。

注：目前法定退休年龄（男60岁、女55岁）

4. 住房公积金贷款利率如何执行

按照中国人民银行规定的住房公积金贷款利率执行。贷款期限在一年以内（含一年）的贷款，实行合同利率，遇法定利率调整，不分段计息；贷款期限在一年以上的，遇法定利率调整，于下年初开始，按相应的利率档次执行新的利率规定。

5. 个人住房公积金贷款历年利率调整情况如何

个人住房公积金贷款历年利率调整情况表

单位:%

阶段 / 年限	92/05	93/08/01	96/04/01	96/05/01	97/01/01	97/11/01	98/07/15	99/06/15	99/09/21	02/02/01	04/10/23	05/02/28	06/05/08	07/03/18
1	3.6	6.12	7.92	6.12	5.13	4.248	4.248	3.78	4.14	3.6	3.78	3.96	4.14	4.32
2	3.96	6.48	8.28	6.48	5.49	4.356	4.356	3.78	4.14	3.6	3.78	3.96	4.14	4.32
3	4.32	6.84	8.64	6.84	5.85	4.464	4.464	3.78	4.14	3.6	3.78	3.96	4.14	4.32
4	4.68	7.2	9	7.2	6.21	4.572	4.536	4.14	4.14	3.6	3.78	3.96	4.14	4.32
5	5.04	7.56	9.36	7.56	6.57	4.68	4.644	4.14	4.14	3.6	3.78	3.96	4.14	4.32
6	5.4	7.92	9.72	7.92	6.858	4.788	4.752	4.32	4.59	4.05	4.23	4.41	4.59	4.77
7	5.76	8.28	10.08	8.28	7.146	4.896	4.86	4.32	4.59	4.05	4.23	4.41	4.59	4.77
8	6.12	8.64	10.44	8.64	7.434	5.004	4.968	4.32	4.59	4.05	4.23	4.41	4.59	4.77
9	6.48	9	10.8	9	7.722	5.112	5.049	4.32	4.59	4.05	4.23	4.41	4.59	4.77
10	6.84	9.36	11.16	9.36	8.01	5.22	5.13	4.32	4.59	4.05	4.23	4.41	4.59	4.77
11	7.2	9.72	11.52	9.72	8.226	5.328	5.238	4.86	4.59	4.05	4.23	4.41	4.59	4.77
12	7.56	10.08	11.88	10.08	3.442	5.436	5.346	4.86	4.59	4.05	4.23	4.41	4.59	4.77
13	7.92	10.44	12.24	10.44	8.658	5.544	5.454	4.86	4.59	4.05	4.23	4.41	4.59	4.77
14	8.28	10.8	12.6	10.8	8.874	5.652	5.562	4.86	4.59	4.05	4.23	4.41	4.59	4.77
15	8.64	11.16	12.96	11.16	9.09	5.76	5.67	4.86	4.59	4.05	4.23	4.41	4.59	4.77
16							5.778	5.4	4.59	4.05	4.23	4.41	4.59	4.77
17							5.886	5.4	4.59	4.05	4.23	4.41	4.59	4.77
18							5.994	5.4	4.59	4.05	4.23	4.41	4.59	4.77
19							6.102	5.4	4.59	4.05	4.23	4.41	4.59	4.77
20							6.21	5.4	4.59	4.05	4.23	4.41	4.59	4.77
21—30									4.59	4.05	4.23	4.41	4.59	4.77

6. 住房公积金贷款利率是固定的吗

贷款期间，住房公积金贷款利率不是固定不变的，要随着住房公积金计息利率的调整而调整。利率调整后，借款人要按照新的贷款利率还款。

7. 住房公积金贷款有哪几种计息方式

在计算住房公积金贷款利息时，一般会采用到两种计息方式：按月计息和按日计息。按月计息是指在计算贷款利息时，根据住房公积金贷款还款当月月初贷款余额（剩余本金），计算整月的应计利息。这样，在还款期内任何一天还款，其还款额均相等，即为整月的利息。按日计息是指在计算贷款利息时，根据贷款余额，按实际占用天数计算应计利息，在结息日或结清时才结计出应计利息。实行按日计算时，借款人在不同日期还款其还息额是不相同的。

由于两种计息方式的付息情况不同，借款人有必要在还款前了解贷款银行所采用的计息方式。一般来说，放款当月和还款最后一期或者提前结清时是根据实际占用天数按日计息的，而在贷款执行中间一般实行按月计息方式。

8. 如何计算住房公积金贷款本息

借款人可以上当地住房公积金管理中心网站，使用住房公积金贷款计算器，或依据《住房公积金贷款万元还本付息对照计算表》，计算住房公积金贷款本息。

9. 为什么住房公积金实行低存低贷的原则

低存低贷，是指住房公积金的存款利率低于同期限、同档次的银行存贷款利率。实行低存低贷的原则是因为：第一，低利率体现了互助性，如果职工住房问题已经解决了，不用撮公积金买房，存款利率低一点影响不大，但可以帮助没有解决住房问题的职工，体现了互助互济精神。第二，由于职工个人住房抵押贷款利率较低，职工每月还款额较低，这对于那些急需通过贷款解决住房问题的职工来说，提高了可支付能力。第三，政府组织的经济适用住房包括安居工程住房的开发建设和单位购、建房的贷款利率较低，可以降低住房造价，卖给个人的房价也相对较低，适应职工的购房能力。第四，公积金的一半是单位给的，利率低一点不会影响职工个人利益。

住房公积金贷款万元还本付息对照计算表

贷款期限（年）	年利率（%）	月利率（‰）	月均还款额（元）	还款总额（元）
1	4.32	3.60	到期一次还本息	10432.00
2			435.67	10456.21
3			296.67	10679.93
4			227.23	10906.79
5			185.61	11136.80
6	4.77	3.975	159.98	11518.87
7			140.26	11782.00
8			125.51	12048.57
9			114.07	12319.06
10			104.94	12593.51
11			97.51	12871.22
12			91.34	13152.90
13			86.14	13438.27
14			81.71	13726.97
15			77.89	14019.28
16			74.56	14315.70
17			71.64	14615.83
18			69.07	14918.29
19			66.78	15224.98
20			64.73	15535.89

注：2007年3月18日前发放的贷款从2008年1月1日起开始执行上述利率政策

2007年3月18日起发放的贷款执行上述利率政策

第三节
贷款程序和担保

1. 申请住房公积金贷款应提交哪些资料

申请住房公积金贷款时，需提交以下资料：

(1) 住房公积金贷款申请书；

(2) 身份证件（居民身份证、户口簿或其他身份证件）；

(3) 所在单位出具的借款人稳定经济收入证明或其他偿债能力证明资料；

(4) 合法的购买住房的合同、协议及批准文件；

(5) 抵押物或质押权利清单及权属证明文件，有处分权人出具的同意抵押或质押的证明；

(6) 住房公积金管理部门认可的评估机构出具的抵押物估价报告书；

(7) 保证人出具的同意提供担保的书面承诺及保证人的资信证明；

(8) 借款人用于购买住房的自筹资金的有关证明；

(9) 住房公积金管理部门规定的其他文件和资料。

2. 住房公积金贷款程序有哪些

(1) 提出申请。借款申请人需提出书面贷款申请，并提交有关资料，由贷款银行负责受理后交住房公积金管理部门或直接向住房公积金管理部门申请，等待住房公积金管理部门审批。

(2) 签订合同、开立存款账户。借款申请经住房公积金管理部门审批通过后，由贷款银行通知借款人签订借款合同和担保合同。选用委托扣款方式还款的借款人须在贷款银行开立储蓄卡或信用卡扣款账户。

(3) 办理抵押登记、住房保险。签订合同后，应根据国家和当地法律法规，办理抵押登记及其他必须的手续，抵押登记费用由借款人负担，抵押期间保险单正本由贷款银行保管。

（4）支用贷款。借款人在贷款银行填制贷款转存凭据，贷款银行按借款合同约定，将贷款资金一次或分次划入售房人在贷款银行开立的售房款账户内，或将贷款资金直接转入借款人在贷款银行开立的存款账户内。

（5）按期还款。借款人按借款合同约定的还款计划和还款方式，委托贷款银行分期扣款或到贷款银行柜面，按期归还个人公积金住房贷款本息。

（6）贷款结清。在贷款到期日前，借款人如提前结清贷款，须按借款合同约定，提前向贷款银行或住房公积金管理部门提出申请，由住房公积金管理部门审批。贷款结清后，借款人从贷款银行领取“贷款结清证明”，取回抵押登记证明文件及保险单正本，并持贷款银行出具的“贷款结清证明”到原抵押登记部门办理抵押登记注销手续。

3. 办理“二手房”住房公积金贷款应提供哪些资料

房屋买卖双方持卖方名下的《房屋所有权证》、《国有土地使用证》及《购房合同》原件到当地住房公积金管理中心或委托贷款银行申请。经初审符合贷款条件的，房屋买卖双方应分别提供办理贷款的有关资料：

（1）买房方（借款人）提供：

① 借款申请表；

② 夫妻双方身份证、户口簿、婚姻证明的原件及复印件；

③ 所购房屋评估报告书（经住房公积金管理中心和产权部门认可的房地产评估机构进行评估）；

④ 购房合同（到房屋交易部门购买）；

⑤ 卖方出具的收到预交房款的收据；

⑥ 住房公积金管理中心或委托贷款银行需要的其他资料。

（2）卖房方提供：

① 夫妻双方身份证、户口簿、婚姻证明的原件及复印件；

② 卖方名下的《房屋所有权证》和《国有土地使用证》的原件及复印件；

③ 提供划入贷款资金的户名和账号；

④ 住房公积金管理中心或委托贷款银行需要的其他资料。

4. 办理“二手房”住房公积金贷款有哪些程序

贷款操作程序：(1) 咨询→(2) 受理申请→(3) “中心”审批→(4) 办理《房屋所有权证》及《国有土地使用证》的过户→(5) 与贷款银行签订借款合同、抵押合同→(6) 房产部门办理抵押登记→(7) 办理房屋财产保险→(8) 贷款资金转账至卖方账户→(9) 借款人按月还款→(10) 还清贷款，注销抵押登记。

5. 住房公积金贷款的担保方式有哪几种

各地住房公积金管理中心对住房公积金贷款的担保方式有不同的规定。目前，住房公积金贷款担保方式主要是住房置业担保公司所提供的连带责任担保、房屋抵押加阶段性担保和有价证券质押等。

6. 哪些财产可以作为住房公积金贷款担保物

住房公积金贷款一般以所购住房和其他财产作为贷款担保物。可以办理贷款抵押或质押的财产和有价证券主要是：

(1) 贷款所购的具有合法、完全产权的房屋；

(2) 第三人提供的在同一城区内具备《国有土地使用证》、《房屋所有权证》的房屋，房屋产权所有人同意抵押并出具证明书，经公证机关公证的；

(3) 国库券及银行定期存单；

(4) 住房公积金管理中心或贷款银行认可的依法可以用于抵押的其他财产。

7. 哪些房屋可作住房公积金贷款抵押

(1) 房地产企业开发的商品房；

（2）按规定可出售的公有住房；

（3）房地产交易市场具有产权的二手住房；

（4）经住房公积金管理中心认可的其他购房贷款项目。

8. 如何办理住房公积金贷款的房屋抵押登记手续

住房公积金贷款经批准后，购房借款人应与贷款银行签订借款合同和抵押合同，并持下列资料到房屋产权管理部门办理抵押登记手续：

（1）购房人夫妻双方身份证、结婚证原件及复印件；

（2）借款合同、抵押合同各一份；

（3）房地产抵押申请审核登记表；

（4）全部购房合同；

（5）房地产管理部门所需其他材料。

房产管理部门办理抵押登记时间一般为15个工作日。抵押登记手续完成后，抵押人应将房产管理部门签发的《房屋他项权证》交由贷款银行保管。

9. 如何办理住房公积金贷款的质押手续

如借款人选择国库券或银行定期存单作贷款质押的，由国库券或存单的所有人与贷款银行签订质押合同。如质押物为国库券现券的，则直接存放于贷款银行；如质押物为国库券代保管单或是银行定期存单的，则需与贷款银行共同到发售银行办理出质登记。

10. 为什么让售房单位提供阶段性担保　担保的主要内容有哪些

如借款人以所购房屋用于贷款抵押时，在办理《房屋所有权证》及《国有土地使用证》之前，售房单位必须为该笔贷款提供阶段性担保。为售房单位设定阶段性担保责任，不仅有利于贷款银行正确行使抵押权，而且可以保障购房人的合法权益。

担保的主要内容是：

(1) 贷款前所售房屋未设置抵押；

(2) 不存在任何产权纠纷和财务纠纷；

(3) 不得将该房屋置换、转卖；

(4) 协助购房人办理所购房屋《国有土地使用证》及《房屋所有权证》。

11. 开发商的阶段性担保期限有多长

开发商的担保期限从购房人办理抵押登记之日起，至办理《国有土地使用证》、《房屋所有权证》，并将《房屋他项权证》交贷款银行保管时止。随后即解除了开发商的阶段性担保责任。

12. 用于质押的权利凭证兑付期先于贷款期时如何处理

如用于贷款质押的定期存单或国库券兑付期先于贷款期时，则贷款银行可与质押人协商，按期兑现，并将兑现的价款用于提前偿还其所担保的贷款本息；也可将质押物转存或提供新的抵押担保物。

13. 贷款期间，借款购房人能否办理贷款所购房屋的《房屋所有权证》、《国有土地使用证》

可以。但同时必须办理《房屋他项权证》交给贷款银行，并在《房屋所有权证》、《国有土地使用证》上办理房产抵押注记手续。

第四节 贷款偿还和法律责任

1. 借款人获得住房公积金贷款后如何偿还

根据贷款银行与借款人签订的《借款合同》约定，借款人应在贷款发放后的次月按月还款，具体方式有两种，由借款人自行选择：

（1）柜面还款。借款人每月1—20日到贷款银行指定的银行网点用现金偿还贷款本息；

（2）委托贷款银行代扣偿还。借款人与贷款银行签订《代扣还款协议书》，并办理个人还款储蓄卡或信用卡。借款人可以一次预存多个月份的还款金额，也可以在每月20日以前就近在贷款银行存入足额的还款金额，由银行直接从借款人储蓄账户或信用卡账户中扣取应还贷款本息。

2. 住房公积金储存余额可否用于支付购房首期款

根据各地住房公积金管理中心的规定，一般贷款申请人或者共同贷款申请人不能用其住房公积金账户的储存余额全部或者部分支付首期购房款。贷款以后，在规定的时间，职工可以提取其住房公积金账户中的储存余额冲抵贷款本息。

3. 住房公积金贷款有几种还款方法

住房公积金贷款主要有三种还款方法：一次还本付息法、等额本息还款法和等额本金还款法。有的住房公积金管理中心（如北京）为了方便职工还贷特别设置了“自由还款法”。

一次还本付息法，主要用于贷款期限为一年（或一年以下）的住房公积金贷款，即借款人在贷款到期日前一次性还清贷款本息，利随本清；

对于一年期以上的个人住房贷款则有等额本息还款法和等额本金还款法两种。

上述还款方法在签订借款合同时选定，选定后在还款期限内不得变更。

4. 什么是等额本息还款法

等额本息还款法是每月以相等的额度偿还贷款本息。其计算公式为：

$$\text{等额本息还款法}=\frac{\text{贷款本金}\times\text{月利率}\times(1+\text{月利率})^{\text{还款月数}}}{(1+\text{月利率})^{\text{还款月数}}-1}$$

5. 什么是等额本金还款法

等额本金还款法是每月以相等的额度偿还贷款本金，贷款利息逐月递减。其计算公式为：

$$\text{等额本金还款法}=\frac{\text{贷款本金}}{\text{还款月数}}+\left(\text{贷款本金}-\text{累计已还本金}\right)\times\text{月利率}$$

6. 什么是自由还款

自由还款就是借款人申请住房公积金贷款时，住房公积金管理中心根据借款人的借款金额和期限，给出一个最低还款额，以后借款人在每月还款数额不少于这一最低还款额的前提下，可以根据自身的经济状况，自由安排每月还款额的还款方式。

北京住房公积金管理中心对自由还款的要求是：借款人需要至少提前三个工作日办理手续；若借款人在一期内进行了多次的通知，则以借款人向呼叫中心电话委托和柜台书面委托的最后一次有效通知金额为准；借款人不能一次通知多个月的还款额，但在此期间，如借款人不再通知，就以上次通知额一直扣划下去，直至再次进行调整为止。

7. 自由还款方式有哪些特点

（1）只要不低于最低还款额，每月的还款金额可以自由设定；

（2）可以通过呼叫中心电话委托的方式调整每月的还款额，操作省时省力；

（3）除最后一期外，每月先按照您通知的金额扣款，如果还款账户余额不足扣款失败，还要按照最低还款额进行二次扣款，可以减少您贷款逾期的可能性。

8. 最低还款额是怎么确定的

住房公积金管理中心根据您申请的借款期限、借款金额和房屋折旧，确定您的最低还款额。

9. 办理住房公积金贷款时如何选择还款方法

“等额本金还款法”和“等额本息还款法”比较而言，“等额本金还款法”同期较多地归还贷款本金，因此以后各期确定贷款利息时作为计算利息的基数变小，所归还总利息较少。等额本金还款方法适合于还款能力较强或已经有一定的积蓄的借款人，由于借款人前期还款较多，偿还本金较多，前期还款压力较重，与等额本息还款法相比，等额本金还款方式适用于在整个贷款期内家庭收入有稳定来源的借款人，借款申请人可以结合自身的实际情况，选择合适的还款方式。

究竟采用哪种还款方法，专家建议还是要根据个人的实际情况来定。“等额本息还款法”每月的还款金额数是一样的，对于参加工作不久的年轻人来说，选择“等额本息还款法”比较好，可以减少前期的还款压力。对于已经有经济实力的中年人来说，采用“等额本金还款法”效果比较理想。在收入高峰期多还款，就能减少今后的还款压力，并通过提前还款等手段来减少利息支出。另外，等额本息还款法操作起来比较简单，每月金额固定，不用再算来算去。总而言之，等额本息还款法适用于现期收入少，负担人口少，预期收入将稳定增加的借款人，如部分年轻人，而等额本金还款法则适合有一定积蓄，但家庭负担将日益加重的借款人，如中老年人。

10. 等额本息还贷法与等额本金还贷法有什么区别

等额本息还贷法和等额本金还贷法的主要区别有：

(1) 每月还款额不同。等额本息还贷法是每月按相同金额还贷款本息，月还款中利息逐月递减，本金逐月递增；等额本金还贷法是每月还款中本金保持相同金额，利息逐月递减。贷款金额、年限相同情况下，等额本息还贷法的月还款额约等于等额本金还贷方式贷款期限接近一半时的月还款额。

（2）贷款计息不同。虽然等额本息还贷法和等额本金还贷法执行相同的贷款利率，都是每月按剩余贷款本金计息，每月还款的金额除还当月利息外剩余部分还贷款本金，但由于一种是等额还款，另一种是递减还款，所以两者的计息不同。除贷款首月利息相同外，其余月份利息都不同，贷款总利息也不同。

（3）借款人可选择的最短贷款期限不同。贷款金额确定以后，可选择的最短贷款期限由借款人每月可用于还款的金额确定。每月可用于还款的金额相同的情况下，等额本金还贷法下的最短贷款期限要长于等额本息还贷方式下的最短贷款期限。

（4）适用的对象不同。一般而言，等额本息还款法适用于绝大多数可还款金额比较稳的借款人，等额本金还贷法适用于预期未来（贷款期限内）可还款金额会降低或希望采用递减还款的借款人。在贷款方个贷程序具备的前提下，借款人可根据自己的经济状况和还款意愿自主选择还贷方式。

11. 等额本金还款法和等额本息还款法哪个方式好

等额本息还款法和等额本金还款法两种还款方式各有利弊。从某种意义上说，购房还贷，等额本金法（递减法）未必优于等额本息法（等额法），到底选择什么样的还贷方法还要因人而异。“等额本息还款法”就是借款人每月始终以相等的金额偿还贷款本金和利息，偿还初期利息支出最大，本金就还得少，以后随着每月利息支出的逐步减少，归还本金就逐步增大；“等额本金还款法”（递减法）就是借款人每月以相等的额度偿还贷款本金，利息随本金逐月递减，每月还款额亦逐月递减。但随着两种方式被普遍宣传，人们似乎又走近一个误区，认为等额本金比等额本息一定好。其实等额本息还款方式和等额本金还款方式主要的不同点，在于每月还款额度不同，如果考虑资金的时间价值，两种还款方式按折现利率进行折现，其折现值是相同的。

两种还款方法都是随着剩余本金的逐月减少，利息也将逐月递减，都是按照客户占用管理中心资金的时间价值来计算的。由于“等额本金还款法”较“等额本息还款法”而言同期较多地归还贷款本金，因此以后各期确定贷款利息时作为计算利息的基数变小，所归还的总利息相对就少。举例来说，A、B 两人同时申请个人住房公积金贷款 10 万元，期限 10 年，合同生效时间为 2005 年 6 月 20 日。A 选择等额本息还款法，B 选择等额本金还款法。如不考虑国家在利率方面的调整因素，A 每月的还款额相同，都为 1032.05 元，期满后共需偿付本息 123846 元。B 第一个月还款额为 1200.83 元，以后随着每月贷款期末余额的减少而逐月减少还款额。最后一个月还款额为 836.40 元，期满后共需偿付本息 122233.90 元（注：计算 B 的还款额时，假定每月都为 30 天，实际还款应以每月实际天数计算）。所以，在相同贷款金额、利率和贷款年限的条件下，“等额本金还款法”的利息总额要少于“等额本息还款法”，以贷 10 万元，还款期 10 年为例，B 比 A 要少支付利息 1612.10 元。

12. 借款人能否提前归还住房公积金贷款

借款人经住房公积金管理中心同意后，可以提前一次性偿还全部贷款本息，也可以提前偿还部分贷款本金。提前偿还全部贷款本息，委托贷款银行将按照贷款实际占用的天数重新核定借款人剩余部分的贷款本息。提前偿还部分贷款本金，委托贷款银行按剩余的贷款本金重新计算借款人的月还款金额或贷款期限。

13. 提前偿还住房公积金贷款是否划算

住房公积金贷款如果还款实行的是“等额本息还款法”，该还款方法下个人每月偿还金额相等，在偿还初期利息支出最大，本金最少，以后利息支出逐步减少，本金逐步增加，即“先还息，再还本”，如果借款人选择提前还贷，其前期已偿还了足够多的利息，而已经支付的利息是不退还的，这对个人来讲并不划算。如果还款实行的是“等额本金还款法”，该还款方法是每月以相等的额度偿还贷款本金，贷款利息逐月递减，如果借款人选择提前还贷，这对个人来讲比较划算。

14. 共同还款人能否使用住房公积金还贷

按有关规定，买房人可提取自己公积金账户上的余额来归还贷款；也可用配偶的公积金账户上的余额来提前还款。若房产证上有父母的名字，则可以提取其公积金账户上的钱还贷；若房产证上没有父母的名字，则父母对该房没有产权，即使作为共同还款人，也不能提取其公积金账户上的钱还贷。

15. 提前归还住房公积金贷款要支付违约金吗

对借款人需提前偿还全部贷款的，按借款合同的约定，应提前一个月向住房公积金管理中心或委托贷款银行提出申请，借款人支付上月结息日后按日计算应收利息之外，再付剩余的贷款本金，受托银行不再计收贷款利息，按合同规定利率收取的贷款利息不退还。按规定，一般提前归还全部住房公积金贷款及用存储的住房公积金余额部分提前还贷，均不用支付手续费和违约金。

16. 办理了住房公积金贷款还可以支取住房公积金吗

一般来说，只要购买了自用住房，就可以支取公积金，但累计支取金额不能大于总购房款。如果是贷款买房的话，无论是商业性个人住房贷款贷款还是委托性住房公积金贷款，在购房后，经住房公积金管理中心审核同意，可以按季或按年支取公积金，用于归还贷款。

17. 借款人未按时归还贷款，贷款人如何处理

如果借款人违反了《借款合同》的约定而没有能够及时、足额地偿还贷款本息，贷款银行或住房公积金管理中心一般采取的催收措施如下：

（1）电话通知借款人，或向借款人发出补付欠交的贷款本息《还款

通知书》;

(2) 如果借款人超过三个月，不履行还款义务，会给借款人发出《提前还款通知书》，有权要求借款人提前偿还全部借款，并支付逾期期间的罚息;

(3) 如果在《提前还款通知书》确定的还款期限期满时，仍未履行还款义务，将就抵押物的处置与借款人达成协议;

(4) 如果协议不成，就将借款人提起诉讼，对抵押物进行处置，处分抵押物所得价款，用于偿还借款利息、罚息及本金。同时，借款人还必须承担由此而产生的律师费、诉讼费、执行费等相关费用。

18. 借款人和开发商发生纠纷贷款可以不还吗

借款人由于和开发商之间的纠纷而不想还贷款肯定是不可以的，具体原因有:

(1) 从法律上来说，购房人和开发商之间的纠纷与住房公积金贷款之间没有任何的连带关系，住房公积金贷款是借款人、住房公积金管理中心委托的银行和担保人之间的借贷和担保关系，而购房人和开发商之间的纠纷是购房人和开发商之间的买卖关系，因此不能因为和开发商之间的纠纷就不还贷款。

(2) 借款合同对违约责任有明确的规定，如果借款人不还款，是借款人违反借款合同的约定，逾期或者未按约定的数额还款，住房公积金管理中心委托的银行有权对违约部分，按照人民银行规定加收利息。

19. 借款人能否将住房公积金贷款资金用作购房以外的其他用途

不能。借款人申请住房公积金贷款后，只能用于购房合同和借款合同规定的用途，严禁挪作他用。借款人在贷款期限内，要配合贷款银行对贷款使用情况的检查。贷款要专款专用，严禁挪用。如借款挪做他用，贷款银行有权提前收回贷款并中止合同的执行，并对挪用部分按中国人民银行有关规定计收罚息。

20. 贷款购房应考虑哪些因素

贷款购房应考虑下列因素：

(1) 对现家庭经济实力作综合评估，依此确定购房的首期付款金额和贷款比例；

(2) 对家庭未来的收入和支出作合理的预期；

(3) 学会计算自己的还款能力，即用哪种还款方式比较合理；

(4) 选择住房组合贷款时尽可能多的使用住房公积金贷款，因为住房公积金贷款的利率比商业性住房贷款的利率要低；

(5) 首期付款不要将可用资金全部投入，要考虑到室内装修和家具添置等问题。

21. 申请住房公积金贷款应注意哪些问题

(1) 申请贷款前不要动用住房公积金。如果借款人在贷款前提取住房公积金储存余额用于支付房款，那么您住房公积金账户上的公积金余额即为零，这样您的住房公积金贷款额度也就为零，也就意味着您将申请不到住房公积金贷款。

(2) 在借款最初一年内不要提前还款。按照住房公积金贷款的有关规定，部分提前还款应在还贷满1年后提出，并且您归还的金额应超过6个月的还款额。

(3) 还贷有困难不要忘记申请延长借款期限。当您在借款期限内偿债能力下降，还贷有困难时，不要自己硬撑。可向住房公积金管理中心或贷款银行提出延长借款期限的申请，经调查属实，且未有拖欠应还贷款本金、利息，住房公积金中心或贷款银行就会受理您的延长借款期限申请。

(4) 贷款还清后不要忘记撤销抵押。当您还清了全部贷款本金和利息后，可持银行的贷款结清证明和抵押物的房地产他项权利证明前往抵押登记的房产部门办理撤销抵押手续。

(5) 不要遗失借款合同和借据。申请住房公积金贷款，银行与您签订的借款合同和借据都是重要的法律文件，由于贷款期限最长可达 30 年，作为借款人，您应当妥善保管您的合同和借据，同时认真阅读合同的条款，了解自己的权利和义务。

第六章

住房公积金组合贷款

第一节 贷款条件、期限和利率

1. 什么是住房公积金组合贷款

住房公积金组合贷款是指借款人申请住房公积金贷款不足以支付购买、建造、翻建或者大修住房所需费用时，可同时向商业银行申请个人住房贷款，由承办住房公积金贷款金融业务的商业银行用信贷资金和住房公积金资金，向借款人发放的住房公积金贷款和商业性个人住房贷款的组合贷款。

2. 住房公积金组合贷款的贷款对象是谁

具有完全民事行为能力且按时足额缴存住房公积金的职工。

3. 申请住房公积金组合贷款应具备哪些条件

申请住房公积金组合贷款必须同时符合住房公积金贷款条件和商业性

个人住房贷款条件。应具备的基本条件为：

（1）有合法的身份；

（2）按时足额缴存住房公积金的职工；

（3）有稳定的经济收入，信用良好，有偿还贷款本息的能力；

（4）有合法有效的购买、大修住房的合同、协议以及贷款银行要求提供的其他证明文件；

（5）有所购（大修）住房全部价款 20% 以上的自筹资金，并保证用于支付所购（大修）住房的首付款；

（6）有贷款银行认可的资产进行抵押或质押，或有足够代偿能力的法人、其他经济组织或自然人作为保证人；

（7）符合当地住房公积金管理部门规定的借款条件；

（8）贷款银行规定的其他条件。

4. 住房公积金组合贷款的贷款额度如何确定

住房公积金组合贷款中的住房公积金贷款额度和商业性个人住房贷款额度的比例，应根据借款人的实际情况和当地住房公积金管理中心的规定，与贷款银行协商后确定。一般借款人应尽量用足当地住房公积金管理中心贷款的政策，使用住房公积金贷款的最高额度，不足部分用商业性个人住房贷款额度作补充。原因是住房公积金贷款的利率相对较低；这样可以减少借款人的利息支出。

住房公积金贷款和银行自营性个人住房贷款合计贷款额度最高为所购住房销售价格或评估价值（以两者较低额为准）的 80% 确定，其中住房公积金贷款最高额度须按照当地住房公积金管理部门的有关规定执行。

5. 申请住房公积金组合贷款的期限有多长

在中国人民银行规定的最长贷款期限内（目前为 30 年），由住房公积金管理部门和贷款银行根据借款人的实际情况，分别确定贷款期限。一般贷款期限为：一手房贷款最长期限 30 年；二手房贷款最长期限 20 年；购买公有现住房、危改还迁住房或者建造、翻建、大修自有住房的，最长贷款期限10年。对于将到离退休年龄的借款人，其贷款期限最长计算到65周岁。但借款人年龄达到法定退休年龄就不能申请住房公积金贷款了（男性法定退休年龄为60岁，女性法定退休年龄为55岁）。例如：某职工（男）48岁，法定退休年龄为60岁，那么他的贷款期限最多不能超过17年。

6. 申请住房公积金组合贷款需要多少自筹资金

购买商品房、经济适用住房、私产住房或其他已取得《房屋所有权证》的住房，需要支付不低于所购住房全部价款30%的自筹资金；购买危改还迁住房、集资建造住房、合作建房、公有现住房，以及建造、翻建、大修自有住房的，需要支付不低于所购住房全部价款或者建造、翻建、大修自有住房所需费用30%的首期付款或者自筹资金。私产住房或其他已取得《房屋所有权证》住房所需自筹资金的计算以实际交易价格为准，不以评估价格为标准。

7. 住房公积金组合贷款利率如何执行

按照中国人民银行规定的商业性个人住房贷款利率和住房公积金贷款利率分别执行。

第二节 贷款程序和担保

1. 申请住房公积金组合贷款需要提交哪些资料

借款人向住房公积金管理部门和贷款银行依次提出借款申请时，需提交以下资料：

（1）住房公积金贷款借款申请书和银行个人住房贷款申请书；

（2）身份证件（居民身份证、户口簿或其他身份证件）；

（3）住房公积金管理部门和贷款银行认可的有权部门出具的借款人稳定经济收入证明或其他偿债能力证明资料；

（4）合法的购买住房的合同、协议及批准文件；

（5）抵押物或质押权利清单及权属证明文件，有处分权人出具的同意抵押或质押的证明；

（6）住房公积金管理部门和贷款银行认可的评估机构出具的抵押物估价报告书；

（7）保证人出具的同意提供担保的书面承诺及保证人的资信证明；

（8）借款人用于购买住房的自筹资金的有关证明；

（9）住房公积金管理部门和贷款银行规定的其他文件和资料。

2. 申请住房公积金组合贷款有哪些程序

（1）提出申请。借款申请人需分别向住房公积金管理中心和贷款银行分别提出书面贷款申请，并提交有关资料。

（2）签订合同。借款申请人获得住房公积金贷款额度之后，持住房公积金管理部门出具的《住房公积金贷款委托通知单》，向贷款银行申请住房公积金组合贷款（住房公积金贷款和商业性个人住房贷款）。借款人在接到银行同意贷款的通知后，需与贷款银行就住房公积金贷款和商业性个人住房贷款分别签订借款合同和担保合同，并视情况办理借款合同公证。

（3）办理抵押、保险。签订合同后，应根据国家和当地的法律法规，办理抵押登记、保险及其他必须的手续，抵押登记与保险费用由借款人负担，抵押期间保险单正本由贷款银行保管。

（4）开立账户。选用委托扣除款方式还款的客户在贷款银行开立还款专用的储蓄存款账户或信用卡账户。同时，售房人要在贷款银行开立存款专户。

（5）支用贷款。借款人在银行营业会计前台，分别填制住房公积金贷款和商业性个人住房贷款的“贷转存凭证”，贷款银行按照借款合同约定，将贷款直接转入借款人在贷款银行开立的存款账户内，或将贷款一次或分次划入售房人在贷款银行开立的存款账户内。

（6）按期还款。借款人按借款合同约定的还款计划和还款方式，按期归还住房公积金贷款和银行商业性个人住房贷款。目前还款方式有委托银行扣款和柜面还款两种。

（7）贷款结清。贷款结清包括提前结清和正常结清两种。提前结清是指贷款到期日（一次性还本付息类贷款）或贷款最后一期（分期偿还类贷款）前结清贷款；正常结清指在贷款到期日（一次性还本付息类）或贷款最后一期（分期偿还类贷款）结清贷款。如提前结清贷款，借款人须在清偿应付各项款项后，提前10个工作日向住房公积金管理部门和贷款银行提出提前结清申请。

（8）清户撤押。当借款人按期归还全部贷款本息后，借款人从贷款银行领取“贷款结清证明”，取回房地产权属抵押登记证明文件及保险单正本，并持贷款银行出具的“贷款结清证明”到原抵押登记部门办理抵押登记注销手续。

3. 住房公积金组合贷款借款合同时间是怎样规定的

住房公积金组合贷款中的住房公积金贷款和商业性个人住房贷款借款合同起止日必须相一致。贷款申请期限一般相同。

4. 购买二手房如何办理住房公积金组合贷款

（1）交易双方到房屋坐落的城镇房地产交易所签订《房产买卖协议》；

（2）交易双方到房地产评估机构对房屋进行评估；

（3）借款人携带贷款基本资料（如使用配偶额度，还应提供配偶基本资料和相关证明）、首付款证明、《房产买卖协议》及交易房屋评估报告等贷款材料，向住房公积金管理中心或贷款银行申请贷款；

（4）借款人与贷款银行签订借款合同及相关的合同或协议；

（5）办理担保手续，以房产作为贷款抵押的，借款人办理抵押及保险手续；

（6）到贷款银行办理划款手续。

5. 已办理了个人住房贷款，能不能转成住房公积金组合贷款

根据目前政策，不能将个人住房贷款转成个人住房公积金组合贷款。

6. 住房公积金组合贷款采用哪几种担保方式

住房公积金组合贷款一般采用抵押、质押、抵押加阶段性保证和住房置业担保公司担保四种方式。

7. 借款人可以选择哪种担保方式

借款人具体选择哪种担保方式，由当地住房公积金管理中心和贷款银行根据借款人的情况确定。住房公积金组合贷款应当采用同一种担保方式。

8. 哪些房产可以用作住房公积金组合贷款抵押

（1）借款人购买已取得商品房准许交付使用证的住房或者买有产权证的私产房（二手房）的，可以用所购买的住房，或者其他自有、共有或者第三人的拥有产权证的住房抵押；

（2）购买尚未取得商品房准许交付使用证的住房或者建造、翻建、大修自有住房的，可以用其他自有、共有或第三人的拥有产权证的住房抵押。

第三节
贷款偿还和法律责任

1. 住房公积金组合贷款的还款方法有哪些

（1）贷款期限在1年以内（含1年）的，实行到期一次还本付息，

利随本清；

(2) 贷款期限在1年以上的，按月归还贷款本息。偿还方式可选择按月等额本息还款法或按月等额本金还款法。

(3) 借款人分别同时按期偿还住房公积金贷款和商业性个人住房贷款本息。

2. 如何偿还住房公积金组合贷款

借款人自贷款银行划款之日的次月起进入还款期。借款人可以在每月还款日到贷款银行偿还贷款本息或委托贷款银行通过信用卡、储蓄卡、存折等方式代扣还款。借款人采用现金还款的，应在还款日到贷款银行柜台偿还当期应还贷款本息；借款人采用委托还款的，可以和贷款银行签订委托划款协议书，办理委托还款业务。

3. 如何提取住房公积金归还住房公积金组合贷款

借款后，经当地住房公积金管理中心审核同意，借款人可以按季或按年提取住房公积金，用于归还贷款。提取住房公积金归还住房公积金组合贷款业务中，优先冲抵住房公积金贷款。

4. 怎样提前归还住房公积金组合贷款

各地住房公积金管理中心和贷款银行对提前归还住房公积金组合贷款都有不同的规定。借款人提前偿还贷款本息的，应当向贷款银行提出申请，并经贷款银行和当地住房公积金管理中心同意；由住房置业担保公司提供贷款保证的，借款人还应事先通知住房置业担保公司。提前还款可采取以下三种方式：

(1) 提前一次性归还全部贷款本息。在归还当月应还贷款本息后，借款人可以提前一次性归还全部剩余贷款本金及利息。

(2) 提前归还部分贷款本金。借款人可以在归还当月应还贷款本息的同时，提前归还部分贷款本金。在还款时按照提前归还的部分本金实际占用天数计算并结清所还本金的应收利息，当期及以后的月应还本息额按照剩余本金、剩余期限重新计算。

（3）提前预还几个月贷款本息。借款人可以提前预还几个月贷款本息，但不能跨自然年度预还。归还后，借款人仍按原月还款额归还剩余贷款。

借款人提前归还住房公积金组合贷款时，应采取同一种还款方式，并同时同比偿还组合贷款中的住房公积金贷款本息和贷款银行商业性个人住房贷款本息。

5. 提前偿还住房公积金组合贷款是否有限制

借款人提前偿还住房公积金组合贷款时，对提前还款的还款额、提前还款次数、已贷款时间等都没有限制。

6. 如何提前归还住房公积金组合贷款

借款人提前偿还组合贷款时，应采取同一种还款方式，并同时同比偿还住房公积金组合贷款中的住房公积金贷款本息和贷款银行商业性个人住房贷款本息。

7. 住房公积金贷款与商业性个人住房贷款对比利差有多大

从下列《住房公积金贷款与商业性个人住房贷款万元还本付息对照表》中，可以看出两种贷款利差的多少。

测算利率为中国人民银行 2007 年 3 月 18 日公布利率。

8. 住房公积金贷款与商业银行个人住房贷款之间的区别有哪些

住房公积金贷款和商业银行个人住房贷款的主要区别如下：

住房公积金贷款与商业性个人住房

贷款（0.85 下限）万元还本付息对照表

年限	年利率（%）		月还款额		本息总额		两种贷款总利差
	商业性	公积金	商业性	公积金	商业性	公积金	
1	5.4315	4.32			10543.15	10432.00	111.15
2	5.5845	4.32	441.34	435.67	10592.16	10456.08	136.08
3	5.5845	4.32	302.34	296.67	10884.24	10680.12	204.12
4	5.7375	4.32	233.65	227.23	11215.20	10907.04	308.16
5	5.7375	4.32	192.11	185.61	11526.60	11136.60	390.00
6	6.0435	4.77	165.93	159.98	11946.96	11518.56	428.40
7	6.0435	4.77	146.29	140.26	12288.36	11781.84	506.52
8	6.0435	4.77	131.63	125.51	12636.48	12048.96	587.52
9	6.0435	4.77	120.27	114.07	12989.16	12319.56	669.60
10	6.0435	4.77	111.24	104.94	13348.80	12592.80	756.00
11	6.0435	4.77	103.89	97.51	13713.48	12871.32	842.16
12	6.0435	4.77	97.81	91.34	14084.64	13152.96	931.68
13	6.0435	4.77	92.70	86.14	14461.20	13437.84	1023.36
14	6.0435	4.77	88.36	81.71	14844.48	13727.28	1117.20
15	6.0435	4.77	84.62	77.89	15231.60	14020.20	1211.40
16	6.0435	4.77	81.38	74.56	15624.96	14315.52	1309.44
17	6.0435	4.77	78.55	71.64	16024.20	14614.56	1409.64
18	6.0435	4.77	76.06	69.07	16428.96	14919.12	1509.84
19	6.0435	4.77	73.86	66.78	16840.08	15225.84	1614.24
20	6.0435	4.77	71.89	64.73	17253.60	15535.20	1718.40
21	6.0435	4.77	70.14	62.89	17675.28	15848.28	1827.00
22	6.0435	4.77	68.56	61.24	18099.84	16167.36	1932.48
23	6.0435	4.77	67.15	59.74	18533.40	16488.24	2045.16
24	6.0435	4.77	65.86	58.37	18967.68	16810.56	2157.12
25	6.0435	4.77	64.70	57.13	19410.00	17139.00	2271.00
26	6.0435	4.77	63.64	55.99	19855.68	17468.88	2386.80
27	6.0435	4.77	62.67	54.95	20305.08	17803.80	2501.28
28	6.0435	4.77	61.79	53.99	20761.44	18140.64	2620.80
29	6.0435	4.77	60.98	53.10	21221.04	18478.80	2742.24
30	6.0435	4.77	60.24	52.29	21686.40	18824.40	2862.00

注：1. 商业性个人住房贷款（0.85 下限）为基准利率下浮 15%。

2. 此利率自 2007 年 3 月 18 日起执行，此表仅供参考，贷款时以合同为准。

（1）贷款利率不同：住房公积金贷款利率比商业银行住房贷款利率低。以中国人民银行（2007年5月19日）公布的个人住房贷款利率为例：5年（含5年）以下住房公积金贷款年利率为4.41%，商业银行同期个人住房贷款利率为6.93%；5年以上住房公积金住房贷款年利率为4.86%，商业银行同期个人住房贷款利率为7.20%。

（2）贷款对象的条件要求不同：住房公积金贷款对象需要是住房公积金缴存人；商业银行个人住房贷款不需要是住房公积金缴存人，是具有完全民事行为能力的自然人。

（3）对贷款人年龄的限制不同：一般来讲商业银行个人住房贷款有年龄上限（男60岁，女55岁），而住房公积金贷款的年龄限制较宽（男65岁，女60岁）。

（4）贷款额度不同：商业银行个人住房贷款最高可以贷到房屋总价的80%，根据所购住房性质不同，住房公积金贷款可以贷到房屋总价的90%或95%。对单笔贷款最高额度规定不同，一般来说，商业银行个人住房贷款对单笔贷款最高额度没有规定，而住房公积金贷款目前对单笔贷款最高额度有规定，并根据信用等级确定单笔贷款最高额度。

（5）贷款的担保方式不同：商业银行个人住房贷款一般是在房产证抵押登记前采用开发商阶段性连带责任保证担保方式，在抵押登记后采用抵押的担保方式。住房公积金贷款担保方式主要是住房贷款担保中心所提供的连带责任担保。

9. 借款人违约如何处置

借款人应恪守信用，按照借款合同约定按月归还贷款本息，出现下列情况之一者，住房公积金管理中心和贷款银行有权收取逾期利息，提前收回部分或全部贷款，对抵押房产进行折价拍卖、变买及追索保证人的连带保证责任等措施。

（1）借款人未按约定按月归还贷款本息的；

（2）借款人连续三个月未按时还本付息，经催收无效的；

（3）借款人未经住房公积金管理中心和银行书面同意，将抵押房产转让、出租、赠与、改建或重复抵押造成银行抵押权丧失的；

(4) 借款人还款能力或保证人担保能力降低，从而影响贷款按时还本付息的；

(5) 借款人死亡而无继承人或受赠人；

(6) 借款人死亡而继承人或受赠人拒绝履行借款人偿还贷款本息义务或出现本条所列情况的；

(7) 借款人提供虚假手续造成贷款损失的，保证人要承担其连带责任。

10. 贷款人对抵押物如何处置

住房公积金管理中心和贷款银行对抵押物进行处置时，应采取转让、拍卖或法律、法规允许的其他方式。

11. 如何解除或改变贷款合同

借款合同当事人的任何一方，如果要求解除或改变原合同内容，须书面通知对方，在未达成协议前，原合同继续有效。

12. 借贷双方发生纠纷如何解决

个人住房组合贷款双方及保证人发生纠纷时，应协商解决，协商不成时，可依法向人民法院提出诉讼解决。

第七章

住房公积金会计核算

第一节 住房公积金会计核算概述

1. 什么是住房公积金会计核算

住房公积金会计核算是以货币为计量单位，运用会计方法，对住房公积金进行连续、系统、全面地记录，分类，汇总，分析，形成会计信息，为住房公积金决策提供依据的一项会计活动。

2. 住房公积金会计核算的基本环节是什么

住房公积金会计核算可分为三个基本环节：一是填制住房公积金会计凭证；二是登记住房公积金会计账簿；三是编制和提供住房公积金财务会计报告。这二个环节相互衔接，基本上覆盖了住房公积金会计核算的全过程。

3. 住房公积金会计核算的适用范围是什么

住房公积金会计核算适用于中华人民共和国境内住房公积金管理中心管理的住房公积金。

4. 住房公积金管理中心的自身业务与住房公积金业务如何核算

住房公积金中心的自身业务应与住房公积金业务分账核算，住房公积金中心自身业务的会计核算，执行《事业单位会计制度》；住房公积金业务的会计核算，执行《住房公积金会计核算办法》。

5. 住房公积金会计核算的起讫日如何规定

住房公积金的会计核算应当正确划分会计期间，分期结算账目和编制会计报表。会计年度自公历 1 月 1 日起到 12 月 31 日止。年度、季度的起讫日期采用公历日期。

6. 住房公积金的会计采用什么记账法

住房公积金的会计记账采用借贷记账法。

7. 住房公积金的会计处理方法是什么

住房公积金的会计处理方法前后期应当一致，会计指标应当口径一致、不得随意变更。如确有必要变更，应当将变更的情况、变更的原因，在财务情况说明书中加以说明。

8. 住房公积金管理中心应如何应用会计科目

住房公积金管理中心应按以下规定运用住房公积金会计科目：

（1）《住房公积金会计核算办法》统一规定会计科目的编号，以便于编制会计凭证，登记账簿，查阅账目，实行会计电算化，各住房公积金中心不得随意改变或打乱重编。在某些会计科目之间留有空号，供增设会计科目之用。

（2）住房公积金中心在填制住房公积金的会计凭证、登记账簿时，应填列会计科目的名称，或同时填列会计科目的名称和编号；不应只填列会计科目编号，不填列会计科目名称。

9. 住房公积金管理中心如何编制和提供住房公积金财务会计报告

住房公积金中心应按以下规定编制和提供住房公积金财务会计报告：

（1）住房公积金中心应当按照《住房公积金会计核算办法》的规定编制和提供合法、真实和公允的住房公积金财务会计报告。

（2）住房公积金财务会计报告由会计报表、会计报表附注和财务情况说明书组成。住房公积金中心对外提供的住房公积金财务会计报告的内容、会计报表种类和格式等，由《住房公积金会计核算办法》规定；住房公积金中心对住房公积金进行内部管理需要的会计报表由住房公积金中心自行规定。

（3）住房公积金中心对外提供的住房公积金会计报表包括：

① 资产负债表；

② 增值收益表；

③ 有关附表。

（4）住房公积金会计报表必须做到数字真实、内容完整、说明清楚、手续齐备、编报及时；并报送同级财政部门和住房公积金管理委员会。

季度会计报表应于季度终了后 10 日内报出，年度会计报表应于年度终了后 30 日内报出。

（5）住房公积金会计报表的填列，以人民币“元”为金额单位，“元”以下填至“分”。

（6）对外报出的会计报表，应依次编定页数，加具封面，装订成册，加盖公章。封面应注明住房公积金中心名称、报表所属年度、月份、送出日期等，并由住房公积金管理中心负责人和主管会计工作的负责人、会计机构负责人（会计主管人员）签名和盖章；设置总会计师的单位，还须由总会计师签名和盖章。

10. 住房公积金会计有哪些要求

住房公积金会计机构设置、会计人员配备、会计核算、会计监督、内部会计管理制度的要求，按照《会计基础工作规范》的规定执行。

第二节
住房公积金会计科目及使用说明

1. 住房公积金会计设置了哪些科目

住房公积金会计设置了四类 16 个科目：

住房公积金会计科目表

顺序号	编　号	会计科目名称
（一）资产类		
1	101	住房公积金存款
2	102	增值收益存款
3	111	应收利息
4	119	其他应收款
5	121	委托贷款
6	122	逾期贷款
7	124	国家债券
（二）负债类		
8	201	住房公积金
9	211	应付利息
10	214	专项应付款
11	219	其他应付款

续表

顺序号	编　　号	会计科目名称
（三）净资产类		
12	301	贷款风险准备
13	311	增值收益
14	321	增值收益分配
（四）收支类		
15	401	业务收入
16	411	业务支出

2. 住房公积金存款（第 101 号）科目如何使用

（1）本科目核算按规定存入受委托银行住房公积金专户的款项。

（2）将款项存入受委托银行住房公积金专户，借记本科目，贷记有关科目；提取和支付住房公积金专户的款项，借记有关科目，贷记本科目。收到银行转来的住房公积金专户利息收入，借记本科目，贷记“业务收入——住房公积金利息收入”科目。

（3）本科目应设置“住房公积金存款日记账”，由出纳人员根据收付款凭证，按照业务的发生顺序逐笔登记，每日终了应结出余额。“住房公积金存款日记账”应定期与“银行对账单”核对，至少每月核对一次。月份终了，银行存款账面结余与银行对账单余额之间如有差额，必须逐笔查明原因进行处理，并应按月编制“住房公积金存款余额调节表”，调节相符。

（4）本科目期末借方余额，反映实际存在受委托银行住房公积金专户的款项。

3. 增值收益存款（第 102 号）科目如何使用

（1）本科目核算按规定存入受委托银行增值收益专户的款项。

（2）收到银行转来的住房公积金增值收益专户利息收入，借记本科目，贷记“业务收入——增值收益利息收入”科目。

实际上交财政部门的住房公积金中心管理费用、城市廉租住房建设补充资金，借记“专项应付款”科目，贷记本科目。

（3）期末（季末或年末，下同），按规定将除住房公积金增值收益专户利息收入之外的各项业务收入与业务支出的差额，自银行住房公积金专户转入增值收益专户，借记本科目，贷记“住房公积金存款”科目。

（4）本科目应设置“增值收益存款日记账”，由出纳人员根据收付款凭证，按照业务的发生顺序逐笔登记，每日终了应结出余额。“增值收益存款日记账”应定期与“银行对账单”核对，至少每月核对一次。月份终了，银行存款账面结余与银行对账单余额之间如有差额，必须逐笔查明原因进行处理，并应按月编制“增值收益存款余额调节表”，调节相符。

（5）本科目期末借方余额，反映实际存在受委托银行增值收益专户的款项。

4. 应收利息（第111号）科目如何使用

（1）本科目核算住房公积金运作过程中发生的各项应收未收的利息，如委托贷款发生的应收利息。

（2）期末，计算当前尚未收到的委托贷款利息，借记本科目，贷记“业务收入——委托贷款利息收入”科目；实际收回利息时，借记“住房公积金存款”科目，贷记本科目。

按规定程序经批准核销的住房公积金呆账贷款，冲销提取的贷款风险准备，借记“贷款风险准备”科目，贷记本科目和“逾期贷款”科目，同时，借记“住房公积金存款”科目，贷记“增值收益存款”科目；核销的贷款以后又收回，按收回的住房公积金贷款本金和利息，借记“住房公积金存款”科目，贷记“贷款风险准备”科目，同时，借记“增值收益存款”科目，贷记“住房公积金存款”科目。

（3）本科目应按债务人设置明细账。

（4）本科目期末借方余额，反映尚未收回的利息。

5. 委托贷款（第121号）科目如何使用

（1）本科目核算按规定在受委托银行办理职工住房公积金委托贷款

的款项。

已超过借款合同约定期限尚未归还的委托贷款，不在本科目核算，应在“逾期贷款”科目核算。

（2）本科目核算内容如下：

① 按规定向购买、建造、翻建、大修自住住房的职工发放住房公积金贷款，借记本科目，贷记“住房公积金存款”科目；收回住房公积金贷款，按本息合计，借记“住房公积金存款”科目，按本金，贷记本科目，按已计利息，贷记“应收利息”科目，按未计利息，贷记“业务收入——委托贷款利息收入”科目。

② 对于借款合同约定到期（含展期后到期）未归还的委托贷款，应转作逾期贷款处理，自本科目转入“逾期贷款”科目，借记“逾期贷款”科目，贷记本科目。

③ 对借款人申请住房公积金贷款而提供的担保，应建立备查簿，详细登记担保的形式（抵押、质押等形式）、担保金额等情况。

（3）本科目按贷款职工名称设置明细账。

（4）本科目期末借方余额，反映实际发生的、在借款合同约定期限内尚未归还的住房公积金委托贷款。

6. 其他应收款（第 119 号）科目如何使用

（1）本科目核算住房公积金运作过程中临时发生的其他各种应收款项。如处置个人抵押物取得的价款低于逾期贷款账面价值应由债务人清偿的部分等。

（2）处置抵押物时，按取得的价款，借记“住房公积金存款”科目，按取得的价款低于逾期贷款账面价值的差额，借记本科目，按逾期贷款账面价值，贷记“逾期贷款”科目；收回款项时，借记“住房公积金存款”科目，贷记本科目。

（3）本科目应按债务人设置明细账。

（4）本科目期末借方余额，反映尚未收回的其他应收款。

7. 逾期贷款（第 122 号）科目如何使用

（1）本科目核算借款合同约定到期（含展期后到期）未归还的委托贷款。

（2）对于借款合同约定到期（含展期后到期）未归还的委托贷款，应转作逾期贷款处理，自“委托贷款”科目转入本科目，借记本科目，贷记“委托贷款”科目。收回逾期贷款，借记“住房公积金存款”科目，贷记本科目和“应收利息”科目。

按规定程序经批准核销的住房公积金呆账贷款，冲销提取的贷款风险准备，借记“贷款风险准备”科目，贷记本科目和“应收利息”科目，同时，借记“住房公积金存款”科目，贷记“增值收益存款”科目；核销的贷款以后又收回，按收回的住房公积金贷款本金和利息，借记“住房公积金存款”科目，贷记“贷款风险准备”科目，同时，借记“增值收益存款”科目，贷记“住房公积金存款”科目。

（3）本科目应按贷款职工名称设置明细账。

（4）本科目期末借方余额，反映已超过借款合同约定期限但尚未归还的住房公积金贷款。

8. 国家债券（第 124 号）科目如何使用

（1）本科目核算按规定用住房公积金购买的国家债券。

（2）按规定用住房公积金购买国家债券，按实际支付的价款，借记本科目，贷记“住房公积金存款”科目。

国家债券到期收回本息或按规定转让时，按实际收到的金额，借记“住房公积金存款”科目，按债券账面价值，贷记本科目，按其差额，贷记“业务收入——国家债券利息收入”科目。

购买的国家债券应视同货币资金妥善保管，并建立备查簿详细登记国家债券的金额、期限、利率、到期收回等情况。

（3）本科目应按国家债券的品种设置明细账。

（4）本科目期末借方余额，反映持有的国家债券价值。

9. 住房公积金（第201号）科目如何使用

（1）本科目核算住房公积金的归集、结息和支付等情况。

（2）本科目的贷方核算住房公积金的归集和结息情况，其核算内容如下：

① 收取单位和职工个人缴存的住房公积金，借记“住房公积金存款”科目，贷记本科目。

② 按规定给职工住房公积金账户进行年度结息，按已提利息，借记“应付利息”科目，按未提利息，借记“业务支出——住房公积金利息支出”科目，按应计利息，贷记本科目。

③ 职工在住房公积金中心管辖范围内调动工作，在本科目有关明细科目之间进行转账，借记本科目（调出单位），贷记本科目（调入单位）。

（3）本科目的借方核算职工住房公积金账户内存储余额的提取情况，其核算内容如下：

① 职工因购买、建造、翻建、大修自住住房而提取职工住房公积金账户内的存储余额，借记本科目，贷记“住房公积金存款”科目。

② 职工因偿还购房贷款本息、房租超出家庭工资收入的规定比例而提取职工住房公积金账户内的存储余额，借记本科目，贷记“住房公积金存款”科目。

③ 职工因离退休、完全丧失劳动能力并与单位终止劳动关系、户口迁出所在的市县或者出境定居等原因而提取职工住房公积金账户内的储存余额，根据委托银行转来的住房公积金支款凭证，办理注销职工住房公积金账户，按职工个人账户结余数额，借记本科目，按已提利息，借记“应付利息”科目，按未提利息，借记“业务支出——住房公积金利息支出”科目，按实际支付金额，贷记“住房公积金存款”科目。

④ 死亡或者被宣告死亡的职工，由其继承人、受遗赠人提取职工住房公积金账户内的存储余额，按职工个人账户结余数额，借记本科目，按已提利息，借记“应付利息”科目，按未提利息，借记“利息支出”科目，按实际支付金额，贷记“住房公积金存款”科目。死亡或者被宣告死亡的职工，无继承人也无受遗赠人的，应将职工住房公积金账户内的存

储余额转入业务收入，借记本科目，贷记“业务收入——其他收入”科目。

（4）本科目有关辅助账户的设置：

① 为了分析、掌握住房公积金的欠缴情况，住房公积金中心可设置“住房公积金应缴存额”备查簿，详细登记应缴存住房公积金的有关情况。

② 为了了解、掌握职工住房公积金账户内存储余额的提取情况，住房公积金中心可设置“住房公积金账户提取情况”备查簿，详细登记因职工购买、建造、翻建、大修自住住房；离退休；完全丧失劳动能力，并与单位终止劳动关系；户口迁出所在的市、县或者出境定居；偿还购房贷款本息；房租超出家庭工资收入的规定比例等原因而提取职工住房公积金账户内存储余额的情况。

（5）住房公积金中心应向缴存单位及时提供单位住房公积金的存储余额，按期与缴存单位核对住房公积金账户内的余额。

（6）本科目应按缴存单位和职工个人设置明细账。

（7）本科目期末贷方余额，反映职工住房公积金账户存储余额。

10. 应付利息（第211号）科目如何使用

（1）本科目核算住房公积金运作过程中发生的应付未付的利息，如计提的职工住房公积金账户利息。

（2）期末计提职工住房公积金账户利息时，借记“业务支出——住房公积金利息支出”科目，贷记本科目；按规定给职工公积金账户进行年度结息时，按已提利息，借记本科目，按应计利息扣除已提利息的差额，借记“业务支出——住房公积金利息支出”科目，按应计利息，贷记“住房公积金”科目。

（3）本科目期末贷方余额，反映应付未付的利息。

11. 专项应付款（第214号）科目如何使用

（1）本科目核算应交财政部门的住房公积金中心管理费用和城市廉

租住房建设补充资金。

（2）本科目应设置以下两个明细科目：

① 住房公积金中心管理费用；

② 城市廉租住房建设补充资金。

（3）按规定从住房公积金增值收益中提取的住房公积金中心管理费用，借记“增值收益分配——提取公积金中心管理费用”科目，贷记本科目；住房公积金增值收益在扣除贷款风险准备金和公积金中心管理费用后的余额，作为城市廉租住房建设补充资金，借记“增值收益分配——城市廉租住房建设补充资金”科目，贷记本科目。实际上交财政部门的住房公积金中心管理费用、城市廉租住房建设补充资金，借记本科目，贷记“增值收益存款”科目。

（4）本科目期末贷方余额，反映尚未上交财政部门的住房公积金中心管理费用、城市廉租住房建设补充资金。

12. 其他应付款（第 219 号）科目如何使用

（1）本科目核算住房公积金运作过程中临时发生的其他各种应付及暂收款项。如住房公积金缴存过程中收到的多缴款，处置抵押物取得的价款超过逾期贷款账面价值应归抵押人所有的部分等。

（2）住房公积金缴存过程中收到的多缴款，借记“住房公积金存款”科目，贷记本科目；退还款项时，借记本科目，贷记“住房公积金存款”科目。

处置抵押物时，接取得的价款，借记“住房公积金存款”科目，按逾期贷款账面价值，贷记“逾期贷款”科目，接取得的价款高于逾期贷款账面价值的差额，贷记本科目；偿还款项时，借记本科目，贷记“住房公积金存款”科目。

（3）本科目应按债权人设置明细账。

（4）本科目期末贷方余额，反映尚未偿付的其他应付款。

13. 贷款风险准备（第 301 号）科目如何使用

（1）本科目核算按规定提取的住房公积金贷款风险准备。

（2）对于委托贷款，应于年度终了按规定提取住房公积金贷款风险准备。提取贷款风险准备时，借记“增值收益分配——提取贷款风险准备”科目，贷记本科目。

对于不能收回的逾期贷款应查明原因，追究责任。对确实无法收回的，按规定程序经批准作为呆账贷款，冲销提取的贷款风险准备，借记本科目，贷记“逾期贷款”、“应收利息”科目，同时，借记“住房公积金存款”科目，贷记“增值收益存款”科目；已确认并转销的呆账贷款，如果以后又收回，按实际收回的本金和利息，借记“住房公积金存款”科目，贷记本科目，同时，借记“增值收益存款”科目，贷记“住房公积金存款”科目。

（3）本科目期末贷方余额，反映已提取的住房公积金贷款风险准备。

14. 增值收益（第311号科目）如何使用

（1）本科目核算住房公积金各项收入与各项支出的差额，即实现的住房公积金增值收益。

（2）期末，结转下列业务收支科目：

① 将“业务收入”科目贷方余额转入本科目，借记“业务收入”科目，贷记本科目。

② 将“业务支出”科目借方余额转入本科目，借记本科目，贷记“业务支出”科目。

③ 同时，将各项业务收入与业务支出的差额，自银行住房公积金专户转入增值收益专户，借记“增值收益存款”科目，贷记“住房公积金存款”科目。

（3）年度终了，应将本科目贷方余额转入“增值收益分配”科目，借记本科目，贷记“增值收益分配——待分配增值收益”科目；如为借方余额作相反会计分录。结转后本科目应无余额。

15. 增值收益分配（第321号科目）如何使用

（1）本科目核算住房公积金增值收益的分配情况。

（2）本科目应设置以下四个明细科目：

① 提取贷款风险准备；

② 提取公积金中心管理费用；

③ 城市廉租住房建设补充资金；

④ 待分配增值收益。

（3）年度终了，账务处理如下：

① 将“增值收益”科目贷方余额转入本科目，借记“增值收益”科目，贷记本科目（待分配增值收益），“增值收益”科目如为借方余额，作相反会计分录。

② 增值收益应按下列顺序进行分配：

a. 按规定从增值收益中提取住房公积金贷款风险准备，借记本科目（提取贷款风险准备），贷记“贷款风险准备”科目。

b. 按规定从增值收益中提取应上交财政部门的住房公积金中心管理费用，借记本科目（提取公积金中心管理费用），贷记“专项应付款”科目。

c. 增值收益扣除贷款风险准备和上交财政部门管理费用后的余额，作为城市廉租住房建设补充资金，借记本科目（城市廉租住房建设补充资金），贷记“专项应付款”科目。

③ 将本科目所属“提取贷款风险准备”、“提取公积金中心管理费用”、“城市廉租住房建设补充资金”明细科目的余额转入本科目所属“待分配增值收益”明细科目，借记本科目（待分配增值收益），贷记本科目（提取贷款风险准备、提取公积金中心管理费用、城市廉租住房建设补充资金）。

（4）本科目年末一般无余额，如有借方余额，反映未弥补的损失。

16. 业务收入（第 401 号）科目如何使用

（1）本科目核算住房公积金的业务收入。

（2）本科目应设置以下五个明细科目：

① 住房公积金利息收入；

② 增值收益利息收入；

③ 委托贷款利息收入；

④ 国家债券利息收入；

⑤ 其他收入。

(3) 住房公积金运作过程中实现的各项业务收入，作如下账务处理：

① 收到委托银行转来的住房公积金专户存款利息收入，借记“住房公积金存款”科目，贷记本科目（住房公积金利息收入)。

② 收到银行转来的住房公积金增值收益专户存款利息收入，借记“增值收益存款”科目，贷记本科目（增值收益利息收入)。

③ 期末计算当期应收未收的委托贷款利息，借记“应收利息”科目，贷记本科目（委托贷款利息收入)。收回住房公积金委托贷款，按本息合计，借记“住房公积金存款”科目，按本金，贷记“委托贷款”科目，按已计利息，贷记“应收利息”科目，按未计利息，贷记本科目（委托贷款利息收入)。

④ 国家债券到期收回或按规定转让时，按实际收到的金额，借记“住房公积金存款”科目，按债券账面价值，贷记“国家债券”科目，按其差额，贷记本科目（国家债券利息收入)。

⑤ 收到住房公积金逾期贷款的罚息收入，以及逾期不办理住房公积金的罚款收入，借记“住房公积金存款”科目，贷记本科目（其他收入)。死亡或者被宣告死亡的职工，无继承人也无受遗赠人的，应将职工住房公积金账户内的存储余额转入本科目，借记“住房公积金”科目，贷记本科目（其他收入)。

(4) 期末，应将本科目余额全部转入“增值收益”科目，借记本科目，贷记“增值收益”科目，结转后本科目应无余额。

17. 业务支出（第411号）科目如何使用

(1) 本科目核算住房公积金的业务支出，包括国家规定给职工住房公积金账户计算的利息、住房公积金中心按照规定支付给受委托银行的住房公积金归集手续费和委托贷款手续费。

(2) 本科目应设置以下三个明细科目：

① 住房公积金利息支出；

② 住房公积金归集手续费支出；

③ 委托贷款手续费支出。

（3）住房公积金运作过程中发生的各项业务支出，作如下账务处理：

① 期末，计提职工住房公积金账户利息时，借记本科目（住房公积金利息支出），贷记“应付利息”科目；按规定给职工住房公积金账户进行年度结息时，借记本科目（住房公积金利息支出）、“应付利息”科目，贷记“住房公积金”科目。

② 按照规定支付给受委托银行的住房公积金归集手续费，借记本科目（住房公积金归集手续费支出），贷记“住房公积金存款”科目。

③ 按照规定支付给受委托银行的住房公积金委托贷款手续费，借记本科目（委托贷款手续费支出），贷记“住房公积金存款”科目。

（4）期末，应将本科目的借方余额全部转入“增值收益”科目，借记“增值收益”科目，贷记本科目，结转后本科目应无余额。

第三节
住房公积金会计报表

1. 住房公积金会计报表有哪些种类

住房公积金会计报表有《资产负债表》、《增值收益表》和《增值收益分配表》三种，编报期为季报、年报。

住房公积金会计报表种类

报表编号	报表名称	编报期
会住房 01 表	资产负债表	季报、年报
会住房 02 表	增值收益表	季报、年报
会住房 02 表附表 1	增值收益分配表	年报

2. 《住房公积金资产负债表》包括哪些项目及内容

住房公积金资产负债表

会住房01表

编制单位： 年 月 日 单位：元

项 目	行次	年初数	期末数	项 目	行次	年初数	期末数
资产：				负债：			
住房公积金存款	1			住房公积金	16		
增值收益存款	2			应付利息	19		
应收利息	5			专项应付款	22		
委托贷款	8			其中：城市廉租住房建设补充资金	23		
逾期贷款	9			负债合计	26		
国家债券	12						
				净资产			
				贷款风险准备	27		
				待分配增值收益	29		
				净资产合计	29		
资产总计	15			负债及净资产总计	30		

附注：职工住房公积金账户储存余额的提取情况：

(1) 购买、建造、翻建、大修自住住房 元；

(2) 离休、退休 元；

(3) 完全丧失劳动能力，并与单位终止劳动关系 元；

(4) 户口迁出所在市、县或出境定居 元；

(5) 偿还购房贷款本息 元；

(6) 房租超出家庭工资收入的规定比例 元；

(7) 其他 元。

3.《住房公积金增值收益表》包括哪些项目及内容

住房公积金增值收益表

会住房 02 表

编制单位：　　　　年　月　日　　　　单位：元

项　目	行次	本期数	本年累计数
一、业务收入	1		
1. 住房公积金利息收入	2		
2. 增值收益利息收入	3		
3. 委托贷款利息收入	4		
4. 国家债券利息收入	5		
5. 其他收入	10		
二、业务支出	11		
1. 住房公积金利息支出	12		
2. 住房公积金归集手续费支出	13		
3. 委托贷款手续费支出	14		
三、增值收益（损失以“－”号表示）	17		

4.《住房公积金增值收益分配表》包括哪些项目及内容

住房公积金增值收益分配表

会住房 02 表附表 1

编制单位：　　　　年度　　　　单位：元

项　目	行次	本年实际	上年实际
一、增值收益	1		
加：年初未弥补损失（以“－”号表示）	2		
二、可供分配的增值收益	5		
减：提取贷款风险准备	6		
提取公积金中心管理费用	7		
城市廉租住房建设补充资金	8		
三、年末未弥补损失（以“－”号表示）	10		

5.《住房公积金资产负债表》如何编制

（1）本表反映住房公积金季末、年末全部资产、负债及净资产的构成情况。

（2）本表“年初数”栏各项数字，应根据上年末本表“期末数”所列数字填列。如果本年度资产负债表规定的各个项目名称和内容与上年度不相一致，应对上年年末资产负债表各项目的名称和数字按照本年度的规定进行调整，填入本表“年初数”栏内。

（3）本表各项目的内容和填列方法：

①“住房公积金存款”项目，反映期末住房公积金存款余额。本项目应根据“住房公积金存款”科目期末余额填列。

②“增值收益存款”项目，反映期末住房公积金增值收益存款余额。本项目应根据“增值收益存款”科目期末余额填列。

③“应收利息”项目，反映期末应收未收的利息。本项目应根据“应收利息”科目期末余额填列。

④“委托贷款”项目，反映期末住房公积金委托贷款的余额。本项目应根据“委托贷款”科目期末余额填列。

⑤“逾期贷款”项目，反映期末住房公积金逾期贷款的余额。本项目应根据“逾期贷款”科目期末余额填列。

⑥“国家债券”项目，反映期末持有的国家债券价值。本项目应根据“国家债券”科目期末余额填列。

⑦“住房公积金”项目，反映期末职工住房公积金账户存储余额。本项目应根据“住房公积金”科目期末余额填列。

⑧“应付利息”项目，反映期末应付未付的利息。本项目应根据“应付利息”科目期末余额填列。

⑨“专项应付款”项目，反映期末尚未上交财政部门的住房公积金中心管理费用、城市廉租住房建设补充资金。本项目应根据“专项应付款”科目期末余额填列，其中“城市廉租住房建设补充资金”应在本项目下单独反映。

⑩“贷款风险准备”项目，反映提取的住房公积金贷款风险准备余额。本项目应根据“贷款风险准备”科目期末余额填列。

⑪“待分配增值收益”项目，反映年度中间形成的等待分配的住房公积金增值收益，以及以前年度未弥补的损失。本项目应根据“增值收益”、“增值收益分配”科目的记录分析填列。

6.《住房公积金增值收益表》如何编制

（1）本表反映住房公积金在季度、年度内实现的增值收益。

（2）本表“本期数”栏反映各项目的本期实际发生数，在编报年度会计报表时，将“本期数”栏改成“上年累计数”栏，填列上年全年累计实际发生数。

本表“本年累计数”栏反映各项目自年初起至本月末止的累计实际发生数。

（3）本表“本期数”栏各项目的内容及填列方法：

①“业务收入”项目，反映住房公积金运作过程中形成的各项业务收入。本项目应根据“业务收入”科目的贷方发生额填列。在本项目下的“住房公积金利息收入”、“增值收益利息收入”、“委托贷款利息收入”、“国家债券利息收入”和“其他收入”项目，应根据“业务收入”科目所属有关明细科目的贷方发生额分别填列。

②“业务支出”项目，反映住房公积金运作过程中的各项业务支出。本项目应根据“业务支出”科目贷借发生额填列。在本项目下的“住房公积金利息支出”、“住房公积金归集手续费支出”、“委托贷款手续费支出”项目，应根据“业务支出”科目所属有关明细科目的借方发生额分析填列。

③“增值收益”项目，反映住房公积金运作过程中各项业务收入与各项业务支出的差额。本项目等于“业务收入”项目的金额减去“业务支出”项目的金额后的差额。

7.《住房公积金增值收益分配表》如何编制

（1）本表反映住房公积金增值收益的分配情况。

（2）本表“本年实际”栏，根据“增值收益”、“增值收益分配”科目及其所属明细科目的记录分析填列。

“上年实际”栏，根据上年“增值收益分配表”填列。如果上年度增值收益分配表与本年度增值收益分配表的项目名称和内容不一致，应对上年度报表项目的名称和数字按本年度的规定进行调整，填入本表“上年实际”栏。

(3) 本表各项目的内容及填列方法：

①“增值收益”项目，反映住房公积金运作过程中实现的增值收益。如为损失以“-”号表示。本项目的数字应与“增值收益表”“本年累计数”栏的“增值收益”项目一致。

②“年初未弥补亏损”项目，反映住房公积金年初未弥补损失，应以“-”号表示。

③“提取贷款风险准备”项目，反映按规定提取的住房公积金贷款风险准备。本项目应根据“增值收益分配——提取贷款风险准备”科目的记录分析填列。

④“提取公积金中心管理费用”项目，反映按规定提取的住房公积金中心管理费用。本项目应根据“增值收益分配——提取公积金中心管理费用”科目的记录分析填列。

⑤“城市廉租住房建设补充资金”项目，反映住房公积金增值收益在扣除贷款风险准备和公积金中心管理费用后形成的城市廉租住房建设补充资金。本项目应根据“增值收益分配——城市廉租住房建设补充资金”科目的记录分析填列。

⑥“年末未弥补损失”项目，反映住房公积金年末未弥补的损失，应以“-”号表示。

第八章

住房公积金财务管理

第一节 住房公积金财务管理的原则和任务

1. 什么是住房公积金财务管理

住房公积金财务管理是指住房公积金及住房公积金管理中心的财务收支活动。

2. 住房公积金财务管理的目的是什么

住房公积金管理中心是不以营利为目的的独立的事业单位，具体负责住房公积金的归集、运作、保值、归还和核算。住房公积金财务管理的目的是为了加强住房公积金的财务管理，维护住房公积金所有者的合法权益，规范住房公积金管理中心的财务行为。

3. 住房公积金财务管理的基本原则是什么

住房公积金财务管理的基本原则是：

（1）执行国家有关法律，法规，规章和财政、财务制度；建立健全内部财务制度，做好财务管理基础工作；

（2）降低运作风险，保证住房公积金保值增值，确保住房公积金所有者的合法权益不受侵犯；

（3）厉行节约，制止奢侈浪费。

4. 住房公积金财务管理的主要任务是什么

住房公积金财务管理的主要任务是：

（1）编制住房公积金和公积金中心管理费用年度预决算；

（2）建立职工住房公积金明细账，记载职工个人住房公积金的缴存、提取等情况；

（3）依法办理住房公积金委托贷款业务，防范风险；

（4）严格执行住房委员会批准的住房公积金归集，使用计划，核算住房公积金的增值收益；

（5）严格执行财政部门批准的管理费用预算，控制管理费用支出，努力降低住房公积金运作成本。

5. 住房公积金管理中心的财务由谁管理

各级财政部门是本级住房公积金管理中心的财务主管部门；住房公积金中心的全部财务活动应在单位负责人的领导下，由财务部门统一管理。住房公积金、住房公积金增值收益和住房公积金中心管理费用应严格实行分立账户，单独核算。

第二节
住房公积金财务预算管理

1. 什么是住房公积金财务预算

住房公积金财务预算是指经住房公积金管理委员会批准的年度住房公积金归集使用的财务收支计划。

2. 如何编制和审批住房公积金年度预算

住房公积金年度预算的编制和审批按以下具体操作程序办理：

住房公积金管理中心根据年度公积金收支计划，编制住房公积金年度预算建议，报财政部门审核；财政部门提出审核意见，报住房公积金管理委员会审议批准后，再由财政部门按照住房公积金管理委员会批准意见，向住房公积金管理中心批复住房公积金年度预算。

如遇特殊情况需调整预算，调整预算方案的编制和审批，亦比照上述程序执行。

3. 住房公积金财务预算如何执行

住房公积金管理中心应严格按财政部门批复的预算执行，并定期向财政部门报送预算执行情况。预算一经批准，一般不予调整，如遇特殊情况需要调整时，由住房公积金管理中心编制预算调整方案，并说明情况，报本级财政部门批准后执行。

第三节 住房公积金的资产和负债

1. 什么是住房公积金的资产

住房公积金的资产是指住房公积金管理中心在住房公积金运作过程中形成的委托存款、委托贷款和国家债券。

2. 如何保证住房公积金专款专用

住房公积金管理中心应建立健全住房公积金缴存、运作保值、归还和核算管理制度，保证住房公积金专款专用和安全、完整。

3. 如何按期回收贷款本金和利息

住房公积金管理中心应按国家政策规定在受委托银行办理职工住房公积金委托存、贷款业务，建立健全委托贷款监控制度，严格执行国家的利率政策，按期回收贷款本金和利息。

4. 购买的债券如何入账

用住房公积金购买的国家债券按实际支付的金额计价入账。购买的国家债券应视同货币资金妥善保管，确保账实相符。

5. 什么是住房公积金的负债

住房公积金的负债是指住房公积金管理中心委托银行归集的住房公积金。住房公积金管理中心应及时为单位办理住房公积金缴存登记，建立职工住房公积金明细账，记载职工个人住房公积金的缴存、提取等情况。

6. 如何加强对住房公积金负债的管理

（1）住房公积金管理中心应在受委托银行设立住房公积金委托存款账户、委托贷款账户，加强住房公积金的核算与管理。

（2）住房公积金管理中心应建立住房公积金职工个人明细账、单位明细账和总账，定期与银行对账，保证账账相符。

（3）住房公积金管理中心应及时提供单位住房公积金的存储余额，按期与单位核对职工住房公积金账户内的余额。

第四节
住房公积金的业务收入和支出

1. 住房公积金的业务收入包括哪些内容

住房公积金的业务收入包括委托存款利息收入、委托贷款利息收入、国家债券利息收入和其他收入。

2. 什么是委托存款利息收入

委托存款利息收入是指住房公积金管理中心将住房公积金存入受委托银行取得的利息收入。

3. 什么是委托贷款利息收入

委托贷款利息收入是指公积金中心委托银行向职工发放住房公积金贷款取得的利息收入。

委托存贷款利息按国家规定的利率和期限计算。

4. 什么是国家债券利息收入

国家债券利息收入是指住房公积金管理中心经住房公积金管理委员会批准，用住房公积金购买国家债券取得的利息收入。

5. 什么是其他收入

其他收入是指住房公积金运作过程中产生的除上述收入外的收入，如：住房公积金逾期贷款的罚息收入、逾期不办理住房公积金的罚款收入等。

6. 住房公积金的业务支出包括哪些内容

住房公积金的业务支出包括住房公积金利息支出和手续费支出。

7. 什么是住房公积金利息支出

住房公积金利息支出是指按国家规定应支付给职工个人的住房公积金利息。

8. 什么是手续费支出

手续费支出是指住房公积金管理中心按照规定支付给受委托银行的住房公积金归集手续费和委托贷款手续费。

第五节 住房公积金增值收益及其分配

1. 什么是住房公积金的增值收益

住房公积金的增值收益是指住房公积金业务收入与业务支出的差额。

住房公积金增值收益全额存入住房公积金管理中心在受委托银行开设的住房公积金增值收益专户。

住房公积金增值收益专户产生的利息收入全额计入住房公积金增值收益。

死亡或者被宣告死亡的职工，无继承人也无受遗赠人的，职工住房公积金账户内的存储余额纳入住房公积金增值收益。

2. 住房公积金增值收益如何分配

住房公积金增值收益除国家另有规定外，应按下列顺序进行分配：

（1）住房公积金贷款风险准备金；

（2）上交财政的住房公积金管理中心管理费用；

（3）城市廉租住房建设补充资金。

3. 住房公积金贷款风险准备金的比例如何确定

建立住房公积金贷款风险准备金的比例，按不低于住房公积金增值收益60%核定，或按不低于年度住房公积金贷款余额的1%核定，从住房公积金增值收益中分配。按上述两种办法核定的各年度住房公积金贷款风险准备金，均不得累计列入住房公积金增值收益中分配。具体比例和办法由各省、自治区、直辖市财政厅（局）会同建委（建设厅），结合本地实际制定。

4. 住房公积金呆账贷款如何核销

住房公积金呆账贷款，由住房公积金管理中心提供详实资料，经本级财政部门审核，报省、自治区、直辖市财政厅（局）批准核销。具体核销办法按财政部规定执行。

核销后又收回的住房公积金委托贷款本金和利息收入，应增加住房公积金贷款风险准备金。

5. 住房公积金管理费用如何上交

上交财政的住房公积金管理中心管理费用，由住房公积金管理中心按规定测定提出年度管理费用上缴额度，报本级财政部门批准后，从住房公积金增值收益中上交本级财政部门。

6. 城市廉租住房建设的补充资金如何使用

住房公积金增值收益在建立住房公积金贷款风险准备金和上交财政管理费用后的余额，作为城市廉租住房建设的补充资金。

按规定分配的城市廉租住房建设补充资金在使用前必须在住房公积金增值收益专户统一管理。城市廉租住房建设主管部门需要使用城市廉租住房建设补充资金时，必须报经住房公积金管理委员会审议批准后，由住房公积金管理中心将住房公积金管理委员会批准的额度上缴本级财政部门，由本级财政部门拨给城市廉租住房建设主管部门，专项用于城市廉租住房建设。

第六节 住房公积金的管理费用

1. 什么是住房公积金的管理费用

住房公积金的管理费用是指住房公积金管理中心为管理住房公积金而发生的各项费用，包括管理费用收入和支出。

2. 管理费用收入包括哪些内容

住房公积金管理费用收入包括本级财政拨款和管理费用支出专户产生

的利息收入。

3. 管理费用支出包括哪些内容

住房公积金管理费用支出包括基本工资、补助工资、职工福利费、社会保障费、助学金、公务费、业务费、设备购置费、修缮费、其他费用和专项资金。

专项资金是指住房公积金管理中心从财政部门取得的有指定项目和用途并且要求单独核算的资金。

住房公积金管理中心的管理费用财务收支，应执行《事业单位财务规则》的有关规定。

4. 如何管理住房公积金管理费用

住房公积金管理中心应在本级财政部门指定的银行开设管理费用支出专户，专门用于接收本级财政拨付的管理费用，反映管理费用的财务收支。

住房公积金管理中心当年结余的管理费用，应按国家规定结转下年继续使用。

住房公积金管理中心应按国家有关规定，加强固定资产的管理，做好固定资产的核算。

住房公积金管理中心应建立健全内部管理制度，加强现金和存款的管理，并按规定及时清理往来款项。

5. 住房公积金管理费用如何执行

住房公积金管理中心管理费用应严格按照财政部门批准的支出预算执行。管理费用年度预算一经批准，一般不予调整，如遇特殊情况需要调整时，由住房公积金管理中心编制预算调整方案，并说明情况，报本极财政部门批准后执行。住房公积金管理中心不得办理无预算、超预算支出。

第七节

住房公积金财务报告和财务分析

1. 什么是住房公积金财务报告

住房公积金财务报告是反映住房公积金财务状况的总结性书面文件，财务报告包括财务报表和财务情况说明书。

2. 如何报送财务报告

住房公积金管理中心应于年度终了后30日内，向本级财政部门报送住房公积金财务收支报告和管理费用财务收支报告，经财政部门审核，提交住房公积金管理委员会审议后，于3月底以前向社会公布。

3. 财务收支报表和财务分析包括哪些内容

住房公积金财务收支报表包括资产负债表、住房公积金收支情况表、收益分配表以及财务情况说明书。

财务情况说明书主要说明住房公积金归集、运用情况，收益分配情况，对本期或下期财务状况发生重大影响的事项以及需要说明的其他财务事项。

财务分析的主要指标包括住房公积金归集率、住房公积金收益率、住房公积金管理费用率、住房公积金委托存贷款比率等。

4. 管理费用财务收支报表和财务分析包括哪些内容

管理费用财务收支报表包括资产负债表、管理费用支出明细表、有关附表以及财务情况说明书。

财务情况说明书主要说明管理费用收支结余及分配情况，各项财产物资的变动情况，财务分析情况，对本期或下期财务状况发生重大影响的事项以及需要说明的其他财务事项。

财务分析的指标主要包括资产负债比率、人员经费支出与公用经费支出分别占管理费用的比率。

5. 住房公积金财务分析指标包括哪些内容

（1）住房公积金归集率 =（住房公积金实际缴存额 ÷ 住房公积金应缴存额）× 100%

（2）住房公积金增值收益率 =（住房公积金增值收益 ÷ 住房公积金负债总额）× 100%

（3）住房公积金管理费用率 =［当年管理费用支出额 ÷（住房公积金当年归集额 × 住房公积金增值收益率）］× 100%

（4）资产负债比率 =（资产 ÷ 负债）× 100%

（5）人员经费支出占管理费用的比率 =（人员经费支出额 ÷ 管理费用支出总额）× 100%

（6）公用经费支出占管理费用的比率 =（公用经费支出额 ÷ 管理费用支出总额）× 100%

（7）住房公积金委托存贷款比率 =（当年委托贷款余额 ÷ 当年住房公积金委托存款余额）× 100%

（8）住房公积金提取率 =［当年住房公积金提取额 ÷（当年住房公积金提取额 + 当年住房公积金余额）］× 100%

第八节
住房公积金财务监督

1. 住房公积金管理中心应接受哪个部门的监督

住房公积金管理中心应接受财政部门的财务监督检查。同时应当依法接受审计部门的审计监督。

2. 住房公积金管理中心的哪些行为属违纪或违法行为

住房公积金管理中心的下列行为属违纪或违法行为：

（1）集中使用和运作住房公积金以外的住房资金；

（2）在指定委托银行以外的其他金融机构开户，并办理住房公积金存贷款等金融业务；

（3）直接办理住房公积金贷款或借款业务；

（4）直接或委托银行办理职工购买、建造、翻建、大修自用住房贷款以外的其他贷款或借款业务；

（5）不执行国家规定的住房公积金存贷款利率；

（6）转移、挪用住房公积金本金、职工住房公积金存款利息、住房公积金贷款风险准备金、城市廉租住房建设补充资金；

（7）截留、坐支业务收入或增值收益；

（8）在业务收入或住房公积金增值收益中坐支管理费用；

（9）列支公积金中心业务范围以外的其他费用，擅自扩大开支标准和范围；

（10）擅自设立项目乱收费；

（11）超越规定标准和范围支付手续费；

（12）向他人提供担保或抵押贷款；

（13）不按规定与受托银行签定委托合同；

（14）不按规定办理住房公积金账户的设立、缴存、归还等手续；

（15）不按规定为职工建立住房公积金明细账，记载职工个人住房公积金的缴存、提取情况；

（16）其他违反国家法律、法规和财政、财务制度的行为。

3. 对住房公积金管理中心的违纪或违法行为如何进行处理

对住房公积金管理中心的违纪或违法行为，除限期纠正外，应区别情况进行处理：

第一，必须限期追回违纪资金；有违法所得的，要没收违法所得。

第二，按照《国务院关于违反财政法规处罚的暂行规定》进行处罚。

第三，构成犯罪的，应依法追究刑事责任；尚不构成犯罪的，对直接负责的主管人员和其他责任人员依法给予行政处分。

第四，对住房公积金管理中心以及直接负责的主管人员和其他责任人员处以的罚款和没收的非法所得，上缴本级财政。

第九章

住房公积金行政监督

第一节 行政监督部门的职责

1. 什么是住房公积金行政监督

住房公积金行政监督是指国家有权监督机关根据《住房公积金管理条例》等国家有关法律、法规，对住房公积金进行的行政监督，以保证住房公积金规范管理和安全运作。

2. 有权对住房公积金进行行政监督的机关有哪些

依据《住房公积金行政监督办法》第二条规定，有权对住房公积金进行行政监督的机关分为两级：一级是部级监督机关由建设部、财政部和中国人民银行（分支机构）、中国银行业监督管理委员会组成；另一级是省（自治区）监督部门，由建设厅分别会同同级财政厅、中国人民银行（分支机构）、中国银行业监督管理委员会（派出机构）组成。依据管理职权，对住房公积金管理法规、政策执行情况实施的监督。

3. 住房公积金行政监督机关建设部门的工作如何分工

建设部会同有关部门，制定住房公积金行政监督的制度措施，并组织实施和监督执行。

省（自治区）监督部门负责本行政区域内的住房公积金行政监督工作，并向部级监督部门报告。

建设部、省（自治区）建设厅住房公积金监督管理机构，负责住房公积金行政监督的日常具体工作。

4. 住房公积金行政监督应当遵循什么原则

住房公积金行政监督应当遵循合法、客观、公正、效率的原则。

5. 住房公积金行政监督有哪些内容

住房公积金行政监督包括以下内容：

（1）贯彻执行住房公积金管理法规和政策情况；

（2）住房公积金管理委员会履行决策职责情况；

（3）住房公积金管理中心履行职责情况，以及依法接受监督情况；

（4）受委托银行承办住房公积金有关金融业务和相关手续情况；

（5）住房公积金管理中心的其他事项。

6. 住房公积金行政监督方式有哪几种

住房公积金行政监督方式包括现场监督和非现场监督。

现场监督是指监督部门对被监督单位实施的实地检查。必要时，监督部门可以聘请会计师事务所等社会中介机构协助检查或者审计。

非现场监督是指监督部门对被监督单位报送的住房公积金管理有关文件和数据资料进行的检查、分析。非现场监督分为常规监督和专项监督。常规监督是监督部门对被监督单位按要求上报有关文件和定期报送数据资料实施的监督；专项监督是监督部门对被监督单位就专项问题按要求报送文件和数据资料实施的监督。

7. 什么时候进行现场监督

现场监督实行定期检查和不定期检查相结合的制度。

省（自治区）监督部门和部级监督部门应在职责范围内拟定年度计划，定期对一定比例的设区城市（包括地、州、盟，以下同）或者省（区、市）进行检查。建设部会同有关部门拟定全国现场检查年度计划和比例，经由部级监督部门及相关部门组成的住房公积金工作联席会议审定后实施。

根据需要，监督部门可以不定期就一个或者一个以上专门问题进行专项检查。

8. 实施现场检查依照怎样的程序进行

监督部门实施现场检查，依照下列程序进行：

(1) 根据检查计划或者专项检查需要，组成检查组，确定检查项目和检查内容，制定检查方案，在实施检查3日前通知被监督单位。监督部门认为必要，也可以在到达检查现场时出示检查通知，检查人员应当出具证件表明执法检查身份。

(2) 检查组就检查事项听取被监督单位的汇报，查阅有关文件、资料，检查被监督单位有关会计凭证、会计账簿、会计报表、统计报表以及现金、实物、有价证券，向有关单位和个人调查取证等。

(3) 检查组应在现场检查结束后，写出检查报告，送被监督单位征求意见。被监督单位有异议的，可以在接到检查报告15日内提出书面意见。逾期未提出书面意见的，视同无异议。

(4) 检查组征求被监督单位意见后，将检查报告报监督部门审定。监督部门对检查事项做出评价，形成检查意见书，送被监督单位。对经查证存在问题的，监督部门还可以依照本办法做出监督决定或者监督建议。

9. 监督部门及其工作人员在履行检查职责时有什么职权

监督部门及其工作人员在履行检查职责时，有权采取以下措施：

（1）要求被监督单位提供与监督事项有关的管理文件、财务账目、原始凭证及其他资料，进行查阅或者予以复制；

（2）向有关单位和个人进行调查，要求就监督事项涉及的问题做出解释和说明，并取得有关证明材料；

（3）对被监督单位和人员隐匿、伪造、篡改、毁弃会计凭证、会计账簿、会计报表，转移、隐匿住房公积金资产以及其他违反法律、法规和行政纪律的行为，责令停止和予以纠正；

（4）建议暂停有严重妨碍检查工作的人员执行公务。

10. 在监督检查中被监督单位、人员有什么权利

在监督检查中，被监督单位、人员有权向监督部门进行陈述和申辩。

11. 实施非现场监督依照怎样的程序进行

监督部门实施非现场监督，依照下列程序进行：

（1）根据监督工作需要，提出报送文件和数据资料的内容、格式、报送方式及时限，通知被监督单位；

（2）审核被监督单位报送的文件和数据资料，对不符合要求的，通知被监督单位补报或重新报送；

（3）分析被监督单位报送的文件和数据资料，通过住房公积金监督管理信息系统查询有关信息，评估住房公积金管理和使用状况及存在的问题，必要时写出监督报告。

12. 对什么事项有关部门、单位应在规定期限内向监督部门备案

有关部门、单位应当在以下事项发生后15日内，按照管理权限，报

省（自治区）监督部门或部级监督部门备案：

（1）为贯彻执行国家关于住房公积金监督和管理规定，拟定的具体办法和措施；

（2）住房公积金管理委员会组成情况、章程、决策制度以及做出的决议；

（3）有关住房公积金管理中心设立、编制和分支机构、业务经办网点、内设机构设置的文件及法人授权书；

（4）住房公积金管理中心与受委托银行签订的办理住房公积金金融业务和住房公积金账户设立等有关手续的委托合同；

（5）监督部门认为需要备案的其他事项。

监督部门发现备案事项违反国家有关规定的，有权责令改正。

13. 如何层级报送住房公积金年度报告

住房公积金管理委员会应当每年就住房公积金决策、管理和使用情况写出年度报告，并于下一年度2月底前向监督部门报告。

省（自治区）监督部门应当每年就本省（自治区）住房公积金决策、管理和使用情况写出年度报告，并于下一年度3月底前向部级监督部门报告。

14. 如何层级报送住房公积金统计报表和会计报表

住房公积金管理中心应当按规定，按时向上级建设行政主管部门、财政部门报送住房公积金统计报表、会计报表，保证数据准确、完整、真实。纸质报表须由经办人和单位负责人签字，加盖单位公章。

省（自治区）建设行政主管部门、财政部门要对本行政区域内住房公积金管理中心的统计报表和会计报表进行汇总，按时向建设部、财政部报送。

15. 有人对住房公积金管理和使用方面的违法违规行为进行检举和控告，监督部门如何办理

公民、法人和其他社会组织对住房公积金管理和使用方面的违法违规

行为进行检举和控告的，监督部门应当及时受理，依法办理。部级监督部门接到举报的，可以批转省（自治区）监督部门办理，案情重大或复杂的也可以直接组织查处。对部级监督部门批转的事项，省（自治区）监督部门应当及时向部级监督部门报告办理情况。

实名举报的，监督部门应当承担对举报人有关情况的保密责任。

16. 如何建立住房公积金监督管理信息系统

建设部依托现有网络，建立健全国家、省（自治区）和设区城市三级联通的住房公积金监督管理信息系统，对全国住房公积金管理和使用情况进行适时监督。省（自治区）建设厅负责本行政区域内住房公积金监管信息系统的建设和正常运行。设区城市住房公积金管理中心业务管理信息系统应与监管信息系统保持联通，保证数据传输的及时、准确、完整和真实。

17. 如何建立对住房公积金管理中心的考核评价体系

建设部会同财政部等有关部门拟定统一的考核办法和标准，建立考核评价体系，组织、指导对住房公积金管理中心工作业绩、管理水平、服务质量和风险控制能力的考核工作；对直辖市、新疆生产建设兵团住房公积金管理中心进行考核。

省（自治区）建设厅会同财政等有关部门，负责对本行政区域内的住房公积金管理中心进行考核。

18. 如何对住房公积金管理中心负责人及关键岗位进行监督

住房公积金管理中心负责人必须符合建设部会同有关部门拟定的任职基本条件。

住房公积金管理中心的关键岗位应当按规定持证上岗。

第二节

行政监督部门的监督权

1. 住房公积金管理中心负责人在什么情形下，监督部门提出撤换或给予行政处分的建议

监督部门要加强对住房公积金管理中心负责人的监督，发现问题及时向设区城市人民政府反映。住房公积金管理中心负责人有下列情形之一的，监督部门可以提出撤换或者给予其他行政处分的建议：

（1）对应当由住房公积金管理委员会决策的事项自行决策，或者不执行住房公积金管理委员会依法做出的决策，情节较严重的；

（2）违反《住房公积金管理条例》规定挪用住房公积金，或者对批准挪用住房公积金行为不予抵制，也没有向监督部门及时报告的；

（3）住房公积金管理中心违反《住房公积金管理条例》第四十条规定，情节较严重的；

（4）住房公积金管理中心向他人提供担保；

（5）拒绝或者阻扰监督部门依法实施监督的；

（6）有贪污、贿赂行为，查证属实的；

（7）住房公积金管理中心连续三年未通过监督部门工作考核的；

（8）不同意辞去兼任的其他行政、事业单位和经济组织职务的；

（9）有其他违法违规行为的。

2. 监督部门对被监督对象的调查程序是怎样的

实施监督过程中，监督部门发现被监督单位和有关个人有违法违规行为嫌疑，需要进行调查的，应当按照以下程序执行：

（1）对需要调查的事项予以立项；

（2）组织调查，收集证据；

（3）有证据证明违法违规行为属实的，依法做出监督决定或者监督建议；

（4）调查认定不存在违法违规行为或者不需要追究行政纪律责任的，应当将调查结果告知被监督单位和有关个人。

调查人员在调查时应当出具证件表明身份。

省（自治区）监督部门对重大、复杂事项的调查结果，应当向部级监督部门报告。

3. 如何建立监督通报制度

监督部门建立通报制度，定期或者不定期通报住房公积金管理法规、政策贯彻执行情况以及存在问题。对于贯彻执行较好的，可以通报表扬；对于存在问题较多或者较严重的，应当通报批评。

4. 监督部门对被监督单位查证属实的违法违规行为，如何提出监督决定或者监督建议

监督部门对被监督单位查证属实的违法违规行为，可以根据有关规定提出以下监督决定或者监督建议：

（1）责令被监督单位限期改正；

（2）建议按照干部管理权限对有关责任人给予行政处分；

（3）建议解聘住房公积金管理委员会委员或者撤换住房公积金管理中心负责人；

（4）建议住房公积金管理中心按规定解除与有关商业银行分支机构经办住房公积金金融业务和相关手续的委托关系；

（5）构成犯罪的，建议移送司法机关依法追究刑事责任；

（6）其他决定或建议。

5. 监督部门对住房公积金的违法、违规行为有什么样的处理权

建设部和省（自治区）建设厅对住房公积金管理和使用中查证属实

的违法、违规行为，有权直接处理的，可以做出监督决定。应当由被监督单位处理，或者依照管理权限由有关部门处理，或者应当移送司法机关处理的，可以提出监督建议。监督决定和监督建议应当以统一的书面格式做出。

6. 对监督部门的监督决定或建议被监督单位应如何执行

对监督部门做出的监督决定，被监督单位应当认真执行，并向监督部门报告执行情况。无正当理由的，不得拒绝执行。监督部门应当对监督决定的执行情况进行检查。

对监督部门做出的监督建议，有关单位、部门应当积极采纳；未采纳的，应当说明理由。

7. 财政部门有什么样的监督权

财政部门对住房公积金管理中执行财政法规情况进行监督，对违反财政法规行为依法给予行政处罚。

国务院财政部门负责拟定住房公积金财务管理和会计核算制度，并监督执行；省（自治区）财政部门负责本行政区域内住房公积金管理中心（包括分中心）执行《住房公积金财务管理办法》（财综字［1999］59号）和《住房公积金会计核算办法》（财会字［1999］33号）情况的监督检查，并组织设区城市财政部门建立对住房公积金管理和使用的全过程监督机制；设区城市财政部门负责对本行政区域内住房公积金管理和使用情况进行监督。

8. 哪些机关有权对住房公积金账户进行监督

建设行政主管部门、财政部门、中国人民银行及其分支机构依据管理职权，对住房公积金管理中心在受委托银行设立住房公积金账户进行监督。

9. 中国银行业监督管理委员会有什么样的监督权

中国银行业监督管理委员会及其派出机构依照有关法规和《商业银行中间业务管理暂行规定》，对受委托银行承办的住房公积金金融业务和相关手续进行监督。

10. 审计部门有哪些监督权

住房公积金管理中心应当认真接受审计部门依法对其财务收支的真实、合法、效益进行审计监督，住房公积金管理中心负责人应当接受经济责任审计。

11. 监督部门对被监督单位的哪些行为有建议处分权

被监督单位有下列行为之一的，监督部门可以建议有权部门，对负有责任的主管人员和其他直接责任人员给予行政处分；构成犯罪的，由司法机关依法追究刑事责任：

（1）拒绝、阻挠监督人员进行监督的；

（2）拒绝或者故意拖延提供与监督事项有关文件、数据和资料的；

（3）隐瞒事实真相、出具伪证或者隐匿、转移、篡改、毁灭证据的；

（4）拒绝就监督部门所提问题做出解释和说明的；

（5）无正当理由，拒不执行监督决定的。

12. 对被监督对象和监督部门及工作人员的违纪、违法行为如何处理

（1）被监督单位和有关个人对控告人、检举人、监督人员进行报复陷害的，由有权部门对直接责任人给予行政处分；构成犯罪的，由司法机关依法追究刑事责任。

（2）省（自治区）监督部门以及设区城市有关监督部门未按照有关

规定履行监督职责的，上级主管部门应依据管理职权责令限期改正；造成资金损失的，对有关责任人给予行政处分。

（3）监督人员滥用职权、徇私舞弊、玩忽职守的，由监督部门给予行政处分；构成犯罪的，由司法机关依法追究刑事责任。

第十章

住 房 补 贴

第一节
住房补贴的概念及管理

1. 什么是住房补贴

住房补贴是国家为职工解决住房问题而给予的补贴资助，就是将原用于住房建设、维修、管理折旧的资金、租金收入、公房出售收入等资金转化为住房补贴，根据城市价格水平、面积水平、需补贴的年限和比例，分次（如按月）或一次性地发给职工，再由职工到住房市场上通过购买或租赁等方式解决自己的住房问题。住房补贴资金是指单位停止住房实物分配后，采取货币分配方式，向职工发放的用于住房消费的专项资金。住房补贴是补给 1998 年 12 月 31 日前参加工作且住房未达标或无房的老职工，以及 1999 年 1 月 1 日后参加工作的新职工。

2. 住房补贴的主要依据是什么

国务院《关于进一步深化城镇住房制度改革加快住房建设的通知》（国发［1998］23号）规定，1998年下半年开始停止住房实物分配，逐步实行住房分配货币化。停止住房实物分配后，房价收入比（即本地区一套建筑面积为60平方米的经济适用住房的平均价格与双职工家庭年平均工资之比）在4倍以上，且财政、单位原有住房建设资金可转化为住房补贴的地区，可以对无房和住房面积未达到规定标准的职工实行住房补贴。职工购房资金来源主要有：职工工资，住房公积金，个人住房贷款，以及有的地方由财政、单位原有住房建设资金转化的住房补贴等。住房补贴的具体办法，由市（县）人民政府根据本地实际情况制订，报省、自治区、直辖市人民政府批准后执行。

3. 住房补贴发放的原则是什么

住房补贴发放的原则是：坚持效率优先，兼顾公平的原则，由各地政府根据当地经济适用住房平均价格、平均工资，以及职工应享有的住房面积等因素具体确定。

4. 住房补贴如何实施

住房补贴发放的对象是职工。目前，行政机关和事业单位已经实施，企业根据自身的条件参照执行。已按房改优惠政策购买了规定面积标准住房的职工不享受住房补贴；承租公有住房的职工在自愿退出所租住的住房后，可以享受住房补贴。职工住房面积未达到规定标准的住房补贴办法和职工住房面积标准按地方政府规定施行。

5. 享受住房补贴的条件有哪些

享受住房补贴者须符合下列条件之一：

（1）1998 年 12 月 31 日（含）以前参加工作，未按标准租金、成本租金租住或未按标准价、成本价购买公有住房的职工；

（2）1998 年 12 月 31 日（含）以前参加工作，已按标准租金、成本租金租住或已按标准价、成本价购买公有住房，但住房面积未达到规定职级标准的职工；

（3）1999 年 1 月 1 日（含）以后参加工作的无房新职工。

6. 住房补贴发放的对象是什么

（1）未以成本价购买单位公有住房和政府直管公房的职工；

（2）虽已按成本价购买了公有住房，但住房面积未达到规定住房补贴面积标准的职工；

（3）按经济适用住房指导价购买公有住房的职工；

（4）居住私房（自建、受赠予、继承的住房）或在市场上承租住房以及个人出资购买商品房或经济适用住房的职工；

（5）未享受房改优惠政策购买公有住房的再婚职工；

（6）现承租单位和政府直管公有住房的职工，在租金标准未达到成本租金水平之前，承租期间不享受住房补贴，若职工退出承租的公有住房时，可按规定的住房补贴面积核定住房补贴；

（7）虽按建房实际费用（含征地和拆迁补偿费）全额集资建房但未达到规定的住房补贴面积标准的职工，可领取差额面积部分的住房补贴；

（8）夫妇双方婚前已分别购买公有住房，有一方或双方未达到规定住房补贴面积标准的，按各自婚前所购住房面积核定差额住房补贴；

（9）住房面积未达到规定住房补贴面积标准的家庭户职工，由夫妻双方分别按照各自现任职务（职称）所对应的住房补贴面积标准核定，双方均不达标的，可按各自的差额面积领取住房补贴，一方已达标的，只发不达标一方的住房补贴；

（10）1998 年 12 月 31 日后去世的职工符合住房补贴条件的，可享受住房补贴。

7. 什么是无房老职工

根据《关于印发〈关于发放购房补贴中几个具体问题的处理意见〉的通知》（国管房改字［2002］203号）的规定：1998年12月31日（含）前参加工作，职工及其配偶同时符合下列条件的为无房老职工：

（1）未以规定的公有住房租金标准承租公有住房；

（2）未以房改成本价、标准价或其他政府优惠价格购买公有住房（职工全额出资以市场价或经济适用房价格购买住房的，不影响其按规定享受购房补贴待遇）；

（3）未按城市房屋拆迁政策享受货币补偿，未按危改政策享受补偿或未按房改价回迁住房；

（4）未以房改成本价或标准价参加集资合作建房；

（5）未享受过单位资助购建住房；

（6）未领取过国家或单位的住房补助（不含住房公积金，提租补贴）；

（7）退出以规定的标准租金承租城镇私有住房。

8. 什么是住房面积未达标职工

住房面积未达标职工是指本人及配偶分得的现住公有住房和已购公有住房使用面积没有达到规定标准的职工。

9. 为什么要划分新老职工，其界限是什么

国务院《关于进一步深化城镇住房制度改革加快住房建设的通知》（国发［1998］23号）文件颁布后，才开始进行职工住房补贴的，为了区分职工不同的情况，测算职工住房补贴所以要划分老职工和新职工。新老职工的界限是1998年12月31日。在此（1998年12月31日）之前参加工作的职工为老职工，在此（1999年1月1日）之后参加工作的职工为新职工。

10. 无房、住房未达标职工怎样界定

无房职工是指夫妇双方均未以含有国家或单位补贴的租金、售价承租或购建住房及未通过各种补偿购买住房（个人全额出资购买的经济适用住房除外）的职工。

住房未达标职工是指夫妇双方以含有国家或单位补贴的租金和售价承租或购建的住房及通过各种补偿购买的住房（个人全额出资购买的经济适用住房除外）经核定后的面积未达到规定标准的职工。

11. 住房补贴建筑面积的标准是多少

各地住房补贴建筑面积的标准不同，没有统一的规定，职工住房补贴只能依据当地政府规定的住房补贴建筑面积标准执行。以北京为例，行政机关公务员住房补贴建筑面积标准为：科级以下 60 平方米，正、副科级、25 年（含 25 年）以上工龄的科员、办事员 70 平方米，副处级、25 年（含 25 年）以上工龄的正、副科级 80 平方米，正处级 90 平方米，副局级 105 平方米，正局级 120 平方米。行政机关工勤人员住房补贴建筑面积标准：技术工人中的初、中级工和 25 年以下工龄的普通工人 60 平方米，技术工人中的高级工、技师和 25 年（含 25 年）以上工龄的初中级工普通工人 70 平方米，技术工人中的高级技师 80 平方米。

12. 住房补贴标准如何确定

（1）住房补贴标准依据当地经济适用住房基准价格、职工住房补贴建筑面积标准、工资水平等因素测定。

（2）职工住房补贴包括基准补贴和建立住房公积金制度前的工龄补贴。

① 每平方米基准补贴额根据当地经济适用住房基准价格除以 2 与个人合理负担额之差测定；职工个人合理负担额按不低于职工年均工资的 4

倍除以60平方米（建筑面积）确定。

② 工龄补贴额按年度每平方米建筑面积工龄补贴额与职工建立住房公积金制度前的工龄以及职工购房补贴建筑面积标准的乘积计算。其中，年度工龄补贴额按国务院房改《决定》（国发［1994］43号）规定的出售公有住房工龄折扣办法计算。

（3）职工住房补贴面积，无房职工按规定的住房补贴面积标准计算；不达标职工按规定的住房补贴面积标准与职工享受房改政策购房（含房改房、安居房、集资建房等）面积的差额计算；双职工家庭由职工所在单位分别按职工个人应享受的住房补贴面积计算。

（4）各地人民政府可根据本地经济适用住房价格、职工工资水平、住房公积金缴存比例对职工住房补贴额适时调整，调整方案报上级住房制度改革领导小组批准后执行。

13. 住房补贴的发放方式有哪些

住房补贴的发放方式可分为一次性住房补贴、基本补贴加一次性补贴和按月补贴等三种形式。

（1）一次性补贴方式，主要针对无房的老职工，在职工购房时一次性发放。对发放一次性补贴的职工必须有一定工作年限的规定。未达到规定年限的职工，按实际工作年限发放。差额部分可以借支，在今后工作年限内抵扣。

（2）基本补贴加一次性补贴方式，按一般职工住房面积标准计算，逐月发放基本补贴；各级干部与一般职工因住房面积标准之差形成的补贴差额，在购房时一次性发放。

（3）按月补贴方式，主要针对新职工，在住房补贴发放年限内，按月计发。住房补贴主要采取一次性补贴方式；补贴资金来源稳定，数量充足的城市和单位，在妥善作好住房补贴资金的长期规划和安排后，也可采取按月补贴或基本补贴加一次性补贴。

14. 目前住房补贴主要采取哪种方式发放

住房补贴办法的优点是灵活性强，能适应各地各单位的情况，能区别对待有房户、无房户、力求社会公平。采用住房补贴方式，要有科学、规范的补贴发放办法、避免随意性。从目前各地制定方案的情况看，绝大多数省、市采取一次性补贴或按月补贴的形式，有个别城市准备采取基本补贴加一次性补贴的形式。相当一部分省、市采取了“新房新办法，老房老办法”的方式，即对新方案实施后参加工作的职工采取按月补贴的办法，对新方案实施前参加工作的无房职工和住房面积未达标的职工采取一次性补贴办法。

在按月补贴中，又分为两种方式：一种是在一定年限内（一般20—25年）逐月发放住房补贴，计入个人账户；另一种是按职工工资的一定比例提高住房公积金缴交率，作为住房补贴，比照住房公积金的办法进行管理。这些都把对新人的住房补贴与长远的住房货币分配理入工资的要求相结合，值得借鉴。但要注意按月补贴的控制年限不能太短，时间越短，测算出的补贴比例就越高，会加大财政和单位补贴压力，也不利于长远的住房补贴理入工资。实行提高住房公积金缴交比例的方式，特别要注意缴交年限和缴交的比例的测算。原则上应按照职工工作年限（公积金缴交年限）测定，如35年左右。因为随着分配制度改革的深化，全部收入货币化，全部货币工资化，职工工资基数会逐渐加大，如果年限太短，缴交比例过高，今后难以调整。此外，考虑到职工日常生活，职工个人缴交部分要确定一个合适的比例，不能太高。

15. 住房补贴资金由谁管理

单位发给职工的住房补贴资金，归职工个人所有，委托住房资金管理中心比照住房公积金进行管理。

16. 住房补贴管理的原则是什么

单位向职工发放的住房补贴资金属于职工个人所有。住房补贴资金必须按照“银行专户、核算到个人，专款专用”的原则进行管理，任何部门和单位不得截留、挤占和挪用。

17. 住房补贴管理机构如何进行管理

住房补贴资金由住房公积金管理中心负责管理，并委托承办住房公积金业务的银行（受托银行）办理相应金融业务。住房公积金管理中心在受托银行开立住房补贴资金专户，并在该专户下设立单位和职工个人购房补贴资金明细账户，记载单位和职工个人购房补贴资金的缴存和支取情况。每个符合住房补贴发放条件的职工只能有一个购房补贴资金专户。

单位应建立职工个人的住房补贴资金台账。

18. 承办银行及其职责是什么

委托经办住房公积金业务的银行均可承办住房补贴金融业务，住房公积金管理中心在承办银行各经办网点分别开立住房补贴资金账户，在此账户下，各单位在本单位住房公积金缴存银行经办网点开立单位住房补贴账户（与住房公积金账号分别设立，但有关联），并在单位账户下建立职工个人账户，银行经办网点具体办理各单位住房补贴的缴存、补交、支取、转移、核定、结息、对账和查询业务。

19. 住房补贴资金的主要来源在哪

住房补贴资金主要由城市住房基金、单位住房建设基金、单位住房资金、财政拨付的预算外资金、单位其他收入以及折旧等资金的划转组成。各级财政和各单位应按时做好住房补贴资金的预算、核定和划转工作。

财政补贴单位仅指财政全额和差额拨款的行政、事业单位。

财政全额拨款或差额拨款的单位，住房补贴资金按下列顺序拨付：（1）单位住房基金；（2）单位自有资金；（3）财政专项补贴。全额拨款单位由财政列入预算拨付；定额或定项补助单位按差额比例分别在单位住房基金、单位自有资金及财政预算拨付中列支；仍有困难的单位，可提出申请，经财政审核后，具体确定单位负担的比例，其余部分由财政列入预算拨付。

经费自理的事业单位用于住房补贴的资金，首先利用现有住房建设资金、单位住房基金、公益金及单位自有资金，不足部分经财政审核同意后，可暂在税前利润中列支。

企业单位职工住房补贴先从现有建房资金渠道（售房款、住房折旧、公益金）解决，不足部分列入成本。

20. 住房货币化分配中“没有住房”的含义是什么

住房货币化分配中“没有住房”，是指本人及配偶未享受过单位分配的公房或未购买房改房、解困房及参加单位内部集资建房、未获得拆迁安置房等政策优惠的各类公有住房。

21. 住房补贴计发期间，职工如遇职级变动其住房补贴如何发放

在计发补贴期间，本人职务、职称和技术等级发生变动的，采取一次性住房补贴发放方式的职工，按新的职级标准发放：当该职工的职级提高时，其一次性住房补贴的差额给予追加；职级降低时，该职工在 1998 年 12 月 31 日及其以前已满 20 年工龄的，其一次性住房补贴的差额不予扣除；不满 20 年工龄的，则须扣除其实际工作年限与 20 年相差年限的一次性住房补贴差额。采取住房公积金补贴方式的职工，相应的住房补贴发放标准每年按住房公积金同步调整。

22. 哪些住房的面积核定为职工住房面积

下列 9 种住房的面积均核定为职工住房面积：

（1）职工及其配偶按规定的公有住房租金标准承租的公有住房，或以房改成本价、标准价（含标准价优惠）购买或集资购建的公有住房均核定为职工住房面积；

（2）职工及其配偶按高于当年房改成本价集资购建住房的，其购建住房面积减去扣除面积部分核定为职工住房面积；

(3) 职工承租公房（含标准租私房）危改回迁的，其回迁住房中按房改成本价购得的面积核定为职工住房面积；

(4) 两个（含）以上家庭承租或按房改价格购买公有住房的，住房面积按职工居住的居室面积和应分摊的面积之和核定；

(5) 公房承租人去世后，同住人经房屋产权单位同意并按规定办理租赁变更手续成为承租人的，核定为变更后承租人及其配偶的住房面积；

(6) 职工及其配偶申请承租或购买一套以上公有住房的，住房面积合并计算；

(7) 职工及其配偶按同一渠道分得的多套住房，住房现承租人或购买人无论是职工及其配偶，还是其子女，原则上核定为职工及其配偶的住房面积，超出住房面积标准的部分可核定为子女住房面积；

(8) 职工及其配偶承租或按房改优惠价购买军产房的，应核定为住房面积，其中承租的不可售公房腾退后，可按有关规定申领住房补贴；

(9) 职工夫妇双方已按含有国家或单位补贴的租（购）价承租或购建住房的，其阳台建筑面积的50%核定为职工住房面积；复式结构的阁楼其建筑面积的70%核定为职工住房面积；独立使用的平台不核定为职工住房面积。

23. 职工继承父母以房改成本价购买的住房，是否核定为职工的住房面积

职工以继承、受赠等方式取得的私有住房，不核定为职工的住房面积。

24. 职工购买的经济适用房或私有住房核定为职工住房面积吗

下列3种住房不核定为职工住房面积：

(1) 职工及其配偶全额出资以市场价或经济适用住房价格购买、建造的住房和以市场租金承租的住房；

(2) 以继承、受赠等方式取得的私有住房；

（3）职工及其配偶退还承租的标准租私房。

25. 夫妇离异后，未取得住房的一方，可否作为无房职工享受住房补贴

夫妇离异后，尽管一方未取得住房，也不能作为无房职工享受住房补贴。这是因为夫妇双方在婚姻存续期间在住房实物分配体制下承租或按房改优惠政策购买的公有住房，事实上已做为夫妻双方的共同财产，应视为双方都享受了房改优惠政策。离异后一方虽然未取得住房，但住房已作为家庭共同财产在夫妻二人进行了分配，因此应将婚姻关系存续期间承租或购买的公有住房核定为夫妻二人的住房。离异前承租或已购公有住房已经达到本人住房补贴面积标准的，不得再享受住房补贴，离异前已购公有住房没有达到住房面积标准的，可以享受差额住房补贴。

26. 单位为职工交纳的住房补贴是否可以免征个人所得税

可以。职工住房补贴免征个人所得税办法按财政部、国家税务总局《关于住房公积金医疗保险金养老保险金征收个人所得税的通知》（财税字（1997）144 号文件）的规定执行。

27. 聘用制的职工怎样计发住房补贴

对实行聘用制的职工，单位可按实行住房补贴制度时聘任职务所享受的面积标准计发住房补贴。

28. 发放住房补贴，是否需要考虑职工的户口

不需要。住房补贴是发给职工的住房工资，是为职工解决居住问题而发放的货币化补偿资金。无论是否具备当地城镇常住户口，在当地工作都有住房问题，因此单位实行住房补贴制度原则上应以工资关系为准确定计发住房补贴与否。有工资关系，就应发放住房补贴。

29. 职工将自己承租的公有住房，变更为由子女承租或按房改成本价购买，如何核定其住房面积？是否还可以申请住房补贴

原分配给职工夫妇双方承租的公有住房，不管现转由谁承租或购买，原则上均核定为职工及其配偶的住房面积。如果超过其住房面积标准，视为其住房已达标，对其超标处理时，可将超标部分核定为子女的住房面积，不再对职工本人进行超标处理。核定在子女名下的住房，如按子女的标准衡量，属未达标，可申请住房补贴；属超标的，按超标规定处理。

如果因职工双方去世后，承租的公有住房转由共同居住的子女承租，该住房面积核定为现承租人的住房面积。

30. 已经去世的职工还有住房补贴吗

职工有无住房补贴是根据当地出台住房分配货币化实施方案的具体时间确定的。参照中央和国家机关的政策和做法，北京市提出只有在1999年9月1日及以后去世的无房和未达标职工可以享受住房补贴，其住房补贴由原工资关系所在单位根据其住房实际情况及相关规定核发，并由其继承人按《中华人民共和国继承法》的有关规定办理支取手续，此前去世的职工不予追补。具体有无住房补贴，应根据当地政府出台的住房补贴办法执行。

31. 职工购买上市出售的房改房、经济适用房或商品房，是否可以领取住房补贴

再次上市出售的房改房、经济适用房或商品房，都是二手房，属商品房性质。因此，职工购买这些住房不核定为职工的住房面积，不影响领取住房补贴。

32. 职工的住房补贴如何使用

住房补贴，只能专项用于职工住房消费，具体来说可用于购买、建

造、翻建、大修自住住房，偿还住房贷款本息，支付按市场租金租房的房租和所购住房的物业管理费、供暖费等住房消费支出。

33. 企业住房补贴如何进行

企业住房补贴实行分类指导，企业可根据本单位的财力，参照当地住房补贴办法，允许与机关事业单位住房补贴有所区别，制定企业自己的补贴办法，但要经本单位职工或股东代表大会讨论通过，按规定报批后才能组织实施。

34. 住房补贴和住房公积金有什么区别和联系

住房公积金是指国家机关、国有企业、城镇集体企业、外商投资企业、城镇私营企业及其他城镇企业、事业单位、民办非企业单位、社会团体及其在职职工缴存的长期住房储金。而住房补贴是国家为职工解决住房问题而给予的补贴资助，即将单位原有用于建房、购房的资金转化为住房补贴，分次（如按月）或一次性发给职工，再由职工到住房市场上通过购买或租赁等方式解决自己的住房问题。

住房公积金和住房补贴的区别主要表现在以下两个方面：

（1）对象范围不同。住房公积金的建立范围基本上是各单位的全体在职职工，离退休职工不建立；住房补贴的发放对象范围是各单位的无房职工和住房面积未达到其职级所对应的住房补贴面积标准的职工，包括离退休职工，是全体职工中（符合特定条件）的一部分职工。

（2）构成不同。住房公积金是由职工个人从工资中扣缴和单位资助两部分构成；住房补贴是由单位单方面给予职工的资助，不需职工个人从工资中作扣缴。

住房公积金和住房补贴的联系主要表现在以下几个方面：

（1）在某种情况下，住房公积金等同于住房补贴。企事业单位实行住房分配货币化时，既可以采取建立补充住房公积金的形式，也可以采取直接发放住房补贴的形式。因此，在单位采取建立补充住房公积金的形式实行货币化时，此时在职工原有住房公积金缴存额基础上新补充的住房公积金部门实质上就是住房补贴。

(2) 单位用于资助职工的住房公积金和住房补贴的资金来源相同。这两种资金的来源都是首先立足于单位原有住房基金划转，不足部门区分单位不同性质分别由财政预算拨付或列支成本费用。

(3) 住房公积金与住房补贴资金的管理和使用基本相同。目前住房补贴资金是必须要在住房资金管理中心系统开立职工住房补贴账户，比照住房公积金进行专户存储和专项使用的，与住房公积金分别核算。两者在具体的资金管理模式和使用方向上基本一致。

(4) 住房公积金与住房补贴在税收优惠上是相同的。职工的该两项资金均免征个人所得税。

(5) 住房公积金与住房补贴在所有权归属上是相同的。职工个人账户中的住房公积金以及住房补贴均归职工个人所有。

(6) 对于机关事业单位（还包括参照机关住房分配货币化模式的企事业单位）的无房或未达标老职工而言，领取的住房补贴多少与职工何时建立住房公积金有关。老职工是指1998年年底前参加工作的职工(包括1998年年底前离退休的职工)。机关无房老职工的住房补贴由一次性补贴和按月补贴两部门组成，其中一次性补贴的计算公式是：一次性补贴额=(职工1998年月均标准工资×1999年度月住房补贴系数)+(1999年度工龄补贴额×职工建立住房公积金制度前工龄×住房补贴面积标准);机关住房未达标老职工领取差额补贴,差额补贴额计算公式是:差额补贴额=(1999年度基准补贴额+1999年度工龄补贴额×职工建立住房公积金前的工龄)×差额面积。因此，从公式可见，机关老职工（住房达标者除外）无论是无房还是住房未达标，其住房公积金的建立时间，关系到其领取的住房补贴额的多少，虽然这种影响可能并不大。

(7) 在目前新的住房分配制度下，职工解决住房问题的途径，主要是利用包括住房公积金、住房补贴、工资及积蓄在内的资金，并通过住房贷款的支持来解决。即住房公积金和住房补贴是新的住房分配制度下职工解决住房问题的两个重要资金来源。

第二节
住房补贴计算方法及操作程序

1. 职工的住房补贴额如何确定

职工的住房补贴额：向职工发放的住房补贴额等于每平方米建筑面积补贴额与该职工的住房补贴面积的乘积。无房职工的补贴面积，按规定的住房补贴面积标准计算。每个职工的住房补贴由各职工单位自行负担。发放住房补贴应考虑建立在住房公积金制度前的职工工龄。

2. 什么是按月补贴

按月补贴是指单位为无房老职工（指 1998 年 12 月 31 日（含）前参加工作的无房职工）和新职工（指 1998 年 12 月 31 日后参加工作的职工）1999 年 1 月 1 日后工作年限内按月发放的住房补贴。

3. 按月补贴如何计算

按月补贴计算公式为：

无房老职工和新职工按月补贴额 = 职工当月标准工资 × 年度月住房补贴系数

4. 什么是一次性补贴

一次性补贴分为无房老职工 1998 年底以前的一次性补贴、未达标职工差额补贴、职工职务晋升级差补贴三种。

5. 什么是无房老职工一次性住房补贴

无房老职工 1998 年底以前的一次性补贴是指单位为无房老职工一次性发放的 1998 年底以前工作年限内的住房补贴。

6. 无房老职工一次性住房补贴如何计算

无房老职工一次性住房补贴的计算公式为：

$$\text{无房老职工一次性住房补贴额}=\text{职工 1998 年月均标准工资}\times\text{1999 年年度月住房补贴系数}\times\text{职工 1998 年底前的工作月之和}+\text{1999 年年度工龄补贴额}\times\text{建立住房公积金前工龄}\times\text{职工住房补贴建筑面积标准}$$

7. 什么是差额补贴

差额补贴是指单位为住房面积未达标职工一次性计发的差额补贴。

8. 差额补贴如何计算

差额补贴的计算公式为：

$$\text{差额补贴}=\left(\text{1999 年度基准补贴额}+\text{1999 年度工龄补贴额}\times\text{建立住房公积金前工龄}\right)\times\text{差额面积}$$

$$\text{差额面积}=\text{职工住房面积标准}-\text{现住房建筑面积}$$

9. 什么是级差补贴

级差补贴是指 1998 年 12 月 31 日（含）前参加工作的有房老职工职务晋升、工勤人员晋升技术等级时，单位对其一次性计发的级差补贴。

10. 级差补贴如何计算

级差补贴的计算公式为：

$$\text{级差补贴}=\left(\text{届时基准补贴额}+\text{届时工龄补贴额}\times\text{建立住房公积金前工龄}\right)\times\text{级差面积}$$

$$\text{级差面积}=\text{晋升后住房补贴建筑面积标准}-\text{晋升前住房补贴建筑面积标准}$$

11. 离退休职工无房或住房未达标的住房补贴如何发放

离退休职工无房或住房未达标的，单位为其发放的住房补贴可直接以现金的方式发放。

12. 职工申请住房补贴有哪些步骤

机关事业单位无房和未达标职工住房补贴申请审核程序有如下5步：

（1）无房和住房未达标职工，向所在单位提出住房补贴申请，填写《职工住房补贴申请审核表》，并经配偶所在单位审核盖章；

（2）单位将申请住房补贴职工的住房情况、职务、工龄、月基本工资、住房补贴额等情况在本单位范围内进行为期10天的张榜公示，经公示有异议的，单位要进一步核实，不符合条件的取消其领取住房补贴资格；无异议的，由职工所在单位房改（房管）部门和主管领导审核后分别在《职工住房补贴申请审核表》上盖章并签署意见；

（3）单位按隶属关系到当地房改办开具完成住房普查证明；

（4）计算本单位住房补贴资金年度需求量，填写《单位住房补贴申请汇总表》，将汇总表和住房普查已完成的证明上报上级主管部门；

（5）主管部门按一级预算单位汇总住房补贴需求量上报同级财政部门。

13. 住房补贴如何办理开户手续

（1）登记开户。单位经办人员直接到本单位缴存住房公积金的银行经办网点领取《住房补贴登记表》和开户印鉴卡片，填写登记表，在印鉴卡上预留印模后，一并交银行经办网点，开立单位住房补贴账户，取回银行盖章的印鉴卡。同时领取《住房补贴核定清册》。

（2）核定按月补贴职工的月缴存额。单位将缴存按月补贴职工的月缴存额等情况填入核定清册，在清册各页上加盖单位人事或劳资部门章后，递交银行经办网点。银行将清册内容录入记账系统，同时打印清册基础核对单给单位核对，单位根据核定清册逐项核对，核对无误后，盖章交回银行经办网点；发现不符时在基础核对单上用红笔更正，盖章返回银行，直至无误后，银行为按月补贴职工个人开立住房补贴账户。

（3）登记表与核定清册填写注意事项：

① 登记表中“主管部门名称”及“主管部门编号”按所列内容填写；

② 核定清册中仅填写缴存按月补贴职工的有关情况，单位没有按月补贴的，不作核定；

③ 核定清册所有金额精确到元位，元以下四舍五入。

④ 核定清册中“个人账号”在首次核定时，填写个人住房公积金账号，以后核定填写银行设定的住房补贴账号。

14. 如何缴存住房补贴

单位在每月发薪日后 5 天内（遇节假日顺延）缴存住房补贴。住房补贴的缴存分为按月补贴的缴存和一次性补贴的缴存。

（1）按月补贴的缴存手续如下：

① 单位填写一式三联《住房补贴缴存凭证》（相当于进账单，以下简称缴存凭证）；

② 签开转账支票，支票“收款人”填写本单位全称（与支票背书一致），“用途”填缴存住房补贴；

③ 将缴存凭证和转账支票一并送交银行经办网点，取回银行盖章的缴存凭证第四联。

（2）一次性补贴的缴存时，单位填写缴存凭证，并在缴存凭证后附《住房补贴补交清册》，比照按月补贴的缴存手续办理。银行在录入补交清册的同时，为尚未开立住房补贴账户的职工开立个人账户。补交清册中，未开立补贴账户职工的“个人账号”栏填写个人住房公积金账号。

15. 如何补交住房补贴

住房补贴补交是已开户缴存按月补贴的职工因故未按时缴存或单位集体补交以前月份的按月补贴时，可办理按月补贴补交手续。新增的尚未开立补贴账户的职工需补交按月补贴时，单位应先办理变更手续中的“新增”，再办理补交手续。办理住房补贴补交手续时，单位要填写缴存凭证，并在缴存凭证后附《住房补贴补交清册》，比照缴存手续办理。

16. 什么情况下可以办理住房补贴变更手续

住房补贴的变更是指单位因缴存按月补贴的职工增减变化引起当月缴存总额变动时所办理的手续。下列情况下，单位办理变更手续：

（1）新增加或调入职工；

（2）职工因停薪、辞职等原因封存住房补贴账户；

（3）个人已封存账户启封。

办理变更手续应在发生变更的当月，单位在缴存时，填写缴存凭证，并附《住房补贴缴存变更清册》一式三份，单位留存一份，另两份加盖单位印章后，持缴存凭证、转账支票与变更清册一同送交银行经办网点，办理变更缴存。

17. 什么情况下职工可以支取住房补贴

下列情况职工可提供有效证明材料支取其账户内的住房补贴：

（1）职工因购买自住住房（提供交房款收据复印件，购房贷款的提供《代扣还款委托书》复印件）；

（2）职工因建造、翻建和大修自住住房（提供城市规划部门或房地产行政管理部门的批复文件）；

（3）职工离退休（提供单位证明或离退休证复印件）；

(4) 出国(境)定居或因私出国(境)一年以上(提供因私护照和签证复印件，旅游护照无效)；

(5) 职工死亡或被宣告死亡(提供死亡证明或单位证明)。

前款(1)、(2)项可办理住房补贴支取手续，补贴账户应保留10元余额继续专户缴存，以后每年可支取一次，直至退休销户。前款(3)、(4)、(5)项可办理住房补贴销户手续，职工取出账户内全部本息余额，住房补贴账户销户。

18. 住房补贴如何使用

(1) 职工住房补贴可用于购买、建造、翻建、大修自住住房，偿还住房贷款本息，支付按市场租金租房的房租和所购住房的物业管理费、供暖费等住房消费支出。

(2) 职工离退休、调离本市或出国定居时，其个人住房补贴账户资金本息一次退还职工本人。职工在职期间死亡，其个人住房补贴账户资金本息由其法定继承人按规定办理支取手续。

19. 职工购买住房时，可否申请支取其配偶或亲属的住房补贴

住房补贴是为解决家庭住房问题而发放的货币补贴资金，因此以夫妻双方任一方名义购买住房，夫妻双方都可以申请支取本人住房补贴账户内的住房补贴，但因家庭其他成员还有本身的住房问题需要解决，所以，不可以支取其他人的住房补贴资金。

20. 职工支取住房补贴具体手续有哪些

职工支取住房补贴按照“职工提供有效证明，单位填写取款凭证，银行负责支取审核”的方法办理。具体支取手续如下：

(1) 职工持支取或销户有效证明材料向单位住房补贴经办部门提出支取申请，单位经办人员填写《住房补贴支取/转出凭证》，加盖单位预

留银行印鉴，持经办人员身份证、取款凭证和支取证明材料，到银行经办网点办理支取。

(2) 银行网点负责审核并留存职工支取证明材料，对符合条件的，办理支取或销户，将职工支取的住房补贴直接划入个人储蓄账户，职工可持卡到银行储蓄网点或ATM自动取款机上取出现金。

21. 什么是住房补贴转移

住房补贴转移是指职工在本市范围内变动工作单位且调入单位已建立住房补贴专户时，将其原住房补贴账户内的余额转入新单位住房补贴专户。调入单位未建立住房补贴专户时，职工的住房补贴在原单位个人账户内封存。

22. 住房补贴转移有几种类型

住房补贴转移分为不销户转移和销户转移两种类型。

(1) 不销户转移是转入单位在原经办银行系统开立住房补贴专户的属经办银行系统内转移。转移时个人账号不改变，补贴资金转入新单位住房补贴专户。同时，银行将根据转入、转出单位是否为同一住房资金管理中心办理不同的利息结转手续。

(2) 销户转移是转入单位未直接在原经办银行系统开立住房补贴专户的，即转出经办银行系统。销户转移时，职工原住房补贴账户撤销，本金和利息合计金额转入新单位所在的住房补贴专户。由转入资金中心通知单位办理补交手续，进入职工个人新账户。

23. 如何办理住房补贴转移手续

职工持调动证明向原单位提出转移申请，单位审核同意后，经办人填写《住房补贴支取/转出凭证》，加盖单位预留银行印鉴，持经办人身份证。职工持调动证明到银行经办网点办理转移，取回银行签章的取款凭证第一联。办理住房补贴转移时要注意以下事项：

（1）填写取款凭证时，有关转入单位的项目根据职工本人提供的信息填写，“金额”项由银行核实后填写；

（2）不销户转移时（即在原经办银行系统内转移），职工原单位住房补贴应先办妥转移，新单位住房补贴才能正常缴存，以免同一职工产生两个住房补贴账号。

24. 如何核定住房补贴

住房补贴的核定是指缴存按月补贴的职工月缴存额发生变化时，为重新确定其月缴存额所办理的手续。下列情况下，单位办理核定：

（1）因国家规定的月住房补贴系数发生变化而引起职工月缴存额变化时；

（2）职工工资变化而变更月缴存额时，单位可随时为职工办理核定。

核定方法：单位到住房补贴管理部门或银行经办网点领取《住房补贴核定清册》，填写或打印一式三份，并在各页加盖单位劳动或人事部门章，递交银行经办网点。银行审核并在首页盖章后，退单位留存一份，另两份分别由银行经办网点和住房补贴管理部门留存。

25. 住房补贴如何结息

（1）职工个人账户的补贴存款由银行经办网点按规定利率进行年度结息，结息日为每年6月30日，利息记入本金。

（2）结息后，单位到银行经办网点领取一联单位汇总利息清单和一式两联职工住房补贴对账单，可根据个人对账单登记台账，并将一联个人对账单发给职工对账。

26. 住房补贴如何对账和查询

（1）对账

① 单位住房补贴存款账户的对账分为定期对账和不定期对账。定期对账于每年6月30日和12月31日进行；不定期对账由单位向银行提出

书面申请，银行打印对账单逐笔勾对。

② 职工住房补贴存款账户的对账：每年 6 月 30 日结息后，单位取回个人对账单发给职工一份，由职工根据存储凭证自行对账。对账后发现不符，由单位统一到银行经办网点办理查询。

（2）查询

① 书面查询：可填写《住房补贴查询书》，经单位签章后送交经办网点，取回一联经办网点签章的查复通知办理查询。

② 询卡查询：银行已经为每个住房公积金缴存人（免费）发放的住房公积金查询卡，同时可查询个人住房补贴余额，利用此卡，职工个人可在银行所属的 ATM 机上，随时查询本人住房补贴余额。并且此卡还有普通储蓄卡的存取款功能。

后记

这本书是我们从广大缴存住房公积金职工、单位和住房公积金管理机构需要了解和掌握住房公积金知识的愿望出发，以我们多年来一直从事住房公积金业务的工作实践和理论研究，依据国家现行的规章制度，以期对大家关心的一些问题做出解释。目的是宣传住房公积金业务、普及住房公积金知识，让社会了解住房公积金，认知住房公积金，使用住房公积金，依法自觉维护自身的合法权益。

本书正是出于解决这一问题的目的，以国家现行住房公积金的基本政策和措施为基础，采用问答的形式，全面回答了职工普遍关注的诸如住房公积金的基本常识、缴存、提取、贷款、管理体制、会计核算、财务管理、行政监督和住房补贴等600多个问题，用通俗易懂的语言，以满足广大读者的阅读需求。我们相信该书的出版能为广大读者提供一些帮助，以使读者在办理住房公积金缴存、提取和贷款等业务过程中成为具有可操作性的实用工具书。

本书在编写过程中，参考和引用了国家有关现行住房公积金的规章制度和网站上的相关资料，在此谨向有关单位和作者表示感谢！本书的编写出版得到了从事住房公积金业务同仁、有关领导和中国财政经济出版社的大力支持和帮助，特别是中国建设银行张建国行长亲自为本书作序，中国财政经济出版社财政分社李洪波社长亲自审定本书，文明同志给予了大力帮助，特此致谢！由于各地住房公积金管理政策及做法目前尚未完全统一，存有一定差异，加之我们的水平有限，本书如有疏漏和错误，应以文件为主。

作　者

2007年6月